高等院校跨境电子商务新形态系列教

跨境电子商务法律法规

张宏乐◎主编

邵将　杨春黎◎副主编

CROSS BORDER E-COMMERCE
Laws and Regulations

微课版

人民邮电出版社

北　京

图书在版编目（CIP）数据

跨境电子商务法律法规：微课版 / 张宏乐主编. ——
北京：人民邮电出版社，2024.6
高等院校跨境电子商务新形态系列教材
ISBN 978-7-115-63860-1

Ⅰ. ①跨… Ⅱ. ①张… Ⅲ. ①电子商务－法规－中国
－高等学校－教材 Ⅳ. ①D922.294.4

中国国家版本馆CIP数据核字(2024)第047515号

内 容 提 要

本书围绕跨境电子商务各环节所涉及的法律问题展开，主要内容包括跨境电子商务法律法规概述、跨境电子商务企业设立的法律规则、跨境电子商务合同规则及法律适用、跨境电子商务物流法律规则、跨境支付的法律规则、跨境电子商务货物清关与贸易管制法律规则、跨境电子商务的知识产权保护制度、电子商务运营中消费者权益保护与市场监管、跨境电子商务运营中个人信息保护与数据安全规则、跨境电子商务纠纷解决。

本书可作为本科、高职院校的电子商务、跨境电子商务、工商管理、市场营销、国际经济与贸易、国际商务等专业的教材，也可供跨境电子商务行业的从业人员学习使用，还可作为跨境电子商务研究人员的参考书。

◆ 主　　编　张宏乐
　　副 主 编　邵　将　杨春黎
　　责任编辑　陆冠彤
　　责任印制　胡　南
◆ 人民邮电出版社出版发行　　北京市丰台区成寿寺路 11 号
　　邮编　100164　　电子邮件　315@ptpress.com.cn
　　网址　https://www.ptpress.com.cn
　　三河市祥达印刷包装有限公司印刷
◆ 开本：787×1092　1/16
　　印张：12.25　　　　　　　　2024 年 6 月第 1 版
　　字数：282 千字　　　　　　　2025 年 8 月河北第 4 次印刷

定价：49.80 元

读者服务热线：(010)81055256　印装质量热线：(010)81055316
反盗版热线：(010)81055315

党的二十大报告指出，我们实行更加积极主动的开放战略，构建面向全球的高标准自由贸易区网络，加快推进自由贸易试验区、海南自由贸易港建设，共建"一带一路"成为深受欢迎的国际公共产品和国际合作平台。党的二十大报告还指出，依托我国超大规模市场优势，以国内大循环吸引全球资源要素，增强国内国际两个市场两种资源联动效应，提升贸易投资合作质量和水平。

在这种政策背景下，我国跨境电子商务行业进一步蓬勃发展，引起了社会各界的关注，政府部门也越来越重视跨境电子商务行业的发展，并积极创造各种便利条件，为跨境电子商务行业提供有利的平台。

我国相继出台了多项法律法规规范跨境电子商务行业的发展。《中华人民共和国电子签名法》《中华人民共和国电子商务法》《中华人民共和国民法典》《中华人民共和国数据安全法》《中华人民共和国个人信息保护法》等法律的制定和实施，推动了跨境电子商务的蓬勃发展。以浙江省为例，各地的跨境电子商务企业和各种跨境电子商务园区如雨后春笋般出现，跨境贸易额不断刷新纪录。但是，我国跨境电子商务行业在蓬勃发展的同时，也涌现了许多法律纠纷。有鉴于此，编者认为有必要将我国近年来涉及跨境电子商务的法律法规和案例进行整合，让跨境电子商务行业的从业人员和在校学生等能清晰地了解跨境电子商务相关规则，熟悉司法实践，从而助力我国跨境电子商务行业的高质量发展。

本书内容涉及跨境电子商务行业的各个环节，为了使读者能更好地掌握跨境电子商务各环节涉及的法律法规，编者力求以简洁明快的语言介绍法律法规的内容，并将生动的案例穿插其中。本书特色如下。

（1）案例教学，引出思考。本书设置了"案例导入""案例分析"等栏目，案例内容紧扣章节主题，使读者既能学习相关法律规则，又能了解司法实践的发展趋势。本书的大部分案例是从中华人民共和国最高人民法院以及部分省高级人民法院每年公布的典型案例改编而来的，具有很强的实践参考价值。

（2）学练结合，配备实训。为了帮助读者更好地掌握知识点和检验学习成果，本书每章提供练习题。同时，本书每章提供操作实训，以期增强读者的实践能力。

（3）资源丰富，助力教学。本书配有丰富的教学资源，主要包括教学PPT、教学大纲、教学计划、试题库和参考答案等。用书教师可登录人邮教育社区（www.ryjiaoyu.com）免费下载。

本书还设置了"拓展阅读"栏目，主要介绍跨境电子商务行业新的发展情况，同时结合我国跨境电子商务行业的实践，介绍跨境电子商务行业的发展与中华民族伟大复兴的关系及其意义，以增强读者的民族自豪感。

本书由张宏乐担任主编，邵将、杨春黎担任副主编。本书编写分工如下：张宏乐负责编写第4章、第5章、第6章、第9章，邵将负责编写第1章、第3章、第8章，杨春黎负责编写第2章、第7章、第10章。张宏乐负责全书的统稿和审核工作。在编写本书的过程中，编者得到了宁波跨境电子商务行业的大力支持，在此表示真挚的感谢。此外，人民邮电出版社的编辑给予本书巨大的支持，并提出中肯的修改建议，编者在此表示由衷的感谢。

由于编者水平有限，书中难免存在欠妥之处，因此，编者由衷希望广大读者朋友和行业专家能够拨冗给出宝贵意见，以帮助我们将本书不断完善。修改建议可直接反馈至编者邮箱：zhanghongle@sina.com。

编者

2024年春于宁波

目 录 ——————————————— CONTENTS

目 录

CONTENTS

目 录

第1章
跨境电子商务法律法规概述

导学视频

学习目标

1. 了解跨境电子商务的概念、特征以及近年来的发展状况。
2. 了解跨境电子商务中的主要法律问题。
3. 了解我国跨境电子商务法律法规发展现状及法律体系的完善程度。

重点难点

1. 重点：跨境电子商务的特征；我国跨境电子商务法律法规发展现状；
   我国跨境电子商务法律体系需要完善的地方。
2. 难点：跨境电子商务在经营中遇到的主要法律问题。

【案例导入】"避风港"原则的适用情形及其边界

"避风港"原则是指跨境电子商务买卖双方发生法律纠纷时，网络服务提供商（Internet Service Provider，ISP），即平台服务商可以对"只提供空间服务""只是接受委托的中介服务商"的事由进行抗辩，并可以免责。

案例：许某贺与杭州网易雷火科技有限公司（以下简称"杭州网易公司"）、广州网易计算机系统有限公司（以下简称"广州网易公司"）产品责任纠纷案。

2016 年 3 月 7 日至 2016 年 3 月 11 日，许某贺在"网易考拉海购"平台购买 Swisse 品牌复合维生素数瓶，共计价款 10 004 元。支付价款页面显示，涉案商品的卖家为 HQG，Limited。许某贺以该产品外包装均为英文字样，并无中文标签，以及产品作为普通进口食品，添加了属于药品的辅酶 Q10，其原料中含有保健食品的原料银杏叶、姜黄、越橘，违法添加维生素 B_2，超出了维生素 B_2 的使用范围等为由，依据《中华人民共和国食品安全法》（以下简称《食品安全法》）提出假一赔十的诉讼请求。

杭州市滨江区人民法院认为：原告在"网易考拉海购"购买商品，商品的卖家系 HQG，Limited。杭州网易公司系"网易考拉海购"的开办者，其在《服务协议》中明确仅提供平台化服务，并非商品和服务的提供方或出售方。因此，杭州网易公司并非《食品安全法》上的经营者，驳回许某贺的诉讼请求。

在这个案例中，杭州网易公司就是利用平台服务商的"避风港"原则予以免责。但随后苏州市中级人民法院的判例对平台服务商的这个"避风港"原则划分了界限。

案例：上诉人北京创锐文化传媒有限公司（以下简称"创锐公司"，即聚美优品）因与被上诉人李某某买卖合同纠纷一案，不服江苏省昆山市人民法院做出的（2015）昆民初字第3115号民事判决，向苏州市中级人民法院提起上诉。

2015年7月16日，李某某通过聚美优品网站向创锐公司购买如下商品：FANCLHTC胶原蛋白饮品30袋，金额798元；新谷酵素增量装ORIHIROHIGHTDIET日本复合酵素加强版36袋，金额358元；健美生三文鱼油软胶囊，金额258元；普丽普莱葡萄籽提取物胶囊，金额89元；自然之宝液体钙软胶囊，金额79元；等等。以上商品合计5270元。创锐公司出具了订单明细。

上诉人（聚美优品）也以"仅是第三方网络平台提供者，涉案商品的实际销售者系聚美香港有限公司"为由，进行抗辩，辩称上诉人并非本案的适格主体。法院认为：李某某购买诉争产品的交易订单显示发货方为"聚美极速免税店"，而"极速免税店"及"JUMEIGLOBAL"的商标均属于创锐公司所有，创锐公司在一审中亦明确聚美优品的商标系其所有，故本案合同相对方应为创锐公司。李某某通过网络购物平台向创锐公司购买诉争产品，双方构成买卖法律关系。

创锐公司（聚美优品）"避风港"原则适用失败的主要原因是："极速免税店"及"JUMEIGLOBAL"的商标均属于创锐公司所有，李某某作为普通消费者无法对聚美优品网上交易平台与聚美优品网上极速免税店可能系不同主体存在认知并明确区分。创锐公司没有向消费者充分披露存在聚美香港有限公司的委托，双方之间仍然成立买卖合同关系。

因此，平台只有在向消费者充分披露自己的（网络服务提供商）定位，并充分披露销售方的情况下，才可以免责。此外，《中华人民共和国消费者权益保护法》（以下简称《消费者权益保护法》）和《食品安全法》还对平台施加了行政法上的义务，平台需要对入网食品经营者进行实名登记、审查许可证，核对并保留真实名称、地址和有效联系方式。

思考题："避风港"原则对跨境电子商务发展的意义是什么？

1.1 跨境电子商务概述

1.1.1 跨境电子商务的概念和特征

狭义的跨境电子商务，实质上就是跨境零售，即分属不同关境的交易主体，借助电子商务平台进行交易和支付结算，并通过跨境电子商务物流将商品送达消费者手中的商业活动；广义的跨境电子商务，一般指外贸电子商务，即跨境域的以数字化交易为主要方式的营销、支付、服务等商务活动。

跨境电子商务是对外贸易的一种新业态，由"互联网+外贸"催生，以小额交易、低成本、低风险、灵活等优势迎合了全球经济发展的趋势，为我国外贸导向型企业转型升级提供了途径。跨境电子商务具有以下特征。

1. 全球性

与传统的交易方式相比，由"互联网+外贸"催生的跨境电子商务具有全球性特征，是一种无边界交易，可实现信息最大限度共享，不受传统交易地域制约。互联网用户可以把产品（尤其是高附加值产品）和服务提供给全球市场。跨境电子商务的全球性特征，也有一些消极影响。一是交易主体会面临因文化差异、政治差异、法律差异等带来的风险；二是增加了税务机关对超越一国的在线交易行使税收管辖权的困难。

2. 多边化

跨境电子商务的信息流、商流、物流、资金流，已经由传统的双边逐步向多边演进，从链条时代逐步进入网状时代。跨境电子商务交易主体可以通过不同国家或地区的交易平台、支付结算平台和物流平台，实现多国或地区间的直接贸易，形成互相动态连接的生态系统，从而不再简单依附于单向的交易或者跨境大企业的协调。

3. 无形性

一方面，在跨境电子商务中，电子计算机通信记录取代了纸面交易文件，普遍采取无纸化操作方式。无纸化操作方式带来的积极影响是使信息传递摆脱了纸张的限制，但同时也对以规范"有纸交易"为出发点的传统法律规范提出了新挑战。另一方面，传统交易以实物交易为主，而在跨境电子商务中，网络的发展使数字化产品和服务盛行，无形产品可以替代实物成为交易对象。跨境电子商务的无形性，带来了交易性质界定、交易监督、征税管辖等一系列法律新课题。

4. 即时性

传统交易模式主要以信函、传真、电报等方式传递信息，在信息发送与接收之间存在一段时长不确定的时间。而在跨境电子商务的信息交流中，信息传输的速度与地理位置无关，发送信息与接收信息几乎同步，就如面对面交流一样。某些数字化产品（如音像制品、软件等）的交易，还可以做到即时清结，订货、付款、交货都可以在瞬间完成。

1.1.2　跨境电子商务近年来的发展概述

从全球视角来看，跨境电子商务已经经历了起步期、成长期、发展期 3 个阶段，正式进入成熟期。在当前时期，大型跨境电子商务开始整合供应链，同时跨境电子商务供应链各环节开始趋向融合。其间，精细化运营成为主流，新零售、直播营销等创新模式持续渗透。

我国跨境电子商务在近 20 年间从无到有、从弱到强，经历了从起步到成长、从发展到成熟的 4 个阶段。当前，我国跨境电子商务产业正处在加速外贸创新发展进程中，已经成为我国外贸发展的新引擎。2018-2022 年跨境电子商务市场规模（增速）分别为 9 万亿元（11.66%）、10.5 万亿元（16.66%）、12.5 万亿元（19.04%）、14.2 万亿元（13.6%）、

15.7 万亿元（10.56%）。根据网经社电子商务研究中心与网经社跨境电子商务平台共同发布的《2020 年度中国跨境电商市场数据报告》，从 2014 年到 2020 年，我国跨境电子商务行业交易规模保持高速增长，2020 年我国跨境电子商务行业交易额达 12.5 万亿元，同比增长 19.04%。

数据显示，我国电子商务交易市场规模已经稳居全球第一，电子商务交易额占社会消费品零售总额的比重超过 10%。电子商务的国内支付领域格局已逐渐趋于稳定。面对激烈的细分市场竞争和境外电子商务平台的进入，跨境市场无疑是电子商务及支付的下一个争夺点。从目前支付业务发展情况看，我国跨境电子支付结算的方式主要有跨境支付购汇方式（含第三方购汇支付、境外电子商务接受人民币支付、通过国内银行购汇汇出等）、跨境收入结汇方式（含第三方收结汇、通过国内银行汇款，以结汇或个人名义拆分结汇流入等）。

1.1.3 跨境电子商务中的主要法律问题

1. 跨境电子商务主体的注册与平台责任

我国法律对跨境电子商务交易平台规定了多项法定义务。此外，跨境电子商务交易平台还要考虑境外商家能否入驻、网站服务器和数据中心的选择等诸多问题。

2. 跨境电子商务企业（平台）的合同履行

在网上订立买卖合同的过程与线下交易有很大的不同，除了《中华人民共和国民法典》（以下简称《民法典》）中关于合同的法律规则外，《中华人民共和国电子商务法》（以下简称《电子商务法》）中也有一些具体的规定。

3. 跨境电子商务物流与运输中的法律问题

货物的跨境运输一般有海运、空运和陆运 3 种方式，并以海运为主。跨境电子商务销售的货物除了采用海外仓的货物外，大部分采取邮递或者快递的方式进行运输。针对这些以小额小件为主的运输方式，各国或地区一般制定了不同的法律法规加以规范。

4. 跨境电子商务销售的货物的进出口贸易管制与检验检疫

跨境电子商务销售的货物一般需要跨越一国国境或者关境，这样就会和其他一般贸易的货物一样受到国家或地区的进出口贸易管制以及接受国家或地区检验检疫机关的查验。与一般贸易不同的是，大多数跨境电子商务销售的货物是通过跨境快递或者邮寄包裹的方式送达消费者或者买家的，因此，大多数国家或地区针对跨境电子商务出台了特别的贸易管制措施或者检验检疫措施，以便利跨境电子商务的发展。

5. 跨境支付中的法律问题

跨境支付包括跨境第三方支付和跨境人民币支付两种。前者的主要依据是 2013 年国家外汇管理局下发的《支付机构跨境电子商务外汇支付业务试点指导意见》，消费者用本国货币在境外网站下单，通过试点的支付机构转化成外币付给境外商家。后者的主要依据是《中国人民银行关于金融支持中国（上海）自由贸易试验区建设的意见》和中国人民银行上海总部印发的《关于上海市支付机构开展跨境人民币支付业务的实施意见》。

6. 税收问题

跨境电子商务在税收上逐渐与普通贸易被同等看待，这在一定程度上可能会加剧灰色清关问题，为此我国针对不同的交易方式出台了相应的通关模式，而海关也将在这个领域开展更严格的执法。

7. 知识产权问题

跨境电子商务中涉及的知识产权侵权主要有三大类型，分别是商标侵权、专利侵权和著作权侵权。

8. 信息保护与数据安全问题

在跨境电子商务蓬勃发展的同时，个人信息的收集和保护逐渐成为一个重要议题；同时，跨境电子商务活动产生的数据也成为各国关注的焦点。我国近年来相继出台了《中华人民共和国数据安全法》（以下简称《数据安全法》）和《中华人民共和国个人信息保护法》（以下简称《个人信息保护法》）跨境电子商务领域的信息保护与数据安全问题是从业者必须面对的问题。

9. 消费者权益保护与反不正当竞争问题

在跨境电子商务中采取何种方式才能更好地保护消费者权益？如何应对其中的不正当竞争？这些问题都是亟待解决的问题。

10. 跨境电子商务的纠纷解决问题

跨境电子商务纠纷解决的主要方式有两种，一种是线上解决的方式，另一种是线下解决的方式。线上解决的方式主要针对数量大、标的额小的案件，这种方式由于采用虚拟方式解决跨境纠纷，存在公众信任度不高的问题。同时，国际规则中并无专门针对在线调解、在线仲裁跨境执行的相关法律依据。线下解决方式主要针对标的额大、法律关系复杂的案件，这种方式投入的人力、物力成本过高，成为制约跨境诉讼和仲裁发展的主要原因。同时由于各国或地区跨境电子商务发展程度不一，法律依据、程序也不同，法律适用不确定与管辖权冲突，加大了纠纷解决难度。

1.2　我国跨境电子商务法律法规体系概述

1.2.1　我国跨境电子商务法律法规发展现状

随着电子信息技术和经济全球化的发展，我国跨境电子商务经历了从无到有、从弱到强的发展过程，已经成为我国外贸发展的新引擎。跨境电子商务的发展离不开法律法规和政策的支持，国务院办公厅、国家发展和改革委员会、商务部、海关总署、国家外汇管理局、国家税务总局等部门先后出台了多项政策文件，引导和规范跨境电子商务发展。

1. 国家颁布各项法律法规助力跨境电子商务发展

2018年《电子商务法》的颁布为跨境电子商务的发展指明了方向。该法作为电子商务专门法，解决了跨境电子商务争议与国内电子商务的共性问题。其中第七十一条、

第七十二条、第七十三条以宏观性、宣言性的方式提出了国家支持小型微型企业从事跨境电子商务，国家进出口管理部门应当加强监管体系建设，推进跨境电子商务海关申报、纳税、检验检疫等环节的综合服务，并且国家推动建立与不同国家、地区之间跨境电子商务的交流合作，推动建立与不同国家、地区之间的跨境电子商务争议解决机制。

除了《电子商务法》，近年来通过的《个人信息保护法》《数据安全法》，以及新修订的《中华人民共和国反不正当竞争法》（以下简称《反不正当竞争法》）都有涉及跨境电子商务的内容，对跨境电子商务的发展起到了保驾护航的作用。

2. 国家出台政策支持跨境电子商务发展

自 2018 年起，我国推出了一系列支持跨境电子商务业务发展的政策。2018 年，财政部、国家税务总局、商务部等联合发文，对跨境电子商务综合试验区内的电子商务出口企业实行免税政策；国务院常务会议决定延续和完善跨境电子商务零售进口政策并扩大适用范围，部署推进物流枢纽布局建设。2020 年中共中央印发《法治社会建设实施纲要（2020—2025 年）》，提出完善跨境电子商务制度，规范跨境电子商务经营者行为，积极参与数字经济、电子商务、信息技术、网络安全等领域国际规则和标准制定。2021 年，国务院办公厅印发《关于加快发展外贸新业态新模式的意见》，高度重视跨境电子商务等外贸新业态新模式的发展。2021 年下半年商务部等三部门共同编制的《"十四五"电子商务发展规划》出台，跨境电子商务和海外仓发展被列入重点工作。

1.2.2 我国跨境电子商务法律体系的不断完善

1. 完善电子商务法律体系

2018 年 8 月 31 日，全国人大常委会表决通过《电子商务法》，其中明确规定："对关系消费者生命健康的商品或者服务，电子商务平台经营者对平台内经营者的资质资格未尽到审核义务，或者对消费者未尽到安全保障义务，造成消费者损害的，依法承担相应的责任。"完善监管体系需要从完善跨境电子商务法律体系出发，将相关法律体系作为重要保证。在通关效率方面，进出口管理部门应推进实现跨境电子商务相关监管机构之间的信息共享和监管互认，节省通关时间，提高通关效率，促进贸易便利化。

一些小额批发货物通关效率要求比较高，目前缺少较为完整的通关方案。在相关法案中，进出口管理部门应当推进单一窗口建设，实现跨境电子商务的全面发展和互相监督，提升申报和贸易的便利性；对第三方的相关侵权责任加大认定力度，进一步树立品牌意识。

2. 完善监管体系，实施有效监管

我国构建合理的监管体系，提升各个监管部门的制度管理水平，加快监管模式创新以及监管制度改革，不断改进技术手段弥补监管漏洞；形成多层次的监管机制，应用第三方监管体系构建政府监管与行业监管机制，建立自律性的监管制度，从跨境电子商务的职业道德出发，合理引入第三方权威认证机构，从而提升跨境电子商务平台的稳定性。

3. 完善企业信用管理系统

我国针对跨境电子商务信用管理，基于银行征信系统和国家企业信用信息公示系统，完善相关跨境电子商务数据保护法案，联合行业协会建立信用管理系统。建立企业信用数据，从风险预警方面出发，建立跨境电子商务整体信用评级制度，建立信息公开机制，对各项内容进行有效监管，从而促进跨境电子商务相关法律规范的完善。

扩展阅读　　跨境电子商务讲好中国故事，推进文化自信自强

全面建设社会主义现代化国家，必须坚持中国特色社会主义文化发展道路，增强文化自信，围绕举旗帜、聚民心、育新人、兴文化、展形象建设社会主义文化强国，发展面向现代化、面向世界、面向未来的，民族的、科学的、大众的社会主义文化，激发全民族文化创新创造活力，增强实现中华民族伟大复兴的精神力量。

中国未来一定会走入世界舞台中央，这不仅是民族复兴的历史使命，也是国家需要和历史承载。

从历史阶段来看，当代中国正处在从大国走向强国的关键时期，已不再是世界秩序的被动参与者，而是积极的参与建设者和引领者；世界对中国的关注，也从未像今天这样广泛和深切；中国对世界的影响，也从未像今天这样全面而深刻。这要求我们要从全新的历史定位、新的坐标来科学地认知世界，从而和这个世界更好地融合，用世界能听得懂的语言讲述中国的故事，让世界了解并爱上中国。

在世界经济社会文化环境面临全新挑战的时代，跨境电子商务作为我国商品出口的高速公路，是中华文化走出去的重要抓手，也是必然选择。高屋建瓴的"一带一路"倡议，有骨架有血肉，有利益有温度。中国要走向世界，世界要走向中国，跨境电子商务适逢其时，文化交融也势在必行，要用品牌强国和全新面貌塑造中国文化全新形象。

跨境电子商务要努力增强中华文明传播力影响力，坚守中华文化立场，讲好中国故事、传播好中国声音，展现可信、可爱、可敬的中国形象，推动中华文化更好走向世界；大力支持中国版权及商标的保护和经营，优选文化产品与跨境产品深度融合，借力跨境电子商务的软性渠道向世界传达中华民族文化的"真与善"。

本章小结

本章首先介绍了跨境电子商务的概念和特征以及跨境电子商务近年来的发展历程，其次介绍了跨境电子商务中的主要法律问题，在此基础上分析了我国跨境电子商务法律法规发展现状，最后对我国跨境电子商务法律体系的完善提出了建议。通过对本章的学习，读者能够知晓跨境电子商务的概念、特征以及近年来的发展历程，了解跨境电子商务中遇到的主要法律问题，对我国跨境电子商务法律法规现状及法律体系的完善程度有初步把握。

练习题

一、单项选择题

1. 对于纯粹的电子交易，国际上普遍认可适用《服务贸易总协定》（GATS）的规则，将其归入（　　　）范畴。

    A. 服务贸易管理　　　　　　　　　B. 货物贸易管理

    C. 电子贸易管理　　　　　　　　　D. 运输贸易管理

2. 跨境电子支付结算的跨境支付购汇方式，不包括（　　　）。

    A. 第三方购汇支付　　　　　　　　B. 境外电子商务接受人民币支付

    C. 通过国内银行购汇汇出　　　　　D. 通过非法方式实现资金跨境收结汇

3. 2018 年 8 月 31 日，第十三届全国人大常委会第五次会议通过了（　　　），开创了我国电子商务立法的先河，对世界范围内的电子商务立法具有示范意义。

    A.《电子商务法》

    B.《非银行支付机构网络支付业务管理办法》

    C.《网络交易管理办法》

    D.《网络出版服务管理规定》

4.《中华人民共和国电子商务法》第十条规定："电子商务经营者应当依法办理市场主体登记。但是，个人销售自产农副产品、家庭手工业产品，个人利用自己的技能从事依法无须取得许可的便民劳务活动和零星小额交易活动，以及依照法律、行政法规不需要进行登记的除外。"这主要体现了（　　　）原则。

    A. 自愿　　　　　B. 技术中立　　　　　C. 交易安全　　　　D. 公平竞争

5. 关于《电子商务法》第四条规定的促进发展原则，以下说法不正确的是（　　　）。

    A. 促进电子商务的发展，是《电子商务法》的根本目的

    B. 促进电子商务的发展，是《电子商务法》在整个立法过程中所坚持的根本原则

    C.《电子商务法》对促进发展原则进行了概括性、宣示性规定

    D. 促进发展原则，包括了创新发展、融合发展、绿色发展、农村电子商务发展、跨境发展等

二、多项选择题

1. 跨境电子商务模式包括（　　　）。

    A. M2C 模式　　　B. B2C 模式　　　　C. C2C 模式　　　　D. 特卖模式

2. 跨境电子商务的特征包括（　　　）。

    A. 全球性　　　　B. 多边化　　　　　C. 无形性　　　　　D. 即时性

3. 我国跨境电子商务在近 20 年间从无到有、从弱到强，经历了（　　　）阶段。

    A. 起步　　　　　B. 成长　　　　　　C. 发展　　　　　　D. 成熟

4．下列说法正确的有（　　　）。

 A．"跨境电子商务"，指分属不同关境的交易主体，通过电子商务平台达成交易、进行支付结算，并通过跨境电子商务物流送达商品、完成交易的一种国际商业活动

 B．狭义的跨境电子商务，实质上就是跨境零售，即分属不同关境的交易主体，借助电子商务平台进行交易和支付结算，并通过跨境电子商务物流将商品送达消费者手中的商业活动

 C．广义的跨境电子商务，一般指外贸电子商务，即跨境域的以数字化交易为主要方式的营销、支付、服务等商务活动

 D．跨境电子商务是对外贸易的一种新业态，由"互联网+外贸"催生，以小额交易、低成本、低风险、灵活等优势迎合了全球经济发展的趋势

5．不适用《电子商务法》的特殊类型的商品和服务包括（　　　）。

 A．金融类产品和服务

 B．利用信息网络提供新闻信息的服务

 C．利用信息网络提供音视频节目的服务

 D．利用信息网络提供文化产品的服务

三、简答题

1．简述跨境电子商务的概念和特征。

2．我国跨境电子支付结算的方式主要有哪些？

3．《电子商务法》的立法目的是什么？

4．《电子商务法》的基本原则有哪些？

5．简述《电子商务法》与民法的关系。

四、案例分析

[案例 1]

2018 年 3 月 13 日，某作家通过其文章披露京东全球购"售假"。据该作家介绍，其朋友在京东全球购网站上购买了价值 1489 元人民币的美国 Comfort-U 护腰枕，但实际收到的是一个 Logo 为 contour U、售价为 33.6 美元的护腰枕。在随后的投诉和交涉过程中，京东客服和商家拒不认错。消费者向上海、宿迁和北京等地市场监督管理部门投诉，得到的结论是：京东全球购是一家注册于我国香港特别行政区的企业，消费者只能到香港寻求救济。这引发了针对京东和有关部门的批判。

 根据以上基本案情，请思考：京东平台所进行的交易活动，是否应受到《电子商务法》的调整？理由是什么？

[案例 2]

 据稻香村集团电子商务部相关负责人表示，稻香村自 2009 年成立电子商务部以来，随着互联网的发展一直保持着良好的销售态势，而且销售规模逐年增长。目前稻香村在电子商务平台全年的销售额已经达到了稻香村集团全年销售额的 30%。该负责人介绍，电子商务的发展在一定程度上打破了地域的限制，但这正是互联网高速发展带给消费者的便利。现在消费者可以在网上下单，吃到全国各地的美食。中华老字号稻香村不仅随着电子商务

繁荣而蓬勃发展，还将品牌传播到全国各地甚至海外。可见，线上线下的融合发展为以稻香村为代表的中华老字号企业带来了新商机。

根据以上内容，试分析《电子商务法》第六十五条规定明确了国家促进电子商务绿色发展的理念和具体的措施，第五条将环境保护规定为电子商务经营者从事经营活动时的法定义务，分别具有哪些重要意义。

[案例3]

恶搞《黄河大合唱》等红色经典及英雄人物的视频严重违反了《互联网视听节目服务管理规定》等规定。针对该问题，2018年4月，文化和旅游部追根溯源，指导四川省文化市场执法监督局和成都市文化市场综合执法总队开展查处工作，严查恶搞视频的源头制作公司，成都市文化市场综合执法总队依法给予四川盛世天府传媒有限公司警告和罚款的高限处罚。在全网排查恶搞视频"回头看"的基础上，北京、广东、福建等地查处新浪视频、爱奇艺、美拍、UC视频、百思不得姐等5家提供恶搞视频的网站，依法给予当事人罚款的高限处罚。

根据以上内容及《电子商务法》第二条第三款之规定，指出不适用《电子商务法》的特殊类型的商品和服务，并试阐述《电子商务法》第二条第三款的立法目的，以及我国对特殊类型的商品和服务进行规范的制度安排。

操作实训

一、实训目的

学生通过开展法律法规评析，进一步了解《电子商务法》对规范跨境电子商务的作用和意义，进一步掌握《电子商务法》中与跨境电子商务相关的条款，在此基础上理解跨境电子商务法律规范中的核心内容。

二、实训主要内容

1. 教师对《电子商务法》进行总体评述，对跨境电子商务法律规范中的核心内容进行分析，并在此基础上，对完善我国跨境电子商务法律体系提出建议。在此过程中，教师应该以分析为基础，以启发学生思考为中心，注重以学生为主体，激发学生对分析、理解、评价、完善跨境电子商务法律规范的兴趣和积极性。（1学时）

2. 学生分组开展跨境电子商务法律规范解析。（2学时）

三、实训准备

1. 学生通过自由组合或随机分组，形成学习小组。

2. 在教师解读和启发的基础上，学生认真研读《电子商务法》，梳理相关法条，正确把握核心内容。

3. 学习小组对与跨境电子商务相关的条款逐一进行评析，指出其作用、意义、待完善之处等。

四、实训思考

1. 在《电子商务法》中，规范跨境电子商务的法条有哪些？其作用及意义分别是什么？

2. 跨境电子商务法律规范中的核心内容是什么?

五、实训成果形式

1. 书面报告:对《电子商务法》中与跨境电子商务相关的条款的评析。
2. 书面报告:我国跨境电子商务法律体系的完善性评析。

六、情形案例

主要国家或地区跨境电子商务立法状况

1. 美国

美国是跨境电子商务的积极倡导者、实践者和推动者,拥有完善的电子商务法律体系,包括《互联网商务标准》《电子签名法》《网上电子支付安全标准》《统一商法典》《统一计算机信息交易法》等。同时,美国通过《全球电子商务纲要》确立了发展跨境电子商务的五大原则(互联网独特性质、企业主导、政府规避不恰当限制、政策可预测、全球视野)。

《互联网商务标准》提出,跨境电子商务的成功有赖于适应互联网媒介特定需求的安全、可靠的支付系统,而所谓的"安全、可靠的支付系统"具有以下特征:①保护消费者免遭欺诈;②保护知识产权免受侵害;③保护个人隐私;④确保竞争和鼓励曝光。

在电子商务物流方面,美国采用分别立法模式,对物流业务的不同环节分别立法,实现了整体管制。美国以市场法律规则为主,以行政政策和政府措施规划为辅,更注重对行业的运行规范进行管理。相关法律主要有《协议费率法》《汽车承运人规章制度改革和现代化法案》《斯塔格斯铁路法》《机场航空改善法》等,推动着物流行业向"自由市场体系"靠近。

在个人隐私保护方面,根据《互联网个人隐私法案》,为保证提供恰当的保护并使国际社会不同的隐私政策不妨碍网络数据交流,美国希望采取"双层个人隐私战略",同主要贸易伙伴依据个人隐私原则讨论制定基于市场的个人隐私对策。

2. 欧盟

1997年4月,欧洲委员会制定了《欧盟电子商务行动方案》,确定了建立电子商务法律框架的四项原则。1997年7月,欧洲各国通过了支持电子商务发展的部长宣言,该宣言明确指出尽量减少不必要的限制,帮助民间企业自主发展并促进互联网经济发展。2000年5月,欧洲议会通过了《电子商务指令》,旨在全面规范电子商务市场、电子交易、电子商务服务提供者的责任等电子商务相关事宜,保障电子商务的在线服务能够在共同体内被自由地提供。以上3个文件为欧盟的电子商务行业发展构建了一个较为完善的框架。

在消费者金融服务方面,欧盟出台的《消费者金融服务远程销售指令》规范了各方面要求,同时欧盟还出台了《关于电子货币机构业务开办、经营与审慎监管的指令》及修改补充了《2000/28/EC指令》。

在物流配送领域,欧盟高度重视中小企业的重要作用,发布了《欧洲电子商务发展统一包装配送市场绿皮书》《欧盟邮政指令》《技术协调与标准化新方法》。

在消费者权益保护方面，欧盟的 SI2000/2334 号《远程销售规则》做出了相关规定。在电子信息安全方面，欧盟出台了《数据保护指令》等规定。

3. 澳大利亚

1999 年，澳大利亚颁布了《电子交易法》。该法在跨境电子商务主体方面遵循"技术中立"和"功能等价"两个原则。该法第 10 条规范了电子签名的使用，同样遵循"技术中立"原则。《电子资金划拨指导法》规范了电子支付金融机构及其业务。对个人信息的保护体现在《隐私法》上，该法涵盖了对个人信息的收集、使用、存储等方面的规范。

4. 日本

日本电子商务促进委员会发布的交叉认证指南规定了从业者证书认证的方式，承认不同行业或区域的证书可以交叉互认。《电子签名与认证服务法》规范了用户的认证和交易双方电子签名的使用。

在交易环境方面，日本政府对跨境电子商务金融环境的立法主要着眼于改善整体金融环境，放松限制，降低成本，增强跨境电子商务的竞争力。

在物流方面，日本一方面制定综合性的物流发展政策，对物流业进行整体指导；另一方面，制定专门性法规对具体环节进行调整，如在物流据点规划、运输业、绿色物流等方面立法。

在综合法规方面，物流产业纲领性文件《综合物流施政大纲》对日本现代物流产业进行了再定位。在专门法规方面，《流通业务城市街道整备法》《汽车终端站场法》《货物汽车运输事业法》《货物运输经营事业法》《港口运输事业法》等一系列法律促进了日本现代物流业迅速崛起。

在个人信息保护方面，《电子签名与认证服务法》规定，机构必须按照有关部门的法律法规制作与认证服务有关的账册和记录并妥善保管，因工作需要而获得的个人信息，只能用于服务，不得未经用户同意用于其他方面，也不得向第三方泄露。

在网络交易平台管理方面，《电子商务与信息交易准则》规定，网络交易平台经营者必须保存网络交易记录至少一年，其目的是防止商家在网络上销售盗窃物品或者遗失物品，并防止不法分子销赃。

在知识产权保护方面，日本将电子商务的业态创新和商业软件视作与计算机软件相关的一种发明形式。为了将其与传统的专利保护协调起来，日本修改了《著作权法》《专利法》《外观设计法》《商标法》等一系列法律的相关条款，将在跨境电子商务环境中产生的新类型知识产权纳入法律保护之下。

第2章
跨境电子商务企业设立的法律规则

导学视频

学习目标

1. 了解我国商事组织法律制度。
2. 掌握合伙企业法律制度和公司法律制度。
3. 熟悉跨境电子商务企业组织形式与《电子商务法》对电子商务经营者的一般规定。

重点难点

1. 重点：普通合伙企业与有限合伙企业的区别；有限责任公司与股份有限公司的区别；《电子商务法》对电子商务经营者的一般规定。
2. 难点：跨境电子商务企业的资质与许可。

【案例导入】公司分立后债务承担的主体

　　甲、乙、丙、丁、戊拟组建一有限责任形式的科技电子公司，注册资本200万元。公司拟不设董事会，由甲任执行董事；不设监事会，由丙担任公司的监事。科技电子公司成立后经营不甚景气，欠A银行贷款100万元未还。经股东会决议，决定把科技电子公司唯一盈利的液晶车间分出去，另成立有独立法人资格的液晶厂。后来科技电子公司增资扩股，乙将其股份转让给C公司。科技电子公司的组织机构设置是否符合《中华人民共和国公司法》（以下简称《公司法》）的规定？科技电子公司设立液晶厂的行为根据《公司法》属于何种性质的行为？液晶厂设立后，科技电子公司原有的债务应如何承担？乙转让股份时应遵循股份转让的何种规则？根据《中华人民共和国公司法》对公司创立及运行的相关规定：规模较小或者股东人数较少的有限责任公司，可以不设董事会，设一名董事；规模较小或者股东人数较少的有限责任公司，可以不设监事会，设一名监事。科技电子公司设立液晶厂的行为属于公司（或法人）分立。由于未约定债权债务承担问题，所以分立后，科技电子公司原有的债权债务应当由科技电子公司和液晶厂承担连带责任。乙转让股份时应遵循股份转让的下列规则：股东向股东以外的人转让股权的，应当经其他股东过半数同意。股东应就其股权转让事项书面通知其他股东征求同意，其他股东自接到书面通知之日起满 30 日未答复的，视为同意转让。其他股东半数以上不同意转让的，不同意的股东应当购买该转让的股权；不购买的，视为同意转让。经股东同意转让的出资，在同等条件下，其他股东对该出资有优先购买权。

思考题：科技类公司的治理结构有何特点？

2.1 我国商事组织法律制度概述

商事组织，也称"商事企业"，是指按照法律规定设立的，具有一定规模的，能够以自己的名义从事营利性活动，并具有一定规模的经济组织。

商事组织具有不同于一般民事主体的法律特征。

（1）商事组织的公示性。商事组织需要依法办理登记才能成立。

（2）商事组织具有不同于自然人的权利能力和行为能力。商事组织的权利能力和行为能力范围相同，并以依法登记的经营目的、经营范围作为权利能力和行为能力的外部特征。

（3）商事组织是以营利为目的的经营性组织。持续、反复地从事营业性活动是商事组织的实质性法律特征。当然，以营利为目的并不意味着商事组织必然获得盈利的结果。

2.1.1 商事组织的主要法律形式

商事组织有各种各样的组织形式，不同类型的商事组织在法律地位、设立的程序、投资人的利益和责任、资金的筹措、管理权的分配与税收等方面均有很大的不同。因此，选择适当的组织形式，对商事组织的发展以及投资人期望的实现，具有重要的意义。一般来说，商事组织主要有 3 种基本的法律形式：个人独资企业、合伙企业和公司。

（1）个人独资企业，是指由一名自然人投资，财产为投资人个人所有，投资人以其个人财产对企业债务承担无限责任的经营实体。个人独资企业在中国数量众多，且符合社会主义市场经济发展的需要。从法律性质而言，个人独资企业不是法人，不具有独立的法律人格，投资人就是企业的所有人，他以个人全部财产对企业债务承担无限责任。投资人对企业的经营管理拥有控制权与指挥权。个人独资企业可以设立分支机构。由投资人或其委托的代理人向分支机构所在地的登记机关申请登记，领取营业执照。分支机构的民事责任由设立该分支机构的个人独资企业承担。个人独资企业的设立条件主要包括以下几个。①投资人为一个自然人。②有合法的企业名称。个人独资企业也享有商号权，但企业名称中不得出现"有限"字样，也不得使用"公司"称号。③有投资人申报的出资。④委托代理人申请设立登记的，应提交投资人的委托书和代理人的身份证明或者资格证明。⑤国家市场监督管理部门规定的其他要求。

拓展阅读　　　　　　**个人独资企业做跨境电子商务的风险**

一、跨境电子商务物流环节的风险

个人独资企业开展跨境电子商务 B2B（企业对企业）出口，大多会选择与第三方跨境电子商务物流企业合作。但是由于第三方跨境电子商务物流企业服务能力的局限性，导致企业在跨境电子商务物流环节面临较大的风险。

二、仓储费高的风险

随着使用境外电子商务平台物流的企业越来越多，仓储费节节攀升。如果产品卖不动出现滞销库存，企业要支付昂贵的长期仓储费，这给企业带来巨大风险。

三、进口方的信用风险

在跨境电子商务 B2B 出口交易中，一些信用不良的进口方会利用线上交易的便利性进行欺诈，或者在交易行情发生不利变化时故意毁约。例如，使用虚假企业信息进行买卖，骗取企业的货物；或者以给予企业不良评价作为威胁，迫使企业做出降价或其他让步，使得企业利益受损。

四、违反境外法律的风险

在跨境电子商务贸易模式下，境内关于消费者权益保护的规定，同样适用于境外消费者。例如，七天无理由退换货在跨境交易中很难实现，但是个人独资企业在做跨境电子商务时，也要尽可能参照境内商家对消费者的服务标准来保护消费者权益。

（2）合伙企业，是两个或两个以上的合伙人为共同经营、共同投资、共担风险与共享利润而组成的企业。根据《中华人民共和国合伙企业法》（以下简称《合伙企业法》）的规定，合伙企业有普通合伙企业（包括特殊的普通合伙企业）和有限合伙企业之分。合伙企业是一种"人的组合"，合伙人与合伙企业关系密切，合伙人的死亡、破产与退出等都可能导致合伙企业的解散。合伙人对合伙企业的债务承担无限连带责任。由于规模、组织以及资金来源等方面的限制，合伙企业基本属于中、小型企业。

（3）公司，是依法定程序设立，并且以营利为目的的法人组织。在现代各国的商事组织中，公司是最重要的商事组织。各国法律均规定，公司具有独立的法人资格，有权以自己的名义拥有财产、享受权利与承担义务。公司是一种"资本的组合"。股东与公司之间是相互分离的。股东的死亡与退出一般不影响公司的存续，股东对公司的债务通常只承担有限责任。公司的经营主要由专门的经营管理人员负责。在现代市场经济社会中，以股份有限公司为代表的公司成为国民经济的重要支柱，对社会经济生活具有举足轻重的影响。

2.1.2　商事组织法

商事组织法，是指调整个人独资企业、合伙企业以及公司的设立及其经营管理活动的有关法律规范的总称。《民法典》《公司法》《合伙企业法》《中华人民共和国个人独资企业法》等法律完善了商事组织法，使各种商事组织的运行有法可依。

2.2　合伙企业法律制度

合伙企业是指自然人、法人和其他组织依照《合伙企业法》在中国境内设立的普通合伙企业和有限合伙企业。

普通合伙企业是共同出资、共同经营，全体合伙人对合伙企业债务承担无限连带责任的营利性经济组织。普通合伙企业是常见的合伙形式。如果合伙企业名称未加"有限"的字样，其就是普通合伙企业。

有限合伙企业由普通合伙人和有限合伙人组成，普通合伙人对合伙企业债务承担无限连带责任，有限合伙人以其认缴的出资额为限对合伙企业债务承担责任。

合伙企业的法律特征如下。

（1）合伙企业是人合企业。合伙人的死亡、破产与退出等都影响合伙企业的存续。

（2）合伙企业的人格同合伙人的人格不完全分离。

（3）合伙协议是合伙企业成立的法律基础。合伙人之间订立合伙协议，规定各合伙人在合伙企业中的权利与义务。即使合伙企业没有一定的组织机构来负责日常的业务，其内部关系仍然主要适用合伙协议的有关规定。

（4）合伙人的权利和责任取决于其在合伙企业中的身份。普通合伙人共同经营合伙企业，共享收益、共担风险，对企业的债务承担无限连带责任。有限合伙人不执行合伙事务，以其认缴的出资额为限对合伙企业的债务承担责任。

2.2.1　普通合伙企业

1. 普通合伙企业的设立条件

（1）有两个以上的合伙人，合伙人为自然人的，应当具有完全民事行为能力，并且都是依法承担无限责任者。国有独资公司、国有企业、上市公司以及公益性的事业单位、社会团体不得成为普通合伙人。

（2）有书面合伙协议。合伙协议是各合伙人通过协商达成的确定相互间权利和义务的具有法律约束力的协议。

（3）有合伙人认缴或实际缴付的出资。合伙人可以用货币、实物、土地使用权、知识产权或者其他财产权利出资，也可以用劳务出资。

（4）有合伙企业的名称和生产经营场所。合伙企业在其名称中应标明"普通合伙"字样，并不得出现"有限"或者"有限责任"字样。

（5）法律、行政法规规定的其他条件。

2. 普通合伙企业的内部关系

（1）合伙企业财产构成及其性质。

合伙人的出资财产和所有以合伙企业名义取得的收益和依法取得的其他财产均是合伙企业财产。我国《合伙企业法》虽然没有明文规定合伙企业财产的共有性质，但从法律条文所体现的精神来看，合伙企业的财产应为全体合伙人所共有。

（2）合伙企业财产的管理和使用。

① 在合伙企业存续期间，合伙人不得请求分割合伙企业的财产。

《合伙企业法》第二十一条第一款规定：合伙人在合伙企业清算前，不得请求分割合伙企业的财产；但是，本法另有规定的除外。第二十一条第二款又规定：合伙人在合伙企业清算前私自转移或者处分合伙企业财产的，合伙企业不得以此对抗善意第三人（具体解释见下文）。

② 在合伙企业存续期间，合伙人不得随意转让自己的财产份额。

首先，除合伙协议另有约定外，合伙人向合伙人以外的人转让其在合伙企业中的全部或者部分财产份额时，须经其他合伙人一致同意；其次，合伙人之间转让在合伙企业中的全部或者部分份额时，应当通知其他合伙人。

③ 未经其他合伙人一致同意，合伙人不得以其在合伙企业中的财产份额出质。合伙人以其在合伙企业中的财产份额出质的，须经其他合伙人一致同意。未经其他合伙人一致同意，合伙人以其在合伙企业中的财产份额出质的，其行为无效；由此给善意第三人造成损失的，应当依法承担赔偿责任。

3. 普通合伙企业的合伙事务执行

（1）合伙企业事务的执行方式。

根据《合伙企业法》的规定，各合伙人对执行合伙企业事务享有同等的权利，无论出资多少和以何物出资，均有平等的决策权、执行权和监督权，有权直接参与执行合伙企业事务。合伙人可以采取共同执行、委托执行、分别执行和授权执行的方式执行合伙企业事务。

（2）合伙人对合伙企业的义务。

合伙人不得自营或者同他人合作经营与本合伙企业相竞争的业务。除合伙协议另有约定或者经全体合伙人一致同意外，合伙人不得同本合伙企业进行交易。合伙人不得从事损害本合伙企业利益的活动。

4. 普通合伙企业的利润分配和亏损分担

我国《合伙企业法》规定，合伙企业的利润和亏损，应由全体合伙人共同分配和分担，利润分配和亏损分担的具体比例，由合伙人在合伙协议中约定；合伙协议没有约定或者约定不明确的，由全体合伙人协商决定；协商不成的，由合伙人按照实缴出资比例分配、分担；无法确定出资比例的，由合伙人平均分配、分担。合伙协议不得约定将全部利润分配给部分合伙人或者由部分合伙人承担全部亏损。

5. 普通合伙企业的外部关系

（1）合伙企业与善意第三人。

善意第三人是指特定法律关系当事人以外任何对有关的无权交易因不知情而支付了相应对价的人。合伙企业对合伙人执行合伙企业事务以及对外代表合伙企业权利的限制，不得对抗善意第三人。

合伙企业或是全体合伙人共同执行事务，或是委托一名或数名合伙人执行事务，或是各合伙人分别执行事务，执行人代表合伙企业的权利有时间、范围或者内容上的限制。但是，这种限制是合伙企业内部关系。当不知情的第三人与违反合伙企业规定而突破限制的合伙人进行交易时，此第三人处于善意状态，合伙企业不得以该合伙人越权或者无权的理由对抗第三人，拒绝履行交易、承担责任。

 案例分析

合伙企业的内部限制不得对抗善意第三人

1. 案情介绍

A 企业是跨境电子商务合伙企业，委托乙管理合伙企业事务，授权乙可以决定 50 万元以下的交易。乙以 A 企业的名义向丙购买 100 万元的商品。丙不知 A 企业对乙的授权限制，依约供货。A 企业未按期付款，由此发生争议。丙诉至法院，法院认为，A 企业内部对乙的授权的限制，不得对抗善意第三人丙，判决由 A 企业继续履行付款义务。

2. 案例评析

（1）根据我国《合伙企业法》的规定，合伙企业中合伙事务执行人对外代表合伙企业执行合伙事务，善意第三人基于合伙企业外观公示信赖利益与合伙事务执行人签订的合同是有效合同。

（2）A 企业向丙购买商品的行为有效，应履行付款义务。

（2）合伙企业与企业的债权人。

《合伙企业法》将合伙企业的债权债务与合伙人个人的债权债务严格区分开来。合伙人发生与合伙企业无关的债务，相关债权人不得以其债权抵销其对合伙企业的债务，也不得代位行使合伙人在合伙企业中的权利。合伙人的自有财产不足清偿其与合伙企业无关的债务的，该合伙人可以以其从合伙企业中分取的收益用于清偿；债权人也可以依法请求人民法院强制执行该合伙人在合伙企业中的财产份额用于清偿。人民法院强制执行合伙人的财产份额时，应当通知全体合伙人，其他合伙人有优先购买权；其他合伙人未购买，又不同意将该财产份额转让给他人的，依法为该合伙人办理退伙结算，或者办理削减该合伙人相应财产份额的结算。

6. 普通合伙企业的入伙和退伙

（1）入伙。

入伙，是指合伙企业成立后，非合伙人加入合伙企业并取得合伙人的资格。《合伙企业法》第四十三条规定，新合伙人入伙，除合伙协议另有约定外，应当经全体合伙人一致同意，并依法订立书面入伙协议。订立入伙协议时，原合伙人应当向新合伙人如实告知原合伙企业的经营状况和财务状况。入伙的新合伙人与原合伙人享有同等权利，承担同等责任。入伙协议另有约定的，从其约定。新合伙人对入伙前合伙企业的债务承担无限连带责任。

（2）退伙。

退伙，是指在合伙企业存续期间，合伙人退出合伙企业，丧失合伙人的资格。合伙人退伙后，对退伙之前发生的合伙企业债务承担无限连带责任。合伙人退伙时，合伙企业财产少于合伙企业债务的，退伙人应当依法分担亏损。

2.2.2　有限合伙企业

1. 有限合伙企业的法律规则适用

凡是《合伙企业法》中对有限合伙企业有特殊规定的，应当适用有关《合伙企业法》中对有限合伙企业的特殊规定。无特殊规定的，适用有关普通合伙企业及其合伙人的一般规定。

2. 有限合伙企业与普通合伙企业的区别

有限合伙企业属于合伙企业的范畴，所以在此对有限合伙企业和普通合伙企业相同的内容不赘述，重点对二者的区别进行介绍。

（1）合伙人承担的责任不同。

有限合伙企业由普通合伙人和有限合伙人组成。普通合伙人对合伙企业的债务承担无限连带责任，有限合伙人以其认缴的出资额对合伙企业的债务承担责任。有限合伙人不执行合伙企业事务，不对外代表组织，只按合伙协议的比例分配利润，并在其出资范围内承担清偿合伙企业债务的责任。

（2）合伙人承担的义务不同。

有限合伙人可以与本企业进行交易、可以独立经营或者与他人合作经营与合伙企业竞争的业务，但合伙协议另有约定的除外。普通合伙人不得与本企业进行交易、不得独立经营或与他人合伙经营与合伙企业竞争的业务，但合伙协议另有约定或者全体合伙人另有约定的除外。也即除合伙协议另有约定外，有限合伙人不受竞业禁止义务和交易禁止义务的限制。

（3）合伙企业设立的人数不同。

根据《合伙企业法》的规定，有限合伙企业应当由两个以上合伙人设立，合伙人不得超过 50 个，有限合伙企业应当至少有一个普通合伙人。普通合伙企业应当有两个以上合伙人，合伙人的人数没有上限。

（4）合伙人财产份额出质的规定不同。

有限合伙人可以将其在有限合伙企业中的财产份额出质，但合伙协议另有约定的除外。普通合伙人以其在合伙企业中的财产份额出质的，必须经其他合伙人一致同意；未经其他合伙人一致同意，其行为无效。

（5）合伙人出资的形式不同。

有限合伙企业中的普通合伙人仍然可以以劳务出资，但有限合伙人不得以劳务出资。

（6）合伙人执行的合伙事务不同。

有限合伙企业由普通合伙人执行合伙事务。有限合伙人不执行合伙事务，不得对外代表有限合伙企业。

3. 有限合伙人债务清偿的特殊规定

有限合伙人的自有财产不足清偿其与合伙企业无关的债务的，该合伙人可以以其从有限合伙企业中分取的收益用于清偿；债权人也可以依法请求人民法院强制执行该合伙人在有限合伙企业中的财产份额用于清偿。人民法院强制执行有限合伙人的财产份额时，应当通知全体合伙人。在同等条件下，其他合伙人有优先购买权。

4. 有限合伙企业入伙与退伙的特殊规定

新入伙的有限合伙人对入伙前有限合伙企业的债务，以其认缴的出资额为限承担责任。有限合伙人退伙后，对基于其退伙前的原因发生的有限合伙企业债务，以其退伙时从有限合伙企业中取回的财产承担责任。

2.3 公司法律制度

近代公司制度的发源地是意大利和英国。最早的股份有限公司是17世纪初的英国东印度公司和荷兰东印度公司。现今，公司已经成为现代企业制度的核心形式。根据我国《公司法》的规定，公司包括有限责任公司和股份有限公司两种类型。

公司具有以下法律特点。

（1）法人性。法人是具有民事权利能力和民事行为能力、依法独立享有民事权利和承担民事责任的组织。法人是依法定条件和程序设定的拟制主体，是被赋予法律人格的社会组织。公司借助公司机关实施公司行为，机关是公司法人性的体现。

（2）营利性。设立公司的目的在于营利，营利所得分配给公司的出资人。公司经营是否实际获利，并不影响公司的目的是营利，同时也不否定公司的社会责任。

（3）社团性。公司原则上是由两个以上的股东出资组成的，是一个集合体。股东把投入公司的资产的所有权转移给公司，并从公司中取得股权，公司对外以财产所有权人的身份和名义开展活动，享有独立权利、履行独立义务。

（4）财产独立性。公司的财产来自股东的投资，但一旦股东将投资的财产移交给公司，在法律上这些财产归公司所有，而股东则丧失了直接支配、使用这些财产的权利。

2.3.1 有限责任公司

1. 有限责任公司的概念及特征

有限责任公司，是指股东以其认缴的出资额为限对公司承担责任，公司以其全部资产对公司债务承担责任的企业法人。有限责任公司的主要特征如下。

（1）有限责任公司的股东对公司债务仅以其认缴的出资额为限承担责任。

（2）不公开发行股票。股东通过协商确定各自的出资额。在他们缴纳出资后，公司出具书面的股权证书，作为他们在公司享有权益的凭证。

（3）股权不得随意向外转让。股东向股东以外的人转让股权，应当经其他股东过半数同意，不同意的股东应当购买该转让的股权；不购买的，视为同意转让。经股东同意转让的股权，在同等条件下，其他股东有优先购买权。有两个以上股东主张优先购买权的，协商确定购买比例，协商不成按照转让时各自的出资比例行使优先购买权。

（4）股东人数有法定限制。我国《公司法》第四十二条规定："有限责任公司由一个以上五十个以下股东出资设立。"

2. 有限责任公司的设立

（1）有限责任公司设立的条件。

设立有限责任公司应当具备的条件：①股东符合法定人数；②有符合公司章程规定的全体股东认缴的出资额；③有公司名称，建立符合有限责任公司要求的组织机构；④股东共同制定公司章程；⑤有公司住所。

（2）有限责任公司设立的程序。

有限责任公司的设立程序一般如下：发起人发起设立（有限责任公司只能发起设立），订立公司章程，缴纳认缴的出资额，申请设立登记。

 案例分析

有限责任公司设立失败，发起人承担的责任

1. 案情介绍

宁波某高校 5 位毕业生（发起人）进行创业，在家人支持下设立宁波光辉电子商务有限公司。该公司注册资金 200 万元，由 5 位毕业生发起设立，公司章程规定 5 位毕业生各出资 40 万元，分别占公司 20% 股份。后因种种原因公司未能成立，但是在设立过程中发起人以宁波光辉电子商务有限公司的名义与宁波大成电子商务有限公司签订合同，对方为履行合同进行了货物预定，造成了经济损失。现发起人以公司未成立为由拒绝承担责任，宁波大成电子商务有限公司对 5 位发起人进行诉讼，要求赔偿损失。经法院审理，原告胜诉，宁波光辉电子商务有限公司的 5 位发起人承担连带责任。

2. 案例评析

（1）公司成功设立后发起人的责任。

原则上，发起人设立阶段实施的民事法律行为后果应由设立后的公司承担，相对方可直接要求设立后的公司承担责任。

（2）公司设立失败后发起人的责任。

公司未成功设立的，发起人应当区分不同情形，承担对内责任和对外责任，具体责任情况总结如表 2-1 所示。

表 2-1　公司设立失败后发起人具体责任情况总结

对外责任	对内责任
所有发起人对外承担连带责任。包括股款及利息返还责任、偿还对外债务责任和侵权责任	按照约定的比例分担责任；没有约定责任承担比例的，按照约定的出资比例分担责任；没有约定出资比例的，按照均等份额分担责任。 无过错的发起人承担赔偿责任后，可以向有过错的发起人追偿

（3）发起人的其他责任。

股东在公司设立时未履行出资义务或未全面履行出资义务，公司或者其他股东或者公司债权人可以请求发起人与该股东承担连带责任；公司解散时，公司财产不足以清偿债务时，债权人可主张未缴出资股东以及公司设立时的其他股东或者发起人在未缴出资范围内对公司债务承担连带清偿责任。

3. 有限责任公司的组织机构

有限责任公司的组织机构主要包括股东会、董事会、监事会，其中股东会是公司的最高权力机构，董事会是公司的经营管理执行机构，监事会是监督机构。股东人数较少或者规模较小的公司可以不设董事会，只设一名执行董事；也可以不设监事会，只设一名监事。

4. 有限责任公司的解散与清算

有限责任公司的解散是指依法成立的有限责任公司因章程或法律规定事由而依法消灭的法律事实。公司解散的事由包括：公司章程规定的营业期限届满；公司章程规定的其他解散事由出现；股东会决议解散；因公司合并或者分立需要解散；依法被吊销营业执照、责令关闭或者被撤销、被裁判解散。

公司清算是负有清算义务的主体按照法律规定的方式、程序对公司的资产、债权债务关系、股东权益等进行清理、处分，从而终结公司现存的各种法律关系的行为。公司清算分为破产清算与非破产清算。

2.3.2 股份有限公司

1. 股份有限公司的概念及特征

股份有限公司，又称股份有限责任公司，是指由一定人数以上的股东依法设立，其全部资本分为等额股份，其股东就所认购的股份为限对公司承担责任的公司。

股份有限公司具有以下特征。

（1）公司的全部资本分为等额股份。

（2）股份有限公司可以公开发行股票。与有限责任公司不同，股份有限公司可以向公众公开发行股票来筹集公司的资本。股份有限公司所发行的股票可以在证券市场上流通。

（3）股份有限公司的股东均负有限责任。股东以其所持股份为限对公司承担责任，公司以其全部资产对公司债务负责。

（4）股份有限公司是典型的法人组织。股份有限公司具有完备的组织机构和完全独立的财产，能以其全部资产独立承担法律责任，具有法人组织所必须具备的全部法律特征。

（5）股份有限公司采用一股一票与资本多数决原则。股份有限公司是典型的资合公司，股东权利由其持股数量的多少决定。

2. 股份有限公司的设立

股份有限公司的设立，是创设股份有限公司所进行的一系列行为的总称。股份有限公司的设立程序比其他类型的企业复杂。

股份有限公司的设立，可以采取发起设立或者募集设立的方式。发起设立，是指由发起人认购设立公司时应发行的全部股份而设立公司。募集设立，是指由发起人认购设立公司时应发行股份的一部分，其余股份向特定对象募集或者向社会公开募集而设立公司。

（1）发起人符合法定人数

设立股份有限公司，应当有一人以上二百人以下为发起人，其中应当有半数以上的发起人在中华人民共和国境内有住所。股份有限公司发起人承担公司筹办事务。发起人应当签订发起人协议，明确各自在公司设立过程中的权利和义务。

（2）有符合公司章程规定的全体发起人认购的股本总额或者募集的实收股本总额

设立方式不同，股东认缴股份的方式也不同。股份有限公司采取发起设立方式设立的，注册资本为在公司登记机关登记的已发行股份的股本总额。在发起人认购的股份缴足前，不得向他人募集股份。

（3）股份发行、筹办事项符合法律规定。

（4）发起人制定公司章程，采取募集方式设立的经创立大会通过。

（5）有公司名称。建立符合股份有限公司要求的组织机构。

股份有限公司的设立，应向公司登记部门办理注册登记手续，这是公司取得法人资格的关键步骤，是股份有限公司成立的必要条件。

（6）有公司住所。

3. 股份有限公司的组织机构

股份有限公司是典型的资合公司，股份有限公司的组织机构与其他公司形式相比，要更复杂一些。股份有限公司的不同机关分别对内行使经营管理的职权，对外代表公司。公司的主要活动也是通过公司的组织机构来实现的。股份有限公司的组织机构包括股东大会、董事会、监事会及经营管理层。股东大会由全体股东组成，是公司的权力机构，公司的一切重大事项必须由股东大会做出决议。董事会是股份有限公司常设的业务执行机构。监事会是监督董事与董事会行为的机构。随着股份有限公司董事会权力的不断扩大，各国公司法都采取不同形式加强对公司业务执行机构的检查与监督，防止其滥用职权，危及股东与第三方的利益。

4. 股份有限公司的解散与清算

股份有限公司的解散是指现存的公司由于公司章程或有关公司立法规定的事由发生而依法归于消灭的法律行为。股份有限公司解散的原因包括：公司章程所规定的事由发生；公司所经营的事业已经完成或无法完成；公司股东会议或股东大会做出解散决议；公司与其他公司合并；公司被宣告破产；公司被主管机关命令解散或被法院裁定解散；等等。除因破产而解散外，公司解散时要依法予以公告，将有关解散事由与解散事宜通知公司股东，并于法定期限内向公司主管机关提出解散登记申请。

除因合并或破产而解散外，股份有限公司解散后，要依法进行清算。清算是指清点公司财产，清理债权、债务，整理各种法律关系，以消灭公司法人资格的一种法律程序。

2.4 参与跨境电子商务业务的企业的登记与注册

参与跨境电子商务业务的企业除了按照公司法的要求进行主体注册登记外，还需在海关办理登记手续。参与跨境电子商务业务的企业在海关的登记分为注册登记和信息登记两类。

1. 注册登记

需登记的企业包括参与跨境电子商务零售进口业务的跨境电子商务平台企业、境外跨境电子商务企业、物流企业、支付企业，以及参与跨境电子商务零售出口业务且需要办理报关业务的跨境电子商务企业、物流企业等。

办理注册登记的企业包括跨境电子商务平台企业、跨境电子商务企业、物流企业、支付企业，这些企业向所在地海关办理注册登记，境外跨境电子商务企业向境内代理人所在地海关办理注册登记。

程序依据为海关报关单位注册登记管理相关规定。

申请主体为跨境电子商务平台企业、跨境电子商务企业、物流企业、支付企业的，由企业自行申请；境外跨境电子商务企业委托境内代理人申请。

拓展阅读　　**跨境电子商务企业海关注册登记的流程及依据**

一、跨境电子商务企业注册登记的流程

第一步：办理报关单位注册登记。

企业通过中国国际贸易"单一窗口"标准版"企业资质"子系统或"互联网+海关"一体化网上办事平台"企业管理和稽查"→"企业资质办理"子系统填写相关信息，并向海关提交申请。

第二步：办理电子口岸IC卡。

具体办理流程，可咨询当地电子口岸。

第三步：变更企业信息。

已经办理报关单位注册登记的企业，需要通过申请注册登记变更的方式向海关申请跨境贸易电子商务企业备案；海关受理后，予以确认，完成备案。提交申请时，应在"经营范围"栏目注明跨境电子商务类型、跨境电子商务网站网址。

二、跨境电子商务企业注册登记的依据

1.《商务部 发展改革委 财政部 海关总署 税务总局 市场监管总局关于完善跨境电子商务零售进口监管有关工作的通知》（商财发〔2018〕486号）。

2. 海关总署公告2018年第194号《关于跨境电子商务零售进出口商品有关监管事宜的公告》。

3. 海关总署公告2020年第75号《关于开展跨境电子商务企业对企业出口监管试点的公告》。

4.《中华人民共和国海关报关单位注册登记管理规定》（海关总署令第221号）。

---

2. 信息登记

需登记的企业包括参与跨境电子商务零售出口业务的跨境电子商务企业、物流企业等。办理信息登记的海关为上述企业所在地海关。

不同于注册登记，信息登记没有相关的程序规定。信息登记具体内容应该包括哪些，其性质何属，并不明确，在实践中存在差别。

2.4.1　跨境电子商务企业组织形式

跨境电子商务企业以不同标准分类，可以有不同的组织形式。

1. 根据交易对象的不同分类

（1）跨境贸易电子商务。

跨境贸易电子商务是指分属不同关境的交易主体，通过电子商务的手段将传统国际贸易的展示、洽谈、成交、支付、物流、清关等环节的操作电子化、数字化和网络化所呈现的新型的国际贸易形式。跨境贸易电子商务交易的形式表现为 B2B。交易双方的主体分别是上游的卖家（生产企业）和下游的买家（零售商）。目前，在中国跨境电子商务市场交易规模中，B2B 跨境电子商务市场交易规模占总交易规模的 90%以上。我国很多企业对此进行了很好的尝试和运作，代表企业有敦煌网、中国制造网、阿里巴巴国际站、环球资源网等。

（2）跨境零售电子商务。

跨境零售电子商务是指分属于不同关境的交易主体，通过电子商务的手段，完成订单处理、支付和结算，并通过快件、小包等方式将商品送达消费者的一种碎片化的交易活动。

跨境零售电子商务交易的模式有以下几种。一是 B2C（企业对消费者），是指供方是境内生产商或零售商、需方是境外消费者，通过跨境电子商务交易平台完成货物买卖的一种交易模式。二是 C2B（消费者对企业），是指需方是境内消费者，供方是境外生产商或零售商，通过跨境电子商务交易平台聚合分散消费者从而从生产商或零售商以批发价格购物，并完成货物买卖的一种交易模式。C2B 与 B2C 的区别是消费者所处的关境不同。三是 C2C（消费者对消费者），C2C 是现实生活中存在的最为活跃的电子商务模式之一，国内最大的 C2C 电子商务平台是淘宝网。

2. 根据服务类型的不同分类

（1）信息服务平台。

信息服务平台主要为境内外会员商户提供网络营销平台，传递供应商或采购商的商品或服务信息，促使双方完成交易。代表企业有阿里巴巴国际站、环球资源网、中国制造网等。

（2）在线交易平台。

在线交易平台不仅提供企业、产品、服务等多方面信息，而且使用户可以通过平台在线上完成搜索、咨询、对比、下单、支付、评价等全购物链环节。在线交易平台模式正逐渐成为跨境电子商务中的主流模式。代表企业有敦煌网、全球速卖通、炽昂科技、米兰网、大龙网等。

3. 根据平台运营方的不同分类

（1）第三方平台。

第三方平台通过在线上搭建商城，并整合物流、支付、运营等服务资源，吸引商家入驻，为其提供跨境电子商务交易服务。第三方平台以收取商家佣金以及增值服务佣金作为主要盈利模式。

（2）自营型平台。

自营型平台通过在线上搭建平台，并整合供应商资源，以较低的价格采购商品，然后以较高的价格出售商品。自营型平台主要以赚取商品差价作为盈利模式。

（3）外贸电子商务代运营服务商。

外贸电子商务代运营服务商是服务提供商，不直接或间接参与任何电子商务的买卖过程，而是为从事外贸电子商务的中小企业提供不同的服务模块，如"市场研究模块""营销商务平台建设模块""海外营销解决方案模块"等。这些企业以电子商务服务商身份帮助外贸企业建设独立的电子商务平台，并能提供全方位的电子商务解决方案，使其能直接把商品销售给境外零售商或消费者。

2.4.2 《电子商务法》对电子商务经营者的一般规定

1. 电子商务经营者的内涵和基本分类

根据《电子商务法》第九条的规定，电子商务经营者主要分为三大类：一是电子商务平台经营者；二是平台内经营者；三是通过自建网站、其他网络服务销售商品或者提供服务的电子商务经营者。

2.《电子商务法》对电子商务经营者的一般规定

关于电子商务经营者的一般法律义务规定见《电子商务法》第十条到第二十六条，其中规定的法律义务可概括为以下五大类。

（1）市场主体登记。

《电子商务法》第十条规定，电子商务经营者应当依法办理市场主体登记。

例外规定：个人销售自产农副产品、家庭手工业产品，个人利用自己的技能从事依法无须取得许可的便民劳务活动和零星小额交易活动，以及依照法律、行政法规不需要进行登记的除外。

（2）依法纳税与办理纳税登记。

《电子商务法》第十一条规定，电子商务经营者应当依法履行纳税义务，并依法享受税收优惠。

特别规定：不需要办理市场主体登记的电子商务经营者在首次纳税义务发生后，应当依照税收征收管理法律、行政法规的规定申请办理税务登记，并如实申报纳税。以上规定是概括性的，具体实施时应适用税收法的专门规定。

需要说明的是，市场主体登记和税务登记是两项不同性质的义务，市场主体登记义务不是纳税义务和税务登记义务的前提。

（3）合法合规经营。

《电子商务法》第十二条至第十七条、第二十二条、第二十六条规定了电子商务经营者要承担以下义务：①依法取得行政许可义务；②依法亮照义务；③依法开具发票义务；④业务终止提前告知义务；⑤依法披露信息义务；⑥不滥用市场支配地位义务；⑦合法经营义务。

（4）个人信息保护。

《电子商务法》第十八条、第二十三条、第二十四条和第二十五条规定了电子商务经营者对个人信息有保护的义务，具体内容为：①搜索与广告规制义务；②合法收集、使用个人信息；③消费者有查询权、更正权、删除权；④数据信息提供与安全保护。

（5）消费者权益保护。

《电子商务法》第十三条、第十九条、第二十条、第二十一条规定了电子商务经营者对消费者权益的保护义务，具体为：①提供合法商品、服务的义务；②不得随意搭售的义务；③按照承诺或者与消费者约定的方式、时限向消费者交付商品或者服务；④及时退还按约收取的押金的义务。

2.4.3　跨境电子商务企业的资质与许可

2022 年 12 月 30 日，全国人大常委会表决通过了关于修改《中华人民共和国对外贸易法》（以下简称《对外贸易法》）的决定，删去了《对外贸易法》第九条中关于对外贸易经营者备案登记的规定。从事进出口业务的企业，不再需要办理对外贸易经营者备案登记手续，企业自动获得进出口权。但是，企业仍需办理海关登记获取报关权限、电子口岸 IC 卡、外汇管理局企业名录备案。

1．企业申请

参与跨境电子商务业务的企业（主要包括跨境电子商务平台企业、物流企业、支付企业和跨境电子商务企业境内代理人，以下简称"参与企业"）资质需按以下流程申请办理。

（1）进出口货物收发货人备案。

参与企业向主管海关提出申请，并提交进出口货物收发货人备案信息，主管海关对参与企业提出的申请进行审核，对材料齐全、符合法定条件的，准予备案。

（2）参与企业类型变更流程。

参与企业向主管海关提出变更申请，在相应的跨境电子商务企业类别中打钩。申请类型为"跨境电子商务企业"或"跨境电子商务交易平台"的，系统自动完成备案手续。申请类型为"支付企业"的，主管海关验核支付企业《金融许可证》或《支付业务许可证》等相关证件及有效期限，符合备案条件的准予备案。申请类型为"物流企业"的，验核物流企业《快递业务经营许可证》等相关证件及有效期限，符合备案条件的准予备案。主管海关通过网络共享或互联网查询方式获取上述规定材料信息的，直接打印相关查询页面留存，企业无须另行提交。

2．合法合规

跨境电子商务企业、消费者（订购人）通过跨境电子商务交易平台实现零售进出口商品交易，并根据海关要求传输相关交易电子数据，应当符合《关于跨境电子商务零售进出口商品有关监管事宜的公告》（海关总署公告 2018 年第 194 号）相关要求，具体要求如下：跨境电子商务零售进口商品申报前，跨境电子商务平台企业或跨境电子商务企业境内代理人、支付企业、物流企业应当分别通过国际贸易"单一窗口"或跨境电子商务通关服务平台向海关传输交易、支付、物流等电子信息，并对数据真实性承担相应责任。

跨境电子商务企业不得进出口涉及危害口岸公共卫生安全、生物安全、进出口食品和商品安全、侵犯知识产权的商品以及其他禁限商品，同时应当建立健全商品溯源机制并承担质量安全主体责任。

3. 跨境电子商务的许可依据

跨境出口零售电子商务行业属于新兴行业和互联网行业，国家政策支持，不存在专门针对这个行业的前置性许可。

（1）《企业境外投资管理办法》（中华人民共和国国家发展和改革委员会令第 11 号）第四条规定："投资主体开展境外投资，应当履行境外投资项目核准、备案等手续，报告有关信息，配合监督检查。"

（2）《境外投资管理办法》（商务部令 2014 年第 3 号）第六条规定："商务部和省级商务主管部门按照企业境外投资的不同情形，分别实行备案和核准管理。企业境外投资涉及敏感国家和地区、敏感行业的，实行核准管理。企业其他情形的境外投资，实行备案管理。"

（3）《中华人民共和国电信条例》第七条规定："国家对电信业务经营按照电信业务分类，实行许可制度。经营电信业务，必须依照本条例的规定取得国务院信息产业主管部门或者省、自治区、直辖市电信管理机构颁发的电信业务经营许可证。未取得电信业务经营许可证，任何组织或者个人不得从事电信业务经营活动。"

2.4.4 外资准入的相关法律法规

1.《外商投资法》对外资参与主体准入的规定

根据 2020 年 1 月 1 日实施的《中华人民共和国外商投资法》（以下简称《外商投资法》）第二条的规定，外商投资，是指外国的自然人、企业或者其他组织（以下称外国投资者）直接或者间接在中国境内进行的投资活动，包括下列情形。

（1）外国投资者单独或者与其他投资者共同在中国境内设立外商投资企业。

（2）外国投资者取得中国境内企业的股份、股权、财产份额或者其他类似权益。

（3）外国投资者单独或者与其他投资者共同在中国境内投资新建项目。

（4）法律、行政法规或者国务院规定的其他方式的投资。

外商投资企业，是指全部或者部分由外国投资者投资，依照中国法律在中国境内经登记注册设立的企业。

与《外商投资法》同时施行的由国务院制定的《中华人民共和国外商投资法实施条例》（以下简称《实施条例》）实化和明确了相关事项，其中"其他投资者"的定义，在《实施条例》中明确"包括中国的自然人在内"，该政策将有利于提升中国境内市场活跃度，为中外合作、合资创造了更多可能性。

商务部和国家市场监督管理总局联合发布的《外商投资信息报告办法》（以下简称《信息报告办法》）细化了监管方面的信息报告环节，而《最高人民法院关于适用〈中华人民共和国外商投资法〉若干问题的解释》（以下简称《外资法解释》）的着重点则在于外商投资合同效力的认定。

2. 外商投资市场准入的相关规定

根据《外商投资法》第四条的规定，国家对外商投资实行准入前国民待遇加负面清单管理制度。对于不涉及负面清单的，按照内外资一致的原则实施管理，享受国民待遇。目前适用的负面清单为国家发展改革委及商务部联合发布的《外商投资准入特别管理措施（负面清单）（2021 年版）》。

根据《外商投资法》的规定，负面清单范围以外，外资平等享有与内资一致的国民待遇。需注意的是，根据《企业投资项目核准和备案管理条例》及相关规定需要办理投资项目核准、备案的，或根据相关行业规定需要前置审批、许可的，仍需要按规定办理。前述核准、审批等不涉及"外资准入"问题，是对内资、外资均适用的相关程序。

3. 动态的负面清单

2022 年 1 月 1 日起实施的《外商投资准入特别管理措施（负面清单）（2021 年版）》和《自由贸易试验区外商投资准入特别管理措施（负面清单）（2021 年版）》，旨在进一步提高对外开放水平，健全外商投资准入前国民待遇加负面清单管理制度，推进投资自由化、便利化。

关于投资准入，《外商投资法》第四条、第二十八条已作出明确规定，在全国范围内开启"非禁即入"模式。以前不能进入的，或者只能限定在自由贸易试验区进入的，现在负面清单之外的全国范围内都能进入，负面清单内限制类的行业和项目，达到条件也可进入。投资者对负面清单必须予以特别关注，知晓清单内存在哪些行业，清单对某一特定行业是禁止性规定还是限制性规定，以及限制性条件是什么。负面清单由国家发展改革委和商务部共同公布，每年动态调整。

关于投资具体地点问题，除了纯粹的商业考量，行政效率、优惠政策、招商承诺、争议解决的便利与公平等都是投资者的关切之处。

《实施条例》共四十九条，除了常规的总则和附则，另有投资促进、投资保护、投资管理和法律责任 4 个部分，对投资者和市场关切的大部分问题做了回应，但仍有留白部分和未尽事宜。

本章小结

本章首先介绍了我国商事组织法律制度；其次讲述了 3 种重要的跨境电子商务企业的组织形式，即个人独资企业、合伙企业及公司的相关法律问题；再次对电子商务经营者的一般规定进行了介绍；最后对跨境电子商务企业的资质与许可做了介绍。通过对本章的学习，读者能够了解和认识跨境电子商务企业运行的法律规则。

练习题

一、单项选择题

1. 以下不是跨境电子商务交易主体的是（　　）。

A. B2B 跨境电子商务或平台　　　　　B. B2C 跨境电子商务或平台

C. C2C 跨境电子商务或平台　　　　　D. C2D 跨境电子商务或平台

2. 下列关于个人独资企业的表述中，正确的是（　　）。

A. 个人独资企业投资人以其个人财产对企业债务承担有限责任

B. 个人独资企业投资人以其个人财产对企业债务承担无限责任

C. 个人独资企业的名称可以有"有限""有限责任"或者"公司"字样

D. 个人独资企业投资人不能委托或聘用他人管理企业事务

3. 甲、乙、丙3人分别出资2万元成立了一家开展出口贸易的普通合伙企业。后来，甲因家中急需用钱，想把自己份额的一半（1万元）转让给丁，甲通知乙、丙后，乙表示愿意以8千元买下，丙未表态。丁知道后，同意以1万元买下甲的份额。丙见丁想买，随即向甲表示愿以1万元买下甲的份额。根据《合伙企业法》的规定，以下正确的是（　　）。

A. 甲应将其份额转让给乙　　　　　B. 甲应将其份额转让给丁

C. 甲应将其份额转让给丙　　　　　D. 甲不应将其份额转让

4. 有限责任公司的股东人数为（　　）。

A. 2人以上200人以下　　　　　　B. 2人以上

C. 50人以下　　　　　　　　　　　D. 1人以上50人以下

5. 下列哪个选项不是公司的法律特点？（　　）

A. 股东责任的无限性　　　　　　　B. 财产独立性

C. 营利性　　　　　　　　　　　　D. 法人性

二、多项选择题

1. 跨境电子商务参与主体有哪些？（　　）

A. 通过第三方平台进行跨境电子商务经营的企业和个人

B. 物流企业

C. 跨境电子商务的第三方平台

D. 支付企业

2. 张某于2019年3月成立一家开展进出口贸易的个人独资企业。同年5月，该企业与甲公司签订一份买卖合同，根据合同，该企业应于同年8月支付给甲公司货款15万元，后该企业一直未支付该款项。2020年1月该企业解散。2022年5月，甲公司起诉张某，要求张某偿还上述15万元债务。下列有关该案的表述哪些是错误的？（　　）

A. 因该企业已经解散，甲公司的债权已经消灭

B. 甲公司可以要求张某以其个人财产承担15万元的债务

C. 甲公司请求张某偿还债务已超过诉讼时效，其请求不能得到支持

D. 甲公司请求张某偿还债务的期限应于2023年1月届满

3. 某出口合伙企业原有合伙人3人，后古某申请入伙，当时合伙企业负债20万元。入伙后，合伙企业继续亏损，古某遂申请退伙，获同意。古某退伙时，合伙企业已负债50万元，但企业尚有价值20万元的财产。后合伙企业解散，用企业财产清偿债务后，尚欠70万元不能偿还。对古某在该合伙企业中的责任，下列哪种说法是错误的？（　　）

A. 古某应对70万元债务承担连带责任

  B. 古某仅对其参与合伙期间新增的 30 万元债务承担连带责任

  C. 古某应对其退伙前的 50 万元债务承担连带责任

  D. 古某应对其退伙前的 50 万元债务承担连带责任，但应扣除其应分得的财产份额

4. 有限责任公司和股份有限公司的区别有（　　　　）。

  A. 股东的数量不同   B. 股本的划分方式不同

  C. 发起人筹集资金的方式不同   D. 股权转让的条件限制不同

三、简答题

1. 简述跨境零售电子商务的含义及跨境零售电子商务交易的形式。

2. 普通合伙企业与有限合伙企业的区别有哪些？

3. 有限责任公司设立的条件有哪些？

4. 《电子商务法》对电子商务经营者的一般规定有哪些？

5. 简述外商投资的概念及具体情形。

四、案例分析

[案例 1]

李某为某大学在读硕士研究生，未组建自己的家庭，经济上独立于父母。在校期间李某自主创业，做起了线上出口零售贸易的生意，并注册了个人独资企业，注册资本 10 000 元。李某先后雇佣员工 3 人，但未给员工缴纳社会保险。后因经营不善，负债 5 万元。李某决定将企业自行解散。

请问：

（1）李某设立的个人独资企业负债，债权人是否可以要求李某的父母代为清偿？

（2）该个人独资企业的注册资本是否合法？

（3）该个人独资企业是否应给员工缴纳社会保险？

（4）李某将该独资企业自行解散的行为是否有效？

[案例 2]

A 企业是由甲、乙、丙 3 人各出资 10 万元组成的经营出口业务的合伙企业，合伙协议中规定了利润分配和亏损分担办法：甲分配或者分担 3/5，丙、乙各自分配或分担 1/5，争议由合伙人通过协商或者调解解决，协商不成，通过诉讼解决。该合伙企业由甲担当负责人，经营期限为 2 年。

请问：

（1）甲在担当合伙企业负责人期间，能否与王某再合作建一个经营出口业务的分部，并将分部的货卖给 A 企业？

（2）假如合伙企业中明确规定，甲不得代表合伙企业签订标的额 10 万元以上的合同，后来甲与某贸易公司签订了 20 万元的合同，此合同是否有效？

[案例 3]

跨境电子商务企业甲公司（有限责任公司）注册资本是 500 万元，甲公司对乙企业负有 1000 万元的合同债务。甲公司董事长对乙企业负责人说："本公司仅以 500 万元注册资本为限对公司债务承担责任。"

请问：甲公司董事长的说法是否正确？为什么？

操作实训

一、实训目的

学生分组扮演不同角色，拟定公司章程，模拟创办有限责任公司，并根据公司的经营业务在运行中是否合法合规写出案例评析报告，达到掌握实务技能的目的。

二、实训主要内容

1. 教师讲解相关的法律问题，引导学生分析公司设立的各种法律关系，提醒学生注意跨境电子商务公司在经营中的合法合规义务及自身的风险防范。（1学时）

2. 每组提交一份案例评析报告。（1学时）

三、实训要求

1. 学生自行组成训练小组（可以跨年级、班级）根据情形案例进行训练。

2. 学生在模拟创办有限责任公司前要充分阅读相关的法律法规，认真熟悉案例，并邀请有关教师做指导，以正确把握有关情况。

3. 学生在正确把握案例的基础上，形成流程简介、角色分工等书面材料。

4. 学生在指导教师的指导下，按程序认真进行模拟。

5. 学生训练后要制作模拟卷宗材料。

6. 学生将各种资料汇总编制目录，并按顺序叠放整齐，加封皮装订成册，注明班级、参与人员和时间。

四、实训步骤

（一）模拟创设公司的资料准备

1. 选择案例，并根据提出的问题列出相关法律法规的要求。

2. 制作有关公司情况和业务情况的卷宗（如公司对聘任的高级管理人员的授权书）。

3. 进行排练。通过排练来检验准备情况，如有疏漏、不足和失误，要及时调整，确保准备充分，为正式模拟打好基础。

（二）公司运行中遇到的问题的法理分析

1. 各小组对模拟中公司遇到的问题进行讨论。

2. 讨论后，各小组写出案例评析报告。

（三）整理相关的材料，并形成完整的案卷

五、实训思考

1. 跨境电子商务的范畴是什么？

2. 公司设立及经营过程中需要注意的问题有哪些？

3. 根据情形案例分析跨境电子商务中的风险防范问题。

六、实训成果形式

1. 各小组准备的公司章程等资料。

2．各小组讨论后形成的案例评析报告。

3．对此次实训的总结。

七、情形案例

教师可指导学生根据下面的案例进行实训，指导学生拟定公司章程，制作公司运行中涉及的购销合同、检察院的公诉书、判决书等材料。教师可灵活掌握实训需要的材料，在小组成员之间或小组之间分配材料制作任务。

电子商务企业委托"水客"走私案

检方：深圳市罗湖区人民检察院

被告：某某公司

被告：王某甲、黄某甲

2015 年上半年，被告人某某公司负责人王某甲与被告人黄某甲、黄某乙、梅某（黄某乙、梅某二人均另案处理）合谋，在某宝、聚某等平台开设店铺，店铺对所售商品利用"水客"走私入境以谋取更多利益。2015 年 6 月，被告人王某甲投资成立被告单位某某公司，主要业务为通过互联网销售化妆品以及化妆品的批发、零售，通过线上的某宝店铺销售化妆品，以及给另一电子商务平台聚某供应化妆品。

王某甲根据某宝线上客户订单信息，去澳门采购相应的化妆品，采购完成后将货物发送给黄某甲，由黄某甲负责将货物运送入境。被告单位某某公司与聚某平台的合作方式主要是，聚某平台根据网上的销售情况，给某某公司下单，某某公司利用聚某平台进行商品销售，聚某平台收取相应的佣金。2015 年下半年，被告人王某甲与被告人黄某甲约定，由王某甲将在澳门购买的化妆品通过船务公司发运至香港，由黄某甲负责在香港提货运送入境。具体操作是，黄某甲在香港揽收王某甲从澳门发送过来的货物，然后黄某甲将货物交给黄某乙，由黄某乙"派发"给水客偷带入境至深圳，由梅某负责在深圳收集化妆品的数量，以约定的价格定期通过银行转账的方式统一向梅某的账户支付带工费用。王某甲和被告单位某某公司将走私进境的化妆品，部分在某宝店铺销售，部分供应给聚某平台，还有部分暂未销售。法院认为，被告单位某某公司、被告人王某甲、被告人黄某甲违反海关法规，逃避海关监管，走私化妆品进境，其行为已构成走私普通货物罪，判处某某公司罚金 200 万元，被告人黄某甲有期徒刑 3 年，被告人王某甲有期徒刑 3 年、缓刑 4 年。

第3章
跨境电子商务合同规则及法律适用

导学视频

学习目标

1. 了解电子商务合同的概念和类型。
2. 掌握电子商务合同的订立、生效、认证等内容。
3. 熟悉电子商务合同的履行及违约责任等。
4. 了解跨境电子商务合同的法律适用。

重点难点

1. 重点：电子商务合同的订立；电子商务合同履行的方式；电子商务合同违约责任的免责事由。
2. 难点：电子商务合同的生效和认证；电子商务合同履行的时间和地点；跨境电子商务合同的法律适用。

【案例导入】重庆沙坪坝区人民法院审理重庆市首例跨境电子商务纠纷案

"全球购"是一种时尚，也是一种生活。市民熊某在"某某全球购"门店购买了荷兰某品牌的奶粉，却发现所有产品包装均无中文标签，于是熊某以预包装食品没有中文标签不得进口为由，将拥有该门店的重庆某跨境电子商务有限公司（以下简称"电子商务公司"）告上法庭。审理中，确定跨境电子商务交易的法律性质以及熊某和电子商务公司在交易中的法律地位等成为法庭上辩论的焦点。

法院审理查明，熊某分5次在电子商务公司所属的"某某全球购"实体店内订购了9罐荷兰某品牌的奶粉。通过电子商务公司员工的协助，熊某当场填写订单，提交姓名、公民身份号码、住址、联系方式等个人信息并向电子商务公司支付了货款（含关税），而电子商务公司向熊某出具了购物收据。之后，电子商务公司通过互联网将订单及原告个人信息报送至海关保税区，由海关对订单确定的奶粉按熊某出境个人行李、邮递物品的名义办理通关手续和征收行邮税，最后由被告通过快递方式向熊某交付奶粉。熊某收到的奶粉均为境外生产时的原始外包装，无中文标签、中文说明书等内容。

另查明，电子商务公司将涉案奶粉样品委托给重庆出入境检验检疫局检验，其结果符合我国相应的食品安全标准。

法院审理认为，跨境电子商务是一种新型的国际贸易方式，其与传统的进出口贸易有巨大的区别。第一，消费者在订购时应当向跨境电子商务公司提供完整、准确的个人信息；第二，跨境电子商务服务过程中是以消费者本人的名义向海关报关、纳税的；第三，境外商品通关的性质是消费者个人行邮物品，而不是贸易商品。据此，法院认为，该案的核心要素是电子商务公司以熊某的名义和费用来处理事务，即熊某与电子商务公司之间成立的是委托合同关系，而非买卖合同关系。本案中，熊某是委托人，电子商务公司作为受托人为消费者提供采购商品、通关纳税、物流托运等服务并收取消费者的购买价款、关税、运费和委托报酬，并非销售者。换言之，电子商务公司向熊某出售的是它的服务，而非商品本身，不用承担《食品安全法》中销售者的法律责任。另外，熊某未证明因电子商务公司的过错造成了自己的损失，故法院判决驳回原告熊某的诉讼请求。

案例评析：如果只是通过电子商务方式完成订购、签约等，仍然通过传统的进出口贸易运输方式运送至购买人所在地，则应归入传统货物贸易范畴，此时消费者与境内分销商的关系是传统的进出口商品买卖关系。跨境电子商务保税进口依靠电子系统进行交易，商家只是接受委托为消费者办理购买及报关事项，这在很大程度上属于服务贸易范畴，国际上普遍认为应按服务贸易进行管理。

思考题：跨境电子商务合同与传统国际贸易合同有何区别？

3.1 电子商务合同概述

根据《联合国国际贸易法委员会电子商务示范法》（以下简称《电子商务示范法》）及各国电子交易法，并结合《民法典》的规定，电子商务合同，指的是双方或多方当事人通过电子数据交换（Electronic Data Interchange，EDI）、电子邮件、电报、电传或者传真等电子方式达成的设立、变更、终止财产性民事权利义务关系的协议。

根据电子商务合同主体的不同，电子商务合同可分为商业机构之间的电子商务合同（Business to Business 模式）、用户之间的电子商务合同（Consumer to Consumer 模式）、商业机构与用户之间的电子商务合同（Business to Consumer 模式）和企业与政府之间的电子商务合同（Business to Government 模式）。

电子商务合同订立的整个过程采用电子形式，大大节约了交易的时间成本，提高了经济效益，合同交易主体可以是任何自然人和法人及其相关组织。电子商务合同这种交易方式，需要一系列配套措施，如建立信用制度，让交易的相对人在交易前知道对方的资信状况。在电子商务经营中，信用权益成为一种无形的财产。

3.2 电子商务合同的订立

电子商务合同的订立，是指缔约人做出意思表示并达成合意的行为和过程。根据《民法典》第四百六十九条的规定，当事人订立合同，可以采用书面形式、口头形式或者其他形式。

电子商务合同的订立，主要有两种形式。一种形式是通过电报、电传、传真、电子邮件等数据电文的形式做出要约和承诺，在此情形下，买方通过计算机浏览卖方对商品或服务所做的宣传和说明并产生购买意愿后，在线填写买方姓名、联系方式及欲购商品名称、数量、金额等内容发送给卖方；卖方通过电子邮件等方式做出承诺，双方意思表示一致时合同即成立，也即合同订立完成。另一种形式是一方或者双方当事人通过电子自动交易系统订立合同，即当事人按照事先设计好的自动程序进行交易，一方计算机发出电子订单，相对人的计算机在收到该订单以后用既定的程序进行判断、选择，然后做出承诺，合同订立完全自动化。该种订立形式也是电子商务合同最常见的订立形式。

3.2.1 合同当事人和电子代理人

1. 合同当事人

电子合同的当事人，是指依法订立电子合同的双方或多方，也就是按照合同约定履行义务和行使权利的自然人、法人及其他组织。通常情况下，合同当事人是指订立合同的双方，但是，有些合同的当事人可能是三方或更多方。与传统合同确定当事人的方式方法不同，电子合同当事人的确认方法主要采用电子签名、电子认证和其他方法。

订立合同的当事人，按照法律法规的规定，应当具有相应的民事权利能力和民事行为能力。在当事人同意的情况下，其依法可以委托代理人订立合同。根据《民法典》第一百四十三条的规定，行为人具有相应的民事行为能力，是民事法律行为有效的要件之一。《电子商务法》第四十八条第二款规定："在电子商务中推定当事人具有相应的民事行为能力。但是，有相反证据足以推翻的除外。"

2. 电子代理人

电子代理人（Electronic Agent），也称为自动电文系统（Automated Message System），根据美国《统一计算机信息交易法》的规定，是指不需要人的审查或操作，而能用于独立地发送、回应电子记录及部分或全部地履行合同的计算程序、电子的或其他自动化手段。电子代理人概念先后被《统一电子交易法》《电子签字统一规则（草案）》使用，此后为多国普遍接受，目前已成为国际普遍接受的术语。随着互联网运用范围的迅速扩大，电子代理人的应用范围有扩大趋势，越来越多的项目和服务内容改由计算机程序进行。

电子代理人实质上是自动化交易手段或工具，是合同当事人预先设定的程序，包含了当事人预先设定的要约、承诺条件、订立和履行合同的方式等，不具有独立的人格和财产，不能独立地承担民事责任。法律法规对电子代理人的所有者或被代理人有相应的限制条件，以防止滥用。《电子商务法》第四十八条规定，电子商务当事人使用自动信息系统订立或者履行合同的行为对使用该系统的当事人具有法律效力。

3.2.2 要约

1. 要约的概念和要件

根据《民法典》第四百七十一条的规定，当事人订立合同，可以采取要约、承诺方式或者其他方式。要约，是希望与他人订立合同的意思表示。发出要约的一方为要约人，接受要约的一方为受要约人或相对人。根据《民法典》第四百七十二条的规定，要约应当满足以下条件：内容具体确定、表明经受要约人承诺，要约人即受该意思表示约束。内容具体确定是指要约内容必须有足以使合同成立的主要条款，如明确的合同标的、数量、金额等。

要约要发生法律效力，须具备以下有效要件。①要约是由特定人作出的意思表示。要约旨在与他人订立合同，所以，要约人必须是订立合同的一方当事人，这就要求要约人必须是特定之人。②要约是以订立合同为直接目的的意思表示。如不是以订立合同为目的的向对方当事人发出的意思表示，则不能视为要约。③要约必须向要约人希望与之订立合同的受要约人发出。要约只有向要约人希望与之订立合同的受要约人发出，才能唤起受要约人的承诺，从而订立合同。④要约的内容必须具体、确定。要约一旦为受要约人承诺，合同就已经成立。因此要约应该包含订立合同的主要条件，如合同的标的、质量、价款、履行期限等，以便受要约人了解要约的真实含义，从而决定是否做出承诺。

《电子商务法》第四十九条规定，电子商务经营者发布的商品或者服务信息符合要约条件的，用户选择该商品或者服务并提交订单成功，合同成立。当事人另有约定的，从其约定。电子商务经营者不得以格式条款等方式约定消费者支付价款后合同不成立；格式条款等含有该内容的，其内容无效。

2. 要约的生效及法律效力

要约以对话方式作出的，相对人知道其内容时生效。要约以非对话方式作出的，到达相对人时生效。要约以非对话方式作出的，采用数据电文形式的，相对人指定特定系统接收数据电文的，该数据电文进入该特定系统时生效；未指定特定系统的，相对人知道或者应当知道该数据电文进入其系统时生效。当事人对采用数据电文形式的意思表示的生效时间另有约定的，按照其约定。

生效要约对要约人的法律效力如下。要约可规定受要约人作出承诺的期限，这个期限就是要约的有效期；要约中未规定期限的，则以合理的期限为要约的有效期。在要约有效期内，如果受要约人接受要约，那么要约人必须与其订立合同。要约人在要约生效后，变更或撤销要约而给受要约人造成损失的，应承担民事责任。

生效要约对受要约人的法律效力如下。受要约人自要约生效时起取得作出承诺的资格。受要约人是否要作出承诺从而订立合同，是受要约人的权利，因而除了法律另有规定或者双方事先另有约定外，受要约人没有答复的义务。即使要约人单方面在要约中规定受要约人不答复即视为承诺，该规定对受要约人也没有法律约束力。

3. 要约的撤回与撤销

要约可以撤回。撤回要约的意思表示以通知的方式作出，撤回要约的通知应当在要约到达相对人前或者与要约同时到达相对人。

要约可以撤销。撤销要约的意思表示以对话方式作出的，该意思表示的内容应当在受要约人作出承诺之前为受要约人所知道；撤销要约的意思表示以非对话方式作出的，应当在受要约人作出承诺之前到达受要约人。有下列情形的，要约不能撤销：①要约人以确定承诺期限或者其他形式明示要约不可撤销；②受要约人有理由认为要约是不可撤销的，并已经为履行合同做了合理准备工作。

4. 要约的失效

要约在一定条件下会失去其法律拘束力，即要约失效。导致要约失效的情形包括下面几个。

（1）要约被拒绝。如果受要约人拒绝接受要约，则在拒绝要约的通知到达要约人时，要约失效。

（2）要约被依法撤销。

（3）要约期限届满，受要约人未作出承诺。有的要约人在要约中明确了承诺的期限，受要约人超过期限未作出承诺的，则该要约自行失效。

（4）受要约人对要约的内容作出实质性变更。受要约人对要约中有关合同标的、数量、质量、价款或者报酬、履行期限、履行地点和方式、违约责任和解决争议方法等的变更，就视为对要约内容的实质性变更。

3.2.3 要约邀请

要约邀请是希望他人向自己发出要约的意思表示。拍卖公告、招标公告、招股说明书、债券募集办法、基金招募说明书、商业广告和宣传、寄送的价目表等为要约邀请。商业广告和宣传的内容符合要约条件的，构成要约。

在电子商务活动中，从事电子交易的商家在互联网上发布广告的行为，应视为要约还是要约邀请，学界有不同的观点。本书认为，如果广告所包含的内容具体确定，包括了价格、规格、数量等完整的交易信息，且商家有愿意接受该广告内容约束的意思表示，则符合要约的特征，应认定为要约。

3.2.4 承诺

1. 承诺的概念和要件

承诺，是受要约人同意要约的意思表示。承诺要发生法律效力，须具备以下有效要件。

（1）承诺应是由受要约人向要约人做出的意思表示。

（2）承诺的内容应当与要约的内容一致。如果受要约人对要约的内容只是部分接受，或作出实质性变更的，则不构成承诺，而是一个新要约。

（3）承诺应在要约的有效期内作出。要约没有规定期限的，如果要约是以对话方式作出的，则应当立即承诺；如果要约是以非对话的方式做出的，则应当在合理的期限内承诺。凡是在要约有效期满后的答复，是迟到的承诺，除要约人及时通知受要约人该承诺有效以外，不发生承诺的法律效力，构成新要约。

2. 承诺的形式和内容

承诺应当以通知的方式作出；但是，根据交易习惯或者要约表明可以通过行为作出承诺的除外。其中，通知可以口头方式或书面方式作出；行为一般是合同履行行为，如预付价款、装运货物等。需要注意的是，单纯的沉默不构成承诺。

承诺的内容应当与要约的内容一致。受要约人对要约的内容作出实质性变更的，为新要约。为了方便生活，便于交易，《民法典》同时规定，承诺对要约的内容作出非实质性变更的，除要约人及时表示反对或者要约表明承诺不得对要约的内容作出任何变更外，该承诺有效，合同的内容以承诺的内容为准。

3．承诺的生效及法律效力

承诺以对话方式作出的，相对人知道其内容时生效。承诺以非对话方式作出的，到达相对人时生效。承诺以非对话方式作出的，采用数据电文形式的，相对人指定特定系统接收数据电文的，该数据电文进入该特定系统时生效；未指定特定系统的，相对人知道或者应当知道该数据电文进入其系统时生效。当事人对采用数据电文形式的意思表示的生效时间另有约定的，按照其约定。承诺不需要通知的，根据交易习惯或者要约的要求作出承诺的行为时生效。承诺生效时合同成立，但是法律另有规定或者当事人另有约定的除外。

4．承诺的撤回

承诺撤回，是指受要约人在其作出的承诺生效之前将其撤回的行为。承诺被撤回，视为承诺未发出。撤回承诺的通知必须在承诺生效之前到达要约人或者与承诺通知同时到达要约人，否则承诺仍然有效。如果承诺通知已经生效，合同已经成立，则受要约人就不能再撤回承诺。

5．承诺的迟延与迟到

承诺迟延，即受要约人超过承诺期限发出承诺，构成新要约，但是要约人及时通知受要约人该承诺有效的除外。

承诺迟到，即受要约人在承诺期限内发出承诺，因其他原因致使承诺到达要约人时超过承诺期限。除要约人及时通知受要约人因承诺超过期限不接受该承诺外，该承诺有效。

3.2.5　电子商务合同成立的时间与地点

电子商务合同的成立时间，是指电子商务合同开始对当事人产生法律约束力的时间。一般情况下，电子商务合同的成立时间就是电子商务合同的生效时间，是对双方当事人产生法律效力的时间。一般认为收件人收到数据电文的时间即为电子商务合同生效的时间。

认定发送和接收电子商务合同的时间，对于判断交易成立和生效具有重要意义。联合国《电子商务示范法》第 15 条和我国《民法典》第四百八十三条的规定基本相同。如收件人为接收数据电文而指定特定信息系统，则该数据电文进入该特定信息系统的时间视为收到时间。如收件人未指定特定信息系统，则数据电文进入收件人的任一信息系统的时间为收到时间。一项数据电文进入某一信息系统的时间应是在该信息系统内可投入处理的时间，无论收件人是否检查或者阅读传送的信息内容。

通常情况下，承诺生效的地点，即为合同成立的地点。如果当事人采用合同书形式订立合同，双方当事人签字或者盖章的地点为合同成立的地点。《民法典》第四百九十二条规定："承诺生效的地点为合同成立的地点。采用数据电文形式订立合同的，收件人的主营业地为合同成立的地点；没有主营业地的，其住所地为合同成立的地点。当事人另有约定的，按照其约定。"

我国立法对电子意思表示采取的是"到达主义"，之所以规定以收到地点为合同成立地点，是考虑到当事人意思自治原则和特殊性问题。在电子交易中，收件人接收或检索数据电文的信息系统经常与收件人不在同一管辖区内，而上述规定确保了收件人与视为收件地点的所在地有着某种合理的联系。可以说，我国《民法典》充分考虑了电子商务不同于传统交易的特殊性。

3.2.6 电子商务合同的内容

合同的内容，是指合同中当事人达成的明确双方权利义务的条款。合同的内容一般包括下列条款：当事人的姓名或者名称和住所；标的；数量；质量；价款或者报酬；履行期限、地点和方式；违约责任；解决争议的方法。

1. 格式条款

格式条款是当事人为了重复使用而预先拟定，并在订立合同时未与对方协商的条款。电子商务合同一般采取格式合同的形式订立，合同的全部或者主要条款，由一方当事人事先拟定，在进行交易时对方当事人不用就每一项内容、每一个条款进行协商，直接选择同意与否即可。

由于格式合同由一方当事人预先拟定并在订立合同时未与对方协商，为保障公平，防止出现霸王合同或霸王条款，法律对格式合同的效力进行了以下限制：提供格式条款的一方应当遵循公平原则确定当事人之间的权利和义务，并采取合理方式提示对方注意免除或者减轻其责任等与对方有重大利害关系的条款，并按照对方要求，对该条款予以说明。提供格式条款的一方未履行提示或者说明义务，致使对方没有注意或者理解与其有重大利害关系的条款的，对方可以主张该条款不成为合同的内容。

对格式条款的理解发生争议的，应当按照通常理解予以解释。对格式条款有两种以上解释的，应当作出不利于提供格式条款一方的解释。格式条款和非格式条款不一致的，应当采用非格式条款。《电子商务法》第五十条规定："电子商务经营者应当清晰、全面、明确地告知用户订立合同的步骤、注意事项、下载方法等事项，并保证用户能够便利、完整地阅览和下载。电子商务经营者应当保证用户在提交订单前可以更正输入错误。"

2. 点击合同

目前，网上流行的通过简单操作而订立的格式合同形式，通常称作"点击合同"。点击合同，是指在网络环境下，一方当事人预先拟定合同全部或主要条款，并将其条款用计算机程序定型，相对方当事人通过"点击"的简单选择和设置等操作而订立的电子格式合同。

点击合同是通过网络直接订立的，可以重复使用，而且相对人不受限，具有互动性。点击合同操作简单、订立快捷，效率高、成本低。《电子商务法》第四十八条规定："电子商务当事人使用自动信息系统订立或者履行合同的行为对使用该系统的当事人具有法律效力。在电子商务中推定当事人具有相应的民事行为能力。但是，有相反证据足以推翻的除外。"

3.3 电子商务合同的生效和认证

3.3.1 电子商务合同的生效要件

合同的生效，是指已经成立的合同符合法律规定的生效要件，合同在当事人之间产生法律拘束力。合同的成立并不等于合同生效。合同成立仅意味着当事人之间已经就合同内容达成了意思表示一致，即此时的合同还只是体现当事人意思自治的结果，但合同能否产生法律效力，还要经过法律的评价。成立的合同符合法律要求则生效，与法律的要求相抵触的，则要么无效，要么被撤销，要么效力待定。

虽然我国《民法典》没有对合同的生效做出具体的规定，但是电子商务合同反映的是一种典型的民事法律关系，根据《民法典》第一百四十三条的规定，有效的民事法律行为应当具备以下几个条件：①行为人具有相应的民事行为能力；②意思表示真实；③不违反法律、行政法规的强制性规定，不违背公序良俗。因此，这些条件也是合同生效的一般要件，有的电子商务合同还需具备特殊要件，如有些特殊的电子商务合同必须到有关部门办理批准登记手续后才能生效。

3.3.2 电子签名和电子认证

合同成立是双方当事人意思一致的结果。在传统合同订立过程中，当事人采用合同书形式订立合同的，自当事人均签名、盖章或者按指印时合同成立，但在电子商务合同上签字或者盖章是很困难的。电子认证与电子签名因此应运而生，成为电子商务中重要的安全保障机制。

电子签名，是指通过特定技术方案赋予当事人特定电子密码，以此作为安全保障措施，既确保该密码能够证明当事人的身份，同时确保发件人发出的资料内容不被篡改。美国是世界上最先授权使用电子签名的国家，它规定了用密码组成的数字与传统的签字具有同等的效力。从技术角度而言，电子签名的目的，主要是利用技术手段对数据电文的发件人身份做出确认，并保证传送的文件内容不被篡改，以防止发件人事后否认已经发送或者收到资料等。

电子认证，指由特定第三方机构对签名者及其所做电子签名的真实性进行验证的一种活动。电子认证主要应用于电子交易，以保障开放网络环境中交易人的真实性，主要用以确定某个人的身份信息或者特定的信息在传输过程中未被修改或者替换。电子认证既可以由当事人相互进行，也可以由独立第三方进行。另外，电子商务活动往往跨国开展，需要由不同国家的电子认证机构对参与方的身份进行认证并向电子商务活动的相对方发放认证证书，因此，各国相互承认电子认证机构发放的电子认证证书的效力，成为电子商务活动的必然要求。

电子认证机构是独立的法律实体，能够以自己的名义从事数字服务，能够以自己的财产提供担保并承担相应的民事责任。认证机构不以营利为目的，必须保持中立，具有可靠性、真实性和公正性，在社会中具有相当的影响力和可信度，并足以使人们在网络交易中愿意接受其认证服务。当事人对电子认证机构的接受可能是明示的，也可能是在网络交易中默示承认或者基于成文法律要求的。

3.4 电子商务合同的履行

合同的履行，是指合同当事人全面、适当地完成其合同义务。合同履行的结果，是债务人完成了合同约定的义务，同时债权人实现了其合同权益。

3.4.1 电子商务合同履行的原则

《民法典》第五百零九条规定："当事人应当按照约定全面履行自己的义务。当事人应当遵循诚信原则，根据合同的性质、目的和交易习惯履行通知、协助、保密等义务。当事人在履行合同过程中，应当避免浪费资源、污染环境和破坏生态。"

1. 适当履行原则

适当履行原则，又称正确履行原则或全面履行原则，是指合同当事人应当按照法律规定或者合同约定的标的及其质量、数量，由适当主体在适当的履行期限、履行地点，以适当的履行方式，全面完成义务的履行。

2. 协作履行原则

协作履行原则，是指当事人既应该适当履行自己的合同义务，也应该协助对方当事人履行其合同义务的原则。合同的协作履行原则包括的主要内容有：①债务人履行债务，债权人应适当受领给付；②债务人履行债务时常要求债权人创造必要的条件，提供方便；③一方因故不能履行或不能完全履行义务时，应积极采取措施，避免或减少损失，否则损失自负；④发生纠纷时，双方各自应主动承担责任，不得推诿。

3. 经济合理原则

履行合同本身也需要支出成本，如标的物的运输方式、履行期限选择等。经济合理原则要求债务人在履行合同义务时，讲求经济效益，付出最小的成本，取得最好的合同利益。

3.4.2 电子商务合同履行的方式

1. 在线付款、在线交货

在线付款、在线交货，是指在线支付结算，直接通过网络实现交货。该履行方式，环节少、履行简单、成本低，但标的物仅限于信息产品。例如，游戏、财务软件等计算机应用程序，可以在卖方的网站或指定网址直接下载并安装使用。

2. 在线付款、离线交货

在线付款、离线交货，是指在线支付结算，通过物流配送环节实现交货。例如，目前的淘宝网、京东商城等电子商务平台（网站）所进行的实体商品交易，多在网上支付结算，而商品则通过物流配送给消费者。

3. 离线付款、离线交货

离线付款、离线交货，是指在线交易，离线支付结算，并通过物流配送环节实现交货。例如，目前一些同城生鲜电子商务，就是买家在网上订货，卖家线下配送货物，买家在收货后再支付现金或用信用卡付款等。

3.4.3　电子商务合同履行的时间

《电子商务法》第五十一条规定："合同标的为交付商品并采用快递物流方式交付的，收货人签收时间为交付时间。合同标的为提供服务的，生成的电子凭证或者实物凭证中载明的时间为交付时间；前述凭证没有载明时间或者载明时间与实际提供服务时间不一致的，实际提供服务的时间为交付时间。合同标的为采用在线传输方式交付的，合同标的进入对方当事人指定的特定系统并且能够检索识别的时间为交付时间。合同当事人对交付方式、交付时间另有约定的，从其约定。"

拓展阅读　　　　　　**代购与销售　责任大不同**

基本案情：2021 年 6 月，原告于某在被告阮某经营的淘宝店铺购买了日本奶粉 1 罐，并支付款项 138 元。收货后，原告发现案涉商品产地为日本埼玉县，该地属受核辐射影响地区。被告客服称，一旦下单不能退款，代购商品都是下单后专门代购的，此外海关也绝不会让有问题的奶粉进入市场。于某诉请：被告退回货款138 元，十倍赔偿 1380 元。

法院判决：被告店铺虽标注有"代购"字样，但从案涉商品的发货时间来看，被告在原告付款当天即从上海发出案涉货物，故可推断案涉商品为现货，并非依原告指示从日本代购后发货。案涉商品销售页面明确标明了商品的货款，而未标明代理费或标明货款由购买成本与代理费构成，故应认为原告支付的款项是应被告发出的买卖合同要约而支付的货款。故，被告向原告提供的案涉商品是其从国外购买后在网站上公开上架销售的商品，被告已取得案涉商品的所有权，原告与被告之间成立网络购物合同关系。案涉商品产地位于日本埼玉县，属国家明令禁止进口食品和食用农产品的地区，故案涉商品存在食品安全隐患，为不符合食品安全国家标准的食品。法院判决被告向原告赔偿 1380 元。

典型意义：网络代购属于委托合同范畴，表现为委托方通过网络向代购方下单，由代购方在境外购买商品后交由委托方，代购方从中收取报酬的行为，具备依委托方指示购买、收取代理报酬两大特征。代购方从境外购买并取得相应商品的所有权后，在网络平台销售，其与买家之间成立网络购物合同关系，双方之间的权利与义务，应按照食品安全法、消费者权益保护法的有关规定予以认定。

3.4.4　电子商务合同履行的地点

1. 合同标的物的交付地点

（1）当电子商务合同的标的物是以有形介质为载体的信息时，则与传统合同的交付地点、方式没有区别。交易应当按照合同的约定履行，当事人就合同内容约定不明确时，可以达成补充协议；不能达成补充协议的，按照合同相关条款或者交易习惯确定。仍然不能确定的，按照《民法典》第五百一十一条的规定履行，即履行地点不明确，给付货币的，在接受货币一方所在地履行；交付不动产的，在不动产所在地履行；其他标的，在履行义务一方所在地履行。

（2）当电子商务合同的标的物可以通过网络在线传送、以数字化信息形式交付时，以交付复制的地点为准，即以许可方指定或使用的信息处理系统为准；接收时间以信息系统处理的时间作为参照标准；交付完成的标准则是提交并保持有效的复制给对方支配。

2. 合同标的物的接收地点

如果电子商务合同标的物是有形化的交付，则买方应在合同约定或法律规定的履行交付的地点接收该标的物。如果合同标的物是电子化交付，由于交付地点是买方指定的信息处理系统，因此，买方有义务使其信息处理系统处于可接受卖方履行交付义务的状态并给卖方适当的通知。如果买方的信息处理系统使卖方无法履行义务或履行迟延，则卖方不承担责任。

3. 合同价金的支付地点

电子商务合同价金支付，可以采用电子支付形式，也可以采用传统支付形式。目前，各大银行都开通了网上支付业务，通过电子资金划拨方式完成网上支付。买方根据卖方提供的账号，通过计算机向银行文件转账系统发出指令，银行在核实买方的客户身份后，从买方账户上划拨相应的资金至卖方账户。

3.5 电子商务合同的违约责任

违约责任是合同法律制度的核心。合同依法成立后，即具有法律约束力，当事人必须按照合同规定全面、适当地履行义务，非经双方协商或者法定事由不得擅自变更或解除合同，否则构成违约，当事人应该对自己的违约行为承担相应的法律责任。违约责任基于法律的规定或当事人的约定而产生；违约责任是财产责任，一般只强制违约者用其财产来补偿违约给对方造成的财产损失，具有补偿性、惩罚性。

3.5.1 违约责任的归责原则

违约责任采用严格责任原则。所谓严格责任原则，是指无论违约方在主观上有无过错，只要其不履行合同债务，给对方当事人造成了损害，就应当承担合同责任。根据严格责任原则，在违约发生以后，确定违约当事人的责任时应主要考虑违约的后果是否由违约的行为造成，而不是违约方的故意和过失。

《民法典》第五百七十七条规定："当事人一方不履行合同义务或者履行合同义务不符合约定的，应当承担继续履行、采取补救措施或者赔偿损失等违约责任。"之所以采用严格责任原则，是因为违约责任源于当事人自愿成立的合同，除了约定或法定的情况，必须受合同的约束，否则不利于保障当事人的合法权益。电子商务合同作为合同的一种，其违约责任适用严格责任原则。当然，电子商务合同中没有约定违约金，对方也没有实际损失的，违约人无须承担赔偿责任。

3.5.2 违约行为

违约行为，是指当事人一方不履行合同义务或履行合同义务不符合约定条件的行为，包括作为的违约和不作为的违约。作为的违约，是指义务人应当以自己的主动行为完成合同规定的义务。不作为的违约，是指少数电子商务合同规定，合同的当事人应当以自己某些不作为的行为作为合同成立的基础。例如，电子商务合同中对当事人的个人隐私进行保密的合同条款，其基本内容就是规定合同的信息必须保密，如果违反合同规定的条件，泄露了需要保密的信息，就构成违约行为。

根据法律规定，违约行为包括以下情形。①履行不能，指债务人由于某种情形，在客观上已经没有履行能力，从而导致事实上已经不可能再履行债务。②迟延履行，又称债务人逾期履行，是指债务人能够履行，但在履行期限届满时却未履行债务的现象。③拒绝履行，是指当事人一方明确表示或者以自己的行为表明不履行合同义务，它是合同违约的一种形态。拒绝履行与履行不能存在着明显的不同，拒绝履行指当事人有履行能力而不履行，履行不能则主要强调客观上不能履行。当事人一方明确表示或者以自己的行为表明不履行合同义务的，对方可以在履行期限届满之前要求其承担违约责任。④不完全履行，是指债务人虽然履行了债务，但其履行没有完全按照合同约定的内容履行完毕。

3.5.3　违约责任的免除

违约责任的免除，是指在合同履行过程中，因出现法定的或约定的不可归责于债务人的免责事由而导致合同不能履行、迟延履行，债务人免予承担违约责任。免责事由包括约定的免责事由和法定的免责事由。

1. 约定的免责事由

约定的免责事由，是指合同当事人在合同中约定一定的事由或条件，当违约符合所约定的条件时，可以免除违约方的违约责任（主要是指当事人约定的免责条款），旨在限制或免除将来可能发生的违约责任。免责条款的约定不得违反法律强制性规定，不得损害社会公共利益和公序良俗。免除合同当事人的基本义务或排除故意或重大过失责任的免责条款，为无效条款。

2. 法定的免责事由

法定的免责事由，是指法律规定的免除责任的事由，主要是指不可抗力，即当事人订立合同时不能预见、不能避免且不能克服的客观情况，包括自然灾害和战争等。根据电子商务合同的特征，电子商务合同对下列事件可构成免责事由。

（1）文件感染病毒。文件感染病毒的原因包括恶意攻击所致或意外感染，但无论何种原因，如果许可方采取了合理且必要的防止措施（如为网站安装符合标准和业界认可的保护设备、设专人定期检查防火墙等），仍不能避免被攻击，由此导致该文件不能使用或无法下载，应当属于不可抗力。

（2）非因自己原因导致的网络中断。网络传输中断的原因包括传输线路的物理损害以及病毒攻击，如果属于不能避免并不能克服的事件，则可认定为不可抗力。

（3）非因自己原因引起的电子错误。例如，消费者在网上付款过程中，由于支付网站的错误未能将款项汇入商家账户，由此导致的违约应认定为不可抗力。

关于当事人的义务，《民法典》第五百九十条规定："当事人一方因不可抗力不能履行合同的，根据不可抗力的影响，部分或者全部免除责任，但是法律另有规定的除外。因不可抗力不能履行合同的，应当及时通知对方，以减轻可能给对方造成的损失，并应当在合理期限内提供证明。当事人迟延履行后发生不可抗力的，不免除其违约责任。"根据不可抗力的影响，部分或者全部免除责任是指如果不可抗力导致合同部分不能履行，就免除履行义务人的部分责任，而如果不可抗力引起合同全部不能履行，就免除履行义务人的全部责任。当事人可以在合同中约定不可抗力的范围。

值得指出的是，不可抗力条款是对法律规定的不可抗力事件的补充，但不能违反法律关于不可抗力的规定。在当事人约定的不可抗力条款与法律对不可抗力的规定不一致时，当事人的约定往往无效。为了避免争议，在签订电子商务合同过程中，相关人员应设置免责条款并对特殊情况下的违约行为提供抗辩理由。

3.5.4　违约责任的承担方式

1. 赔偿损失

赔偿损失，是指一方当事人不履行合同义务或者履行合同义务不符合约定，给对方造成财产损失的，违约方给予对方的经济补偿。当事人违约，在继续履行义务或者采取补救措施后，对方还有其他损失的，应当赔偿损失。赔偿损失以金钱赔偿为特征，以支付损害赔偿金为主，是各种违约责任制度中最基本的违约补救方式，是对违约行为最主要的补救措施，也是各国法律普遍确定的一种违约责任承担方式。

《民法典》第五百八十四条规定，当事人一方不履行合同义务或者履行合同义务不符合约定，造成对方损失的，损失赔偿额应当相当于因违约所造成的损失，包括合同履行后可以获得的利益；但是，不得超过违约一方订立合同时预见到或者应当预见到的因违约可能造成的损失。

2. 继续履行

继续履行，又称实际履行，是指一方当事人违反合同义务时，另一方当事人请求法院强制违约方继续履行合同债务的责任形式。

继续履行具有以下几个特点。①继续履行是一种补救方法，不仅强调弥补受害人所遭受的损失，更有利于实现当事人订立合同的目的。②债权人有权决定是否请求实际履行。在债务人不履行合同时，债权人有权解除合同，请求损害赔偿，也可以要求债务人实际履行。③继续履行不能与解除合同的方式并用。

3. 采取补救措施

履行质量不符合约定的，应当按照当事人的约定承担违约责任，受损害方可以根据标的性质以及损失的大小，合理选择请求对方采取修理、更换、重做、退货、减少价款或者报酬等补救措施。根据《民法典》的规定，卖方交付货物的质量不符合约定的，受损害方根据标的性质及损失大小，可以合理选择要求对方承担修理、更换、重做、退货、减少价款或报酬等违约责任。同样，在信息作为产品的情况下，原则上也存在这样的补救措施，即要求许可方或信息提供方更换信息产品或消除缺陷。

4. 停止使用或中止访问

返还财产是传统合同违约责任的承担方式之一，但在信息产品交易中，几乎丧失了意义，只有停止使用、中止访问才能保护许可方的利益。停止使用，是指许可方在撤销许可或解除合同时请求对方停止使用并交回有关信息。停止使用的内容包括被许可方占有和使用的信息以及复制件、相关资料。许可方也可以采用电子自助措施停止信息继续被利用。中止访问，是指许可方在撤销许可或解除信息许可访问合同时，中止被许可方获取信息。

3.6　跨境电子商务合同的法律适用

跨境电子商务合同分为以下两类：第一类是境内消费者通过跨境进口电子商务平台购买境外商品所产生的合同；第二类是境外消费者通过境内的跨境电子商务平台购买境内的商品所产生的合同。这两类合同的主体，主要包括跨境电子商务平台、跨境电子商务零售进口经营者和消费者。在自营型跨境电子商务模式下，电子商务平台需要向商家直接采购商品和服务，平台与商家之间存在买卖合同关系，电子商务平台向消费者出售商品和服务，平台与消费者之间亦构成买卖合同关系。在平台型跨境电子商务的商业模式中，电子商务平台与商家在招商的过程中形成了居间合同的法律关系，平台为商家提供了一个商品或服务销售、信息展示的空间，从而促成消费者和商家之间达成交易。

在跨境交易中，传统的消费者维权方式受到了挑战。"以经营者为中心的监管原则和以消费者为中心的维权原则之间出现了矛盾"，跨境维权成为跨境购物中消费者难以逃避的现象，各国或地区的法院也很难在司法实践中做到平衡消费者和经营者之间的利益关系。电子商务平台既是市场主体中的经营者，又需要承担管理市场秩序的责任，这一角色的复杂性使得电子商务平台在跨境电子商务合同纠纷中承担了更加重要的责任。

跨境电子商务合同纠纷，主要是指具有涉外因素的电子商务购物合同纠纷和电子商务平台服务合同纠纷，合同中所提供的产品或服务、所涉及的主体以及合同履行地等因素均可能涉及境外。由于各国电子商务发展程度不同，既有的法律规制也有所差异，这就使得跨境网购纠纷一旦发生，便会面临着管辖权的确定、准据法的适用、裁判执行等一系列难题。

3.6.1　跨境电子商务合同法律适用的域外立法

跨境电子商务合同的兴起对国际私法中传统的合同法律适用规则产生了一定影响，使得学者们重新审视旧有的法律适用原则，并致力于构建互联网环境下电子商务合同的法律适用规则。许多国家（地区）和国际组织对电子商务合同做出了一些规定，目前国际组织的立法活动成果有《电子商务示范法》《联合国国际贸易法委员会电子签名示范法》《联合国国际合同使用电子通信公约》等，其中《国际货物销售合同法律适用公约》是一部有关买卖合同的法律适用的专门公约。这些立法活动为逐步解决电子商务的法律问题奠定了基础，为各国（地区）制定本地电子商务法律规范提供了框架和示范文本。目前各国（地区）主要有以下几种立法模式。

1. 自由选择模式

所谓自由选择模式，是指当事人可以根据自己的意愿来选择适用消费合同的准据法，立法上并不限制合同当事人法律选择的范围。这种选择模式的弊端在于处于强势地位的当事人有可能选择与合同没有实质联系的法律，或者所选择的法律提供的消费者保护水平较低，使法律适用结果的确定性受到挑战。

2. 限制选择模式

限制选择模式要求当事人所选择的法律与合同存在实质上的联系，或者在法律明确授权的范围内选择涉外消费者合同适用的准据法。例如，美国并未对消费者合同做出特别规定，而是统一适用普通合同的法律规定，美国《第二次冲突法重述》第 187 条明确了合同适用意思自治原则，第 188 条规定了在当事人没有进行选择时适用最密切联系原则，并规定了法官自由裁量时应考虑的因素，即应当受到"合理联系"与"公共政策"的限制。美国《统一计算机信息交易法》第 105 条第 3 款规定，除非另有规定，如该法与一项消费者保护法发生冲突，则消费者保护法应予适用。《中华人民共和国涉外民事关系法律适用法》（以下简称《法律适用法》）第四十二条也选择了此种立法模式，该条规定：消费者合同，适用消费者经常居所地法律；消费者选择适用商品、服务提供地法律或者经营者在消费者经常居所地没有从事相关经营活动的，适用商品、服务提供地法律。

3. 最低限度保护模式

最低限度保护模式没有为当事人选择法律划定范围，而是规定如果当事人合意选择的准据法对消费者提供的保护低于消费者经常居所地对消费者提供的保护，则适用消费者经常居所地法。例如，在欧盟的统一冲突法中，并没有限制涉外网络消费合同的法律选择范围，《罗马条例Ⅰ》第 6 条第 1 款、第 2 款赋予了合同双方当事人自由选择法律的权利，秉承了消费者经常居所地法的最低限度保护要求，即在当事人合意选择的准据法与消费者经常居所地法之间，坚持"有利于消费者"原则选择准据法。关于消费者经常居所地的法律中，属于强制性规则的，"其解释应依据消费者经常居所地法，而不是法院地法或其他准据法"。

4. 排除选择模式

排除选择模式以瑞士国际私法的规定为典型，其法律规定中明确排除了涉外消费合同当事人自由选择准据法的权利，而是以消费者经常居所地为单一连接点。电子商务的巨大运营成本要求广泛使用标准化合同，以最大限度地提高经济效率，这种立法模式可以有效预防电子商务平台利用格式条款排除消费者选择其经常居所地的法律，但同时也可能给电子商务平台带来不确定的损失。

3.6.2 我国关于跨境电子商务合同法律适用的立法实践

在实体法领域，我国主要构建了以消费者权益保护为主旨的法律保障体系，主要包含《中华人民共和国产品质量法》（以下简称《产品质量法》）、《中华人民共和国广告法》（以下简称《广告法》）、《食品安全法》《消费者权益保护法》等多部法律。我国主要依据《民法典》中的相关规定来调整电子合同，《电子商务法》作为我国电子商务领域首部综合性法律，主要特点是加强电子商务市场的行业管理，明确和强化电子商务经营者的义务和责任，但未涉及相关的法律适用规则。当前的法律体系仍需要不断完善，以适应我国电子商务发展的需要。

在冲突法领域，我国还没有专门调整跨境电子商务合同法律适用的规定，主要适用一般涉外合同法律适用的相关规定，即《法律适用法》。《法律适用法》第三条规定，当事人依照法律规定可以明示选择涉外民事关系适用的法律；第四条、第五条体现了对当事人意思自治原则的限制，即直接适用我国关于涉外民事法律关系的强制性规则，以及运用"公共秩序保留"排除外国法之后，适用我国实体法。根据《法律适用法》第四十二条的规定，在没有应当直接适用的强制性规则或不违背我国社会公共利益的前提下，涉外消费合同首先适用意思自治原则确定准据法，这种法律选择是单方意思自治，即消费者只能选择适用商品、服务提供地法律，消费者未做选择时，则适用消费者经常居所地法。对消费者合同的法律适用规则做出特殊规定，体现了我国立法对弱者权利的特别保护。

3.6.3　B2C 跨境电子商务合同准据法选择的原则

对于合同准据法的确定，首先适用意思自治原则，在当事人没有选择法律时，最密切联系原则和弱者利益保护原则将作为重要的补充。由于篇幅有限，本书仅就 B2C 模式下的消费合同法律适用的原则进行阐述。

1.　意思自治原则

意思自治原则是传统合同领域法律适用的首要原则。《法律适用法》第三条对意思自治原则做出了宣示性的规定，即当事人依照法律规定可以明示选择涉外民事关系适用的法律。鉴于网络空间的高度自治性，使用人可以自主选择准据法。B2C 跨境电子商务合同也是当事人意思自治的契约，当事人可以在合同中选择合同签订地、合同履行地等客观连接点，以及纠纷解决适用的法律。尽管意思自治原则体现了连接点适用的灵活性，且有利于提高传统法律选择适用的可预见性，但是意思自治原则在适用时也受到一定限制：第一，受到格式合同中的不公平条款的限制；第二，受到"直接适用的法"的限制；第三，受到法院地国（地区）公共秩序保留的限制。

2.　最密切联系原则

最密切联系原则将个案的特殊性和法律适用的灵活性作为价值取向，是国际私法的精髓所在。首先，根据《法律适用法》第二条的规定，该法与其他法律对涉外合同法律关系没有规定的，适用与合同关系有最密切联系的法律。其次，在当事人没有选择合同适用的法律时，法院可以根据《法律适用法》第四十一条适用履行义务最能体现该合同特征的法律或其他与该合同有最密切联系的法律。最后，在对多法域国家合同准据法的确定方面，也引入了最密切联系原则。

伴随着信息网络的发展，B2C 跨境电子商务活动越来越不受地域的限制，一些传统的以客观性连接点为主的冲突法规则，由于其内在的单一性，很难有适用空间。因此，在复杂的跨境电子商务案件中，最密切联系原则以其内在的张力，通过法官的权衡来合理确定与案件有最密切联系法律的适用。

3.　弱者利益保护原则

为了追求实质正义，当代国际私法上许多规则的设计倾向于对弱者利益的保护。在某种程度上，国际私法的人文关怀理念在弱者利益保护上得到完美诠释。我国立法中适用弱者利益保护原则主要体现在消费合同和劳动合同当中。《法律适用法》第四十二条赋予了消费者单方法律选择权，消费合同适用消费者经常居所地法律，如果消费者选择适用商品、服务提供地的法律，则适用商品、服务提供地的法律，从而更好地维护了消费者合法权益。

本章小结

本章首先介绍了电子商务合同的概念和类型；其次介绍了电子商务合同订立过程中的要约、承诺，电子商务合同成立的时间与地点、电子商务合同的内容等，在此基础上进一步介绍了电子商务合同生效的要件，电子签名和电子认证，电子商务合同的履行以及违约责任；最后还分析了跨境电子商务合同的法律适用问题。通过对本章的学习，读者能够知晓跨境电子商务合同的概念、类型，掌握跨境电子商务合同订立过程中的主要法律问题，对我国跨境电子商务合同法律规则有初步了解。

练习题

一、单项选择题

1．电子商务合同指通过电子信息交换方式订立的合同。以下选项中，（   ）不属于电子商务合同的特征。

    A．属于民事法律行为   B．合同形式标准化

    C．合同订立格式化   D．意思表示电子化

2．目前，网上流行的通过简单操作而订立的格式合同形式，通常称作"点击合同"。以下选项中，（   ）不属于"点击合同"的特征。

    A．通过网络直接订立，可以重复使用

    B．相对人不受限

    C．操作简单、订立快捷

    D．当事人使用自动信息系统订立或者履行合同的，需要自证具有相应的民事行为能力

3．在（   ）情形下，要约人依法可以撤销要约。

    A．要约人甲在要约中称"请在 3 日内答复"

    B．要约人乙在要约中明示"该要约不可撤销"

    C．要约人丙在要约中，就标的物、质量、价款、履行期限等做出了规定，并称"……我方急需某货物，望贵方尽快发货为盼"；受要约人在回复之前，提前购买了设备和材料

    D．要约人丁在要约中就标的物、质量、价金、履行期限等做出了规定，并称"……如你方有某货物，望贵方来函为盼"；受要约人为了节约时间，在回复之前，先行将货物备齐并装箱待运

4. 目前各国（地区）跨境电子商务合同法律适用的主要立法模式，不包括（　　）。

  A. 自由选择模式   B. 限制选择模式

  C. 最大限度保护模式   D. 排除选择模式

5. 违约责任的免除，指在合同履行过程中，债务人免予承担违约责任。法定的免责事由，指法律规定的免除责任的事由，主要是指不可抗力。根据电子商务合同的特征，以下选项中，（　　）不构成免责事由。

  A. 经采取合理且必要的措施，合同当事人的文件仍不能避免地感染病毒，导致合同迟延履行

  B. 由于非因自己原因导致的网络中断，合同当事人无法访问网络，导致合同不能履行

  C. 消费者在网上付款过程中，由于非因自己原因引起的电子错误，导致违约

  D. 当事人迟延履行后发生网络中断，导致合同不能履行

二、多项选择题

1. 电子商务合同，指的是双方或多方当事人通过电子数据交换、（　　）等电子方式达成的设立、变更、终止财产性民事权利义务关系的协议。

  A. 电子邮件 B. 电报   C. 电传   D. 传真

2. 要约邀请是希望他人向自己发出要约的意思表示，（　　）属于要约邀请。

  A. 拍卖公告 B. 招标公告 C. 招股说明书 D. 商业广告

3. 合同的必要条款，也称主要条款，是指合同必须具备的条款，它决定着合同的类型和当事人的基本权利和义务。以下选项中，（　　）属于合同必要条款。

  A. 法律规定的条款   B. 合同类型或性质决定的条款

  C. 当事人约定必须订立的条款 D. 法律未直接规定的合同条款

4. 根据《民法典》的规定，电子商务合同的履行原则包括（　　）。

  A. 适当履行原则   B. 协作履行原则

  C. 经济合理原则   D. 损失自负原则

5. B2C 跨境电子商务合同准据法选择的原则，主要包括（　　）。

  A. 意思自治原则   B. 最密切联系原则

  C. 弱者利益保护原则   D. 最低限度保护原则

三、简答题

1. 根据《民法典》的规定，合同的内容一般包括哪些条款？

2. 什么是点击合同？其有哪些特点？

3. 简要表述我国《法律适用法》中有关跨境电子商务合同法律适用的立法模式。

四、案例分析

[案例 1]

甘某（育有一女，两岁多）通过某自营平台购买幼儿配方奶粉 2 罐，实付款共计 346 元，收货地址为不存在的虚拟地址。另外，甘某与其配偶杨某某分多个订单购买幼儿配方奶粉共 54 罐（含本案订单），配送地址均是上述虚拟地址，实为案外人邹某领

取。甘某向法院提起诉讼，主张其购买案涉商品，付款后未收到任何商品，也未收到任何快递通知，某平台涉嫌欺诈。甘某诉请：某平台退还货款 346 元并承担惩罚性赔偿 1038 元。

法院查明：甘某与其配偶杨某某在同一时间购买大量案涉商品，不符合一般消费者的购物习惯，且所购奶粉食用情况与其女儿年龄不符，甘某未能对不符合一般消费者购物行为进行合理解释。另外，甘某系案外人邹某组织的"买手"，即低价进货再转手高价卖出的"网络倒爷"。针对"网络倒爷"，电子商务平台采取的治理措施主要有两种：一是每个 ID 仅限拍下一件；二是对送货地址进行甄别，如果批量订单的送货地址相同，也默认是"网络倒爷"操作，则取消其订单。但是上述措施并不见成效，因为"网络倒爷"会在网上招募"买手"，组织他们以各自的 ID 下单购买优惠商品并指定其填写某区域地址（大多为虚拟地址），再由组织者统一收货，最后将货款支付给"买手"。

根据以上基本案情，法院应如何判决？理由是什么？该案例给你哪些启示？

[案例 2]

张某在某跨境电子商务平台下单购买外国某品牌食品一罐并付款 600 元。张某在签收商品并食用 1 个月后发现食品罐装容器内有疑似虫卵的异物。张某遂向法院提起诉讼，诉请某平台退还货款 600 元，赔偿 10 倍价款损失 6000 元。涉案商品保质期为 1 年，张某发现涉案商品内有异物时，商品尚处于保质期内。张某提交的商品实物图片显示，涉案食品内确有肉眼可见的虫卵状异物。某平台未提交有效证据证明涉案食品在销售前已经出入境检验检疫机构检验合格。

根据以上基本案情，本案应如何处理？理由是什么？

[案例 3]

瑞典一家航运公司把它的一艘船舶（悬挂瑞典国旗）卖给希腊买方，该买方的居住地也在希腊。买卖双方成交的格式合同规定：购船方用现金以英镑兑换成克朗的方式向一家瑞典银行分期支付购船价款，发生争议则在伦敦仲裁。后来发生争议，最终英国上议院受理了本案。法官认为双方合意选择要在伦敦仲裁，这就可以推定他们意图选择适用英国法律。于是，上议院最终依据英国法律做出了裁决。

根据上述案例，该合同与哪国（或法域）具有最密切联系，应考虑的因素有哪些？此案依最密切联系原则应如何确定其适用的准据法？

操作实训

一、实训目的

学生开展民事诉讼模拟法庭庭审活动，结合案例实际情形和法律规定，围绕争议焦点，进一步掌握电子商务合同相关法律法规知识。

二、实训主要内容

1. 教师解读电子商务合同的特征以及合同效力相关法律规定，讲解案例要点，并提炼

原被告双方的争议焦点。在此过程中，教师应注意保持观点中立，对原被告双方的争议焦点不做法律和价值评价。（1 学时）

2. 学生分组，开展民事诉讼模拟法庭庭审活动。（2 学时）

三、实训准备

1. 主要角色：审判员 1 人；书记员 1 人；原告 1 人；原告的委托代理人 1 人；被告主要负责人 1 人；被告的委托代理人 1 人。

2. 服装、道具：法官袍 1 件、书记员服 1 套、律师袍 2 件；书证若干；话筒 6 个。

3. 学生自行分组。通过抽签，分配原被告角色。

4. 学生认真熟悉案例，梳理相关法律法规，形成观点，并邀请有关教师做指导，正确把握核心要点。

5. 学生在正确把握案例及法律法规的基础上，熟悉民事诉讼审理流程，制作流程简介、角色分工等书面材料。

6. 安排旁听人员。旁听人员可根据实际情况，分散在审判区域两边或正前方。

7. 学生根据角色，分别制作起诉状、答辩状、判决书等材料。

8. 进行排练。通过排练来检验准备情况，如有疏漏、不足和失误，要及时调整，确保准备充分，为正式模拟打好基础。

四、民事诉讼模拟法庭庭审活动程序

1. 开庭准备

（1）介绍当事人及诉讼参加人到庭情况（书记员）。

（2）宣布法庭纪律（书记员）。

（3）审判员入席。

（4）报告开庭准备情况（书记员）。

2. 庭审准备（审判员）

（1）宣布开庭，核对当事人身份。

（2）宣布合议庭组成人员，告知当事人诉讼权利和义务。

3. 法庭调查

（1）原告及代理人陈述。

（2）被告及代理人答辩。

（3）当事人围绕争议事实进行举证、质证。

4. 法庭辩论

（1）原告及代理人做辩论发言。

（2）被告及代理人做辩论发言。

（3）双方互相辩论。

（4）原告、被告陈述最后意见。

5. 法庭调解判决

（1）审判员主持调解。

（2）审判员宣判。

6. 闭庭

五、实训思考

1. 在网络上订立的合同要想有效，应当具备哪些条件？
2. 通过网络订立合同存在哪些法律风险？应该如何防范这些风险？

六、实训成果形式

1. 各方制作的书面材料，包括起诉状、答辩状、判决书。
2. 各方制作的庭审材料，包括法庭陈述、证据等。
3. 对此次实训的总结。

七、情形案例

（1）案情介绍：被告郭某经常通过网络购物。某日，某商家将一台价值近万元的家用电器送货上门到郭某家中，但郭某表示自己并未订购该家用电器。经过询问家人，郭某才发现，原来郭某不在家时，其未成年的儿子郭小某在网上订购了该家用电器。郭小某知道郭某的账号和密码，也掌握了网上购物的基本操作方法。有一次，郭小某在浏览网页时，发现这款家用电器特别好玩，一时兴起，未和家长商量，更未经父母同意，就自作主张下单购买。

郭某认为，儿子郭小某作为未满 18 周岁的限制民事行为能力人，不具有完全的民事行为能力，因此，该买卖合同无效，要求退货，并要求商家退回购物款；商家认为，买家是通过郭某账号进行购物的，买卖合同有效，因此拒绝退货退款。

双方为此争执不下，郭某遂向法院提起诉讼，将商家告上法庭，要求撤销合同，双方退货退款。

（2）争议焦点：未成年人用家长账号在网络上购物，合同是否有效？

（3）原告观点：网络购物中电子合同当事人缔约能力应适用《民法典》的相关规定。由于无民事行为能力人与限制民事行为能力人本身认知的局限性，他们缺乏进行民事行为所要求具备的意识能力，在民事交易中无法准确预见自己行为的性质与后果。案件中郭某的儿子作为限制民事行为能力人，其订立的合同应当为效力待定，而后其做出的购买行为并未得到其监护人事后追认，此时为了保护买方的合法民事权益，本案中的合同因存在瑕疵，应认定为无效。

（4）被告观点：未成年买家与商家之间的纠纷越来越普遍，因此在认定网络环境下买卖双方合同关系时就应该适应现代观念，不区分合同主体的行为能力。因为在网购过程中，卖方并不能像在现实交易中一样清楚购买者的年龄，如果因为买方是未成年人就可以随意地认定合同无效，那么对卖方来说无疑加重了其风险，这不利于保护网络交易中卖方的利益。为保护卖方的权益，促进网络购物的发展，应当认定未成年人通过网络购买物品的合同有效。

根据以上案例资料，依据《民法典》《电子商务法》以及相关法律法规的规定，分角色开展民事诉讼模拟法庭庭审活动。

第4章
跨境电子商务物流法律规则

学习目标

1. 了解跨境电子商务物流的含义及其与传统物流的区别。
2. 掌握跨境电子商务物流方式及相关法律规则。
3. 熟悉跨境电子商务海外仓设立的法律规则。

重点难点

1. 重点：跨境电子商务物流的特征；中国人民保险公司《海洋运输货物保险条款》；海外仓设立的主要模式及其利弊。
2. 难点：提单的概念和性质；国际货物多式联运制度。

【案例导入】凭保函而签发清洁提单导致的货运纠纷

中盟公司向远大国际公司出售冷轧钢卷，A 航运有限公司代表船东与远大国际公司签订租船确认书，约定承载船舶为"东方财富"轮，装货港为宁波北仑港，卸货港为土耳其科贾埃利港及马达斯港，收货单对部分货物的包装瑕疵做了批注，中盟公司和远大国际公司向船东 B 公司提供保函后，船东 B 公司签发了清洁提单。"东方财富"轮抵达土耳其后，提单持有人以船舶到港比正常情况大为迟延造成其损失为由向土耳其法院申请扣押该轮。后由于其他债权人的参与，土耳其法院对"东方财富"轮进行拍卖。后来，船东 B 公司以中盟公司、远大国际公司拒绝履行保函承诺，致使船舶被长期扣押并最终被拍卖，造成其巨大损失为由，起诉至法院，请求法院判令赔偿其因船舶被扣押而遭受的船期损失。法院最终以船东的损失与凭保函换取清洁提单无因果关系为由驳回了船东的诉请。

在外贸出口实务中，由于货物包装瑕疵等原因，出口企业为了信用证结汇的需要，通常采用出具保函以向承运人换取清洁提单的变通方式。对托运人和承运人出于善意而由一方出具另一方接受的保函，对双方均有拘束力。但托运人出具保函，不意味着承运人可以不履行运输合同下应尽的妥善地、谨慎地装载、搬移、积载、运输、保管、照料和卸载所运货物的义务；同时保函出具人的保证范围也不能无限扩大，保证义务只是与承运人不将收货单的批注记载在提单上所产生的损失或责任有关，与此无关的损失不应由其承担。

思考题：提单在跨境电子商务物流活动中有哪些应用场景？

4.1 跨境电子商务物流概述

跨境电子商务物流的重要性不言而喻，其在跨境电子商务活动中起着承上启下的作用，它决定着卖家的货物能否迅速、安全地到达买家或者消费者手中。

4.1.1 跨境电子商务物流的含义和特征

1. 跨境电子商务物流的含义

跨境电子商务物流指的是跨境电子商务的卖家将货物从经营地通过海运、空运或者铁路运输等运往另外一个国家或者地区，直接配送给消费者（买家）或者配送至海外仓暂时存放的行为。

2. 跨境电子商务物流的特征

跨境电子商务物流的发展与跨境电子商务的发展是相辅相成的。跨境电子商务的发展离不开跨境电子商务物流的发展，同时，跨境电子商务物流的进步也决定着跨境电子商务的发展速度和发展模式。跨境电子商务的发展是物流、信息流和资金流综合发展的结果，跨境电子商务物流作为其中一个重要环节，其发展状况影响着整个跨境电子商务行业的发展。跨境电子商务物流主要有以下特征。

（1）跨境电子商务配送的货物一般数量少、批次多、订单不确定性较强。

（2）形式多样化。由于跨境电子商务物流所涉及的环节比较多，因此诞生了诸多形式，如可分为海运、陆运、空运等。

（3）距离远、时间长、成本高、流程复杂、可控性差，是跨境电子商务物流与境内物流的标志性差异。除了基本的产品配送之外，其中还涉及清关报关等一系列税务问题。

（4）由单一服务走向多元化服务。随着跨境电子商务需求增多，大多数跨境电子商务物流公司从单一地提供运输服务开始转向多元化服务，其与海外仓储公司之间的合作就是例证。

基于以上特征，从事跨境电子商务的商家大多采取以下几种物流模式：传统的快递包裹模式、集中发货模式、海外仓储模式、国际快递模式。

4.1.2 我国跨境电子商务物流的发展现状

跨境电子商务的发展也离不开跨境电子商务物流的兴起，跨境电子商务物流必须适应跨境电子商务的发展势头。当前我国跨境电子商务物流发展主要有以下现状。

（1）跨境电子商务物流年产值逐年增加。近年来，我国跨境电子商务交易量呈显著上升趋势，增长速度远远高于国际贸易平均涨幅。在"互联网+"背景下，互联网行业实现了与各行业的完美结合，跨境电子商务发展也受到了国家的重点关注。从2010年至今，我国相继成立了跨境电子商务的进出口交易平台。物流产业增加值在第三产业中所占的比重越来越大。

（2）物流发展速度与跨境电子商务发展需求不协调。我国跨境电子商务交易额在十年间成倍增长，提高跨境电子商务物流的服务质量非常必要，加快物流速度对跨境电子商务的发展具有重要意义。世界各地的消费者及客户对中国商品的要求具有多样化、个性化特征，对跨境电子商务物流服务的时效性和服务性以及生鲜商品的保鲜具有越来越高的要求。然而，目前从事跨境电子商务物流的企业仍然较少，跨境电子商务物流运行模式仍处于不断发展中。对许多小型跨境电子商务企业而言，仓储成本较高在一定程度上限制了企业的发展。同时，跨境电子商务物流的运输力度远远不够，尤其是在购物旺季物流量较大的情况下远远不能满足社会需求。

（3）跨境电子商务物流基础设施明显薄弱。随着我国跨境电子商务不断发展，跨境电子商务物流基础设施已明显呈现滞后现象，许多物流企业以及物流运输港口和基地的基础设施不足，设备落后，物流技术仍待完善。跨境电子商务物流的运行模式，其成本远高于境内运输，同时运输所需时间更长，运输距离更长，所需要办理的相关手续更复杂，这些均加大了跨境电子商务物流运输的风险。跨境交易的贸易模式决定了其物流成本高。目前落后的物流基础设施制约了跨境电子商务企业的发展。

拓展阅读　　　**江苏飞力达国际物流股份有限公司：**
数字化突破为飞力达业务换挡提速

一、江苏飞力达国际物流股份有限公司简介

在物流行业里，年营收 60 多亿元的江苏飞力达国际物流股份有限公司（以下简称"飞力达"）作为专注于电子制造业一体化供应链的 B2B 物流公司，拥有 40 万平方米行业仓储面积，可称为"行业小巨头"。这家成立于 1993 年，依托江苏昆山的全球笔记本电脑制造基地飞速发展起来的国际物流公司，通过开发针对大客户的专业化、定制化的特色物流外包服务，规模迅速扩张，已于 2011 年在深交所成功上市。随着不断发展，企业规模再上台阶，但也遇到了发展瓶颈。飞力达希望以信息化 2.0 建设为契机，消除瓶颈，打开新的局面。

二、紧跟需求变化，获得长足发展

作为一家协助客户管理供应链的领先物流服务提供商，飞力达服务的客户群体以电子制造业为主，涵盖汽车、快消品等行业。电子制造业有着特殊性，在电子商务促销季到来之前必须准备充足的货源。

例如，在 OEM（代加工）/ODM（自主设计）工厂做整机之前，客户需要将屏幕、外壳、CPU（中央处理器）等各种零部件及电子料等上千种物料提前备好，但各种零部件产地分散、供货期不同，很难真正做到零库存。而飞力达的工作就是按照客户的生产计划来检货、成套配送，甚至送到每个工位；在产品加工后将其从生产线直接交付给总代甚至各地经销商。

从中可以发现，飞力达目前的供应链物流已经从传统的"厂商—渠道伙伴—供应商—中间商—第三方服务供应商/客户"模式转变为了将服务延展到生产线—客户的供应商—客户的模式，致力于为客户提供一套完整的全流程解决方案。如今，飞力达已经形成了四大业务板块：货代物流、供应链物流、特色物流和会展一体化物流解决方案。

三、突破发展瓶颈，实现业务成长

与国内许多合同物流企业一样，飞力达达到一定规模后，业务增长遭遇了瓶颈，难以实现进一步突破。从飞力达的一些数据就能发现问题：2012 年飞力达营收 20.21 亿元，之后便长期徘徊在 20 亿元左右。突破发展瓶颈，实现业务成长成为飞力达面临的重大挑战。

面对这样的情况，2016 年，飞力达制订了"业务倍增计划"。这个计划的核心举措就是要通过信息化建设，对外实现与客户的更好集成，服务好客户；对内提升内部管理水平，降本增效，在稳固的一体化平台基础上实现现有业务的加速增长并开拓新业务。

然而从 1993 年就开始进行信息化建设的飞力达并没有解决问题，不同的执行人、不同的业务需求、不同的数据格式、不同的需求口径，导致飞力达难以建立完善的制度、流程和系统来支撑新的运作模式。大约从 2015 年开始，飞力达信息中心就重新对信息化的规划和项目进行了总结和反思。尤其是在制定了未来多元化发展战略之后，飞力达开始有了引进一个国际化的成熟管理体系的想法——借助国际化的成熟管理体系，将自身相对齐全的业务系统进行标准化、规范化整合，做好大数据分析，辅助决策，满足市场需求。

四、数字化转型，实现业务倍增目标

对于飞力达的数字化建设，公司内部共有28名员工全职参与，其他部门有百余人协调参与，实施方 IBM 有 20 多人参与。涉及 SAP（企业资源管理软件系统）的 HR（人力资源）、TM（运输管理）、EM（企业管理）、ERP（企业资源计划）、BI（商务智能）和数据仓库等众多模块系统一同上线，在将近 10 个月的时间内遍布飞力达 40 家下属企业；而财务系统甚至涉及包括分公司、分支机构在内的多达 70 家企业。

借助这些商务软件，2017 年飞力达营收突破了 30 亿元，2021 年则达到了约 69 亿元，2022 年将近 68 亿元；同时，借助 SAP Hybris 解决方案，飞力达整合了线上、线下的物流资源，成功打造了无缝数字化体验的交易平台。数字化转型帮助飞力达稳固了原有的核心业务。财务业务实现了一体化，形成了自动化的业务操作，极大提升了效率。

未来，飞力达将通过 SAP 的分析云及费控解决方案，实现管理层在业务多元化、业务线快速增加的情况下对业务的实时洞察、快速决策，实现业务的敏捷化及快速增长；通过对费用的事前管理、费用与收入的联动分析实现资源的精准投放，帮助飞力达降本增效，在业务增长的同时提升盈利水平。

4.1.3 跨境电子商务物流与传统物流的区别

无论是跨境电子商务物流还是传统物流，都是基于货物的流动，但两者之间还是有区别的。

1. 物流运作模式不同

传统物流是一种典型的"推式运营"，货物一经销售出去，就需要凭借物流来实现配送。在这一过程中，物流和商流都仅仅是"推式"的，实质上物流在整个过程中仅起到支持作用。而 B2C 电子商务物流则完全不一样，其资金流、物流、商流都是围绕市场来运作的，其产品生产、销售及配送等所有环节都是根据顾客订单来运转的，在此过程中，物流发挥了绝对的主力作用。

2. 运输效率不同

在传统物流中，货物需经过层层转运，最后到达终端顾客的门店或仓库；在跨境电子商务物流中，货物一般会直接送达顾客。

3. 顾客类型不同

在传统物流模式下，物流服务对象一般是固定不变的；而在全新的 B2C 电子商务模式下，物流服务对象是未知的，服务方式和服务内容等也区别于传统物流。

4. 储存方式不同

传统物流的存储区和拣配区一般共用，库内设施分为平面库和立体货架。跨境电子商务物流需要应对货物品种多、批量小的要求，必须以专门的存储区来提高存储空间利用率；并有专门的拣配区提高拣配效率。在当前物流机器人大量应用的情况下，立体货架模式被大量使用。

5. 信息元素不同

传统物流货物对信息元素要求不高，发票可以和货物异步流通；跨境电子商务物流严格要求标签信息规范、完整，发票和货物必须同步流转。

4.2 跨境电子商务物流方式与相关法律规则

跨境电子商务物流与传统物流尽管有很大不同，但还是要把货物从一地运送到另一个国家或地区，最终到达顾客手中。因此，跨境电子商务除了国际快递这一方式与传统国际贸易不同外，无论是整箱运输还是海外仓模式，都需要借助传统物流手段，即海运、空运、铁路运输或者国际货物多式联运的方式将货物运至境外。其中，海运、空运以及国际货物多式联运是目前跨境电子商务物流较多采用的方式。

4.2.1 国际海上货物运输概述

1. 国际海上货物运输方式

国际海上货物运输即海运，是国际贸易中最主要的运输方式，约 2/3 的国际贸易货物采用海运方式。它具有运量大、运费低和不受路线限制的优点。因此，大多数跨境电子商务海外仓的货物会采用海运方式。按照远洋船舶的经营方式，海运方式可分为班轮运输、租船运输和国际多式联运。

（1）班轮运输及其特点。

班轮，是指按照固定的航行时间表，沿着固定航线，停靠固定港口，收取固定运费的运输船舶。

班轮运输具有以下特点。

① 船舶行驶的路线和停靠的港口都是固定的。

② 船舶按船期表航行，船舶开航和到港时间都较为固定。

③ 船方负责货物的装卸。

④ 船方按班轮运价表收取运费，运费费率相对固定。

班轮运费包括基本运费和附加费两部分。基本运费是指货物在预定航线的各基本港口之间进行运输所规定的运价，它是构成全程运费的主要部分。基本运费的计收标准通常按不同商品分为下列几种。

① 按货物的毛重计收，即重量吨（Weight Ton），在运价表内用"W"表示。

② 按货物的体积计收，即尺码吨（Measurement Ton），在运价表上用"M"表示。

③ 按货物的价格计收，即按货物在装运地的 FOB（离岸价格）收取，称为货价运费（Ad Valorem），在运价表上用"A.V."表示。

④ 按货物件数计收。

⑤ 对大宗低值货物，采用船、货双方临时议定运价的办法。

此外，还会采取各种计收方法混合使用，如按货物的毛重或体积，由船公司选择其中收费较高的一种计收运费，在运价表中表示为"W/M"。

（2）租船运输。

租船运输通常是指包租整船，大宗货物一般都采用租船运输。租船运输方式主要包括定程租船和定期租船两种。

① 定程租船（Voyage Charter）。在定程租船方式下，船方必须按租船合同规定的航程完成货物运输任务，并负责船舶的经营管理及其在航行中的各项费用开支；租船人则应支付双方约定的运费。租船运费一般按装运货物的数量计算，也有按船次包租总金额计算的。至于货物在港口的装卸费用，由船方还是租方负担，应在租船合同中做出明确规定。

② 定期租船（Time Charter）。按期限租船时，租船双方的权利与义务应在定期租船合同中订明。船方应提供适航的船舶，关于船员薪金、伙食等费用以及保证船舶具有适航性（Seaworthy）而产生的有关费用，均由船方负担。在船舶出租期间，租船人可根据租船合同（Charter Party）规定的航行区域自由使用和调动船舶，但其间产生的燃油费、港口费等项目开支，均应由租船人负担。

（3）国际多式联运。

国际多式联运（International Multimodal Transport），是指按照多式联运合同，需至少两种不同的运输方式，由多式联运经营人将货物从一国（地区）境内接管货物的地点运至另一国（地区）境内指定交付货物地点的一种运输方式。根据《联合国国际货物多式联运公约》的解释，国际多式联运需具备以下几个条件：必须是两种或两种以上的不同运输方式的连续运输；必须使用一份包括全程的多式联运单据（Multimodal Transport Document）；必须是一个多式联运合同，并采用全程单一的运费率。

2. 提单和调整提单规则的国际公约

导学视频

海运提单，简称提单（Bill of Lading，B/L），是货物的承运人或其代理人收到货物后，签发给托运人的一种文件。这个文件表明货物运输有关当事人，如承运人、托运人和收货人之间的权利与义务。

（1）提单的性质与作用。

提单的性质与作用，主要表现在下列 3 个方面。

① 提单是承运人或其代理人出具的货物收据（Receipt for the Goods），证实其已收到提单记载的托运人的货物。

② 提单是货物所有权的凭证（Documents of Title）。提单的合法持有人拥有支配货物的权利。因此提单可以用来向银行议付货款和向承运人提取货物，也可以用来抵押或转让。

③ 提单是承运人和托运人双方订立运输合同的证明（Evidence of Contract）。

（2）提单的分类。

① 根据货物是否装船，分为已装船提单（On Board B/L 或 Shipped B/L）和备运提单（Received for Shipment B/L）。

② 根据货物表面状况，提单上是否有不良批注，分为清洁提单（Clean B/L）和不清洁提单（Unclean B/L）。

③ 根据收货人抬头，分为记名提单（Straight B/L）、不记名提单（Open B/L）和指示提单（Order B/L）。

④ 根据运输方式，分为直达提单（Direct B/L）、转船提单（Tran-shipment B/L）和联运提单（Through B/L）。

（3）调整提单的国际公约。

提单条款基本上是根据《统一提单的若干法律规定的国际公约》[简称《海牙规则》（*Hague Rules*）]制定的。提单正面对货物和运费等事项做了记载，提单背面还有印就的运输条款。由于《海牙规则》明显地偏袒船方利益，因而受到了代表货方利益的不发达国家的普遍反对。《维斯比规则》（*Visby Rules*）是对《海牙规则》进行修改后形成的国际公约，1977 年 6 月生效，也被称为《海牙-维斯比规则》（*Hague-Visby Rules*）。联合国于 1978 年 3 月通过了《联合国海上货物运输公约》，该公约简称《汉堡规则》（*Hamburg Rules*），它在较大程度上保护了货方利益，1992 年 11 月生效。

 案例分析

货代企业将提单交付给委托人，面临出口企业索赔

1. 案情介绍

宁波西瑞国际货运代理有限公司（以下简称"西瑞公司"）接受了玛纳夫贸易有限公司绍兴代表处（国外进口企业的代表）的委托，派车从绍兴天发纺织品有限公司（国内出口企业）接收了货物，代为报关出口。拼箱货物从宁波出运至西班牙。西瑞公司根据委托合同的要求以及委托人的指示，将船公司（马士基航运公司）签发的提单交给委托人。出口企业绍兴天发纺织品有限公司由于未收到货款，将西瑞公司诉至

宁波海事法院，要求赔偿货款损失。经法院审理，原告胜诉，西瑞公司须赔偿原告全部货款损失。

2. 案例评析

（1）货运代理企业根据委托人的委托，由委托人支付代理费用，听命于委托人的批示，办理委托事项，在取得提单之后，根据委托人的要求，将提单交给委托人。

（2）由于提单是物权的凭证，国内出口企业控制提单就可以保证收到国外进口企业的货款，因此国内出口企业在出口后必须取得提单，这是国际贸易的基本要求。

（3）根据《最高人民法院关于审理海上货运代理纠纷案件若干问题的规定》的相关规定，货运代理企业接受契约托运人（国外进口企业）的委托办理订舱事务，同时接受实际托运人（国内出口企业）的委托向承运人交付货物的，应当将提单交付给实际托运人，即国内出口企业。

（4）但凡货运代理企业未将提单交付给实际托运人（国内出口企业）的，在面临实际托运人（国内出口企业）的索赔时，无一例外会败诉。

3. 海上货物运输保险合同与保单

海上货物运输保险合同简称"海上保险"，是被保险人支付保险费，由保险人按照合同规定的承保范围，对被保险人遭受保险事故造成保险标的之损失以及产生之责任进行赔偿的合同。

海上货物运输保险合同是被保险人与保险人签订的具有法律拘束力的书面协议。海上货物运输保险合同的当事人主要包括保险人、投保人、被保险人。此外，在保险合同订立过程中，有时还有保险代理人（Agent）或保险经纪人（Broker）参与。

海上货物运输保险保单（Policy）是海上货物运输保险合同的书面证明。海上货物运输保险合同的成立并不以保险人出具保单为准，而以保险人的承诺为准。承诺可以采取书面方式，也可以采用口头方式。我国的法律制度允许以口头方式做出承诺。为防止口头承诺可能发生的争议，通常口头承诺后均会以书面形式补正，否则可能导致举证困难。因此，英国1906年颁布的《海上保险法》第22条明确规定，除非海上货物运输保险合同载于海上货物运输保单之中，否则不能作为法庭接受的诉讼证据。

在中国，海上货物运输保险保单的表现形式主要有：保单、保险凭证、联合凭证和保险批单等。海上货物运输保险保单按不同的标准可以分为多种类型。

① 以保险价值为分类标准。

定值保险单（Valued Policy），是指明确规定了保险标的物价值并依据该价值确定保险金额、收取保险费的保险单。海上货物运输保险业务通常采用定值保险单。

不定值保险单（Unvalued Policy），是指保险单不载明保险价值而仅规定保险金额，待出险后再核定保险标的之实际价值并据以向被保险人赔偿的保险单。

② 以保险的期限为分类标准。

航程保险单（Voyage Policy），是指保险人按照航程（从某地开始至某地结束）承担保险责任的保险单，海上货物运输保险大多数采用航程保险单。

定期保险单（Time Policy），是指保险人承担一定时间内保险责任的保险单。

4. 海上货物运输保险条款

海上货物运输保险保单中，都载有各种保险条款，以确定保险人负责赔偿的责任范围及除外责任和被保险人的义务等有关事项。目前，在国际保险市场上所使用的海上货物运输保险条款，影响最大的是伦敦保险协会 1963 年和 1982 年先后制定的协会货物保险条款（Institute Cargo Clause，I.C.C）。而对我国商家来说，中国人民保险公司的货物保险条款使用较多。因此，本书只介绍 1982 年 I.C.C.和中国人民保险公司货物保险条款。

（1）1982 年 I.C.C.。

海上货物运输保险是基于保险合同所进行的保险业务。从 17 世纪开始英国就成为世界海上保险的中心。伦敦保险市场使用的海上保险合同条款对全球海上保险产生了重要影响，并被各国保险人普遍接受。

1982 年的 I.C.C.分为 8 节，共 19 条，内容分别为承保范围、除外责任、保险期限、索赔条款、保险利益、减少损失、法律和实践以及备注。其中取消了原先的平安险、水渍险、一切险的名称，代之以 A、B、C 条款来区分险别。除了上述基本保险条款外，伦敦保险协会还设计了相关的附加险条款，分别为协会货物战争险条款（Institute War Clause- Cargo）、协会货物罢工险条款（Institute Strike Clause-cargo）和恶意损害险条款（Malicious Damage Clause）。

拓展阅读　　　　　　**历史悠久的伦敦保险协会**

伦敦保险协会（Institute of London Underwriters）是经营海上保险业务的保险公司组织。1884 年建立于伦敦。协会由一个从协会会员中选举出来的委员会进行管理。协会的宗旨是对保险单证上的措辞、条款和条件进行协调，以增进保险利益，并为影响整个市场的问题寻求共同协议的根据。协会组织了各种委员会和联合国委员会（其成员包括协会会员和劳埃德船级社保险人），对影响整个保险市场的问题进行研究和决定，并据以向市场提出建议。协会为这些委员会的讨论、研究提供各种便利。该协会制定的各种保险条款为国际保险市场所广泛采用，通称伦敦协会条款。除了为保险服务的各个部门，协会还代表各会员公司开具保险单和办理理赔与追偿工作。

（2）中国人民保险公司《海洋运输货物保险条款》。

中国商家在购买国际货物运输保险时，除了使用伦敦协会条款外，还经常使用中国人民保险公司于 1981 年 1 月 1 日制定的《海洋运输货物保险条款》（以下称为"人保条款"）。它是中国人民保险公司在 1963 年伦敦协会条款基础上制定的。

人保条款将货物运输保险分为基本险、附加险。其中基本险又分为"平安险""水渍险""一切险" 3 种。其命名方式显然源于 1963 年伦敦协会条款。

① 平安险（Free From Particular Average，F.P.A.）。平安险的英文意思是"单独海损不

赔"。该险种原本的承保范围仅限于货物全部损失造成的风险，对货物因自然灾害造成的部分损失不赔。但是在实践中该险种的承保范围逐步扩大，超出了全部损失的限制。在 3 种基本险中，平安险承保的范围最小。

该险种主要的承保范围如下。

因恶劣气候、雷电、海啸、地震、洪水等自然灾害造成的整批货物的全部损失或推定全损。

由于运输工具遭受搁浅、触礁、沉没、互撞、与流冰或其他物体碰撞以及失火、爆炸等意外事故造成货物的全部或部分损失。

在运输工具已经发生搁浅、触礁、沉没、焚毁等意外事故的情况下，货物在此前又在海上遭受恶劣气候、雷电、海啸等自然灾害所造成的部分损失。

在装卸或转运时由于一件或数件整件货物落海造成的全部或部分损失。

抢救货物支付的合理费用，在避难港产生的特别费用，共同海损的牺牲、分摊和救助费用，由于运输合同中订有"船舶互撞责任"条款而应由货方偿还船方的损失等。

② 水渍险（With Particular Average，W.A.）。水渍险除承保平安险的各项责任范围外，还包括平安险所不负责的因恶劣气候、雷电、海啸、洪水等自然灾害造成的被保险货物部分损失。所以，保险人在水渍险中的责任范围比平安险稍大。

③ 一切险（All Risks）。一切险的承保范围最广，其不但包括平安险和水渍险的全部承保范围，还包括被保险货物在运输途中由于一切外来原因造成的全部或部分损失。

附加险（Additional Risks）：投保平安险、水渍险或一切险的货物，在运输过程中还可能受到一些非自然灾难或海上意外事故，引起损失，为了使货物在遭遇这类基本险责任范围以外的损失时亦能得到赔偿，使不同的货物获得不同的保障，被保人可以在基本险的基础上，另行加保附加险。附加险有两类，即一般附加险和特殊附加险。

① 一般附加险是指赔付由于外来原因所引起的一般风险而造成各种损失的险别。一般附加险种类繁多，主要有下列几种：偷窃，提货不着险；淡水雨淋险；渗漏险；碰损破碎险；受潮受热险；沾污险；串味险；钩损险；包装破裂险；锈损险。

以上附加险投保人可在投保了基本险后，根据需要选择加保其中的一种或几种。如保险人同意加保，则应对货物在承保范围内所造成的损失负责赔偿。

② 特殊附加险主要包括战争险、罢工险、交货不到险、舱面货物险、拒收险等。

特殊附加险与一般附加险的区别在于：一般附加险都包括在一切险中，投保人投保了一切险，就不必投保一般附加险；而特殊附加险不包括在一切险的范围内，投保人即使投保了一切险，仍须与保险人特别约定，方可将特殊附加险的责任包括在承保范围内。

 案例分析

出口货物在境外被当地海关拍卖，出口企业索赔失败

1. 案情介绍

出口企业绍兴市越品贸易有限公司委托船公司 A.P.穆勒-马士基有限公司将一

个集装箱的货物从宁波运往塞内加尔共和国。货物到达后，收货人未能提货。出口企业直接通知船公司愿意承担相关目的港费用，并会视情况安排货物处理事宜。之后，虽经出口企业催问，船公司一直未答复货物在目的港情况。后出口企业通过第三方向目的港海关询问货物情况，得知货物已被目的港海关拍卖。出口企业认为船公司有义务就货物在目的港的状况和处理情况通知出口企业，由于船公司未尽通知义务，导致货物在出口企业不知情的情况下被当地海关拍卖，因此船公司应当就因其过错导致的出口企业损失承担赔偿责任。绍兴市越品贸易有限公司诉至法院后，法院认为船公司并无通知托运人的法定或约定义务，因此驳回出口企业的诉讼请求。

2．案例评析

（1）大部分出口企业对国际海上货物运输流程有错误的认识，认为船公司会及时地通知货物抵达目的港的时间等信息。目的港不同，当地的法律规定各有差异，各地海关往往依据当地法律法规处置无人提取的货物。因货物被当地海关处置，船公司一般不承担赔偿责任。

（2）出口企业要密切跟踪出口货物的到港情况以及在港状况，对常见的目的港的运输时间以及到港时间有基本了解。对于无人提取的到港货物，务必要及时处置，防止因时间届满被当地海关拍卖或以其他方式处置。

5. 海上保险标的全部损失和部分损失

在海上运输过程中，若保险合同承保的货物（保险标的）遭受自然灾害、意外事故以及外来风险而导致损失或灭失，被保险人向保险人进行索赔时，必须根据货物受损的性质和程度进行分类，然后根据保险合同承保的范围确定如何进行理赔。

（1）全部损失（Total Loss），是指货物遭受海损后，已经全部毁坏而失去了原有的用途。全部损失可分实际全损和推定全损。

① 实际全损（Actual Total Loss），是指保险标的发生事故后灭失，或者受到严重损坏完全失去原有形体、原有的效用，不能再归被保险人拥有的，为实际全损。

② 推定全损（Constructive Total Loss），是指保险标的在物质上未到达全部损坏或灭失的程度，但已失去价值；或者虽有一定价值，但其修复费会接近或超过原有价值，为推定全损。

根据上述推定全损的规定，构成推定全损的要件有以下两项：保险标的实际全损已无法避免；为了避免实际全损所需要支付的费用，将超过保险标的的价值。

（2）部分损失（Partial Loss），是指保险标的发生保险事故后造成部分损坏，受损价值未达到保险金额，为部分损失。换言之，除了全部损失以外的一切其他损失，均为部分损失。在海上货物运输保险中部分损失又分为共同海损、单独海损和单独费用。

① 共同海损（General Average），是指在海上运输中，船舶、货物遭到共同危险，船方为了共同安全而有意和合理地做出特别牺牲或支出的特殊费用。共同海损的成立必须同时满足以下条件：必须有危及船舶、货物共同安全的危险存在；做出牺牲和支出费用是特殊的、直接的；牺牲和费用是有意做出和支出的；牺牲和费用是合理的；共同海损措施是有效的。

船方对共同海损所做出的牺牲和支出的费用，由获救的船舶、货物获救后的价值按比例在所有与之有利害关系的受益人之间进行分摊。所以，共同海损属于部分损失。

② 单独海损（Particular Average），是指货物由承保风险引起的不属于共同海损的部分损失。单独海损是海上运输中非有意行为所造成的，只涉及船舶或货物单独一方利益的部分损失。保险人对单独海损是否给予赔偿，视保险合同约定的承保险别而定。

③ 单独费用（Particular Charges），指为防止货物遭受承保风险所致损失而支出的费用。

6. 保险理赔的委付和代位求偿权制度

（1）委付（Abandonment），是指在货物推定全损的情况下，被保险人将该货物一切权利转移给保险人，请求保险人赔偿全部保险金额的法律行为。

委付制度是海上货物运输保险独有的法律制度。被保险人向保险人提出委付必须同时具备下述 4 项法定条件。第一，委付必须以货物推定全损为条件。货物被推定全损后，被保险人将货物委付给保险人；当保险人接受委付后，被保险人就能得到全部保险金额的赔偿。第二，委付必须以货物整体性为条件。货物发生委付时，货物整体性是委付的基本条件。第三，委付必须以被保险人将货物的一切权利转移给保险人为条件。保险人接受委付的基本条件，就是赔偿保险金额，接受货物的所有权，并取得其一切权利和义务。保险人有权处置货物，有权追偿与该货物有关的债务。第四，委付必须经保险人承诺方能生效。被保险人提出委付，保险人可以接受，即被保险人将委付财产的全部权利和义务转移给保险人。保险人也可以不接受委付，即委付不成立，被保险人仍可以对货物行使权利。委付一经保险人接受就不得撤回。

（2）代位求偿权（Subrogation），是指保险标的发生保险事故遭受损失，根据法律规定或约定应由第三者负责赔偿时，保险人按照保险合同规定对被保险人做出赔偿后，被保险人将其对第三者追偿的权利转让给保险人，由保险人向过失责任方提出索赔。代位求偿权是从损失补充原则延伸而来的，其目的是防止被保险人因保险事故的发生而得到大于其实际损失的补偿。

4.2.2 国际航空货物运输制度

国际航空货物运输是一种近年来常用的现代化运输方式。由于它航线灵活、运输速度快、时间短，货物在运输途中受损率低，所以在国际贸易中越来越常被采用，特别是对那些价值高、交货时间急迫而相对来说运费在货物价值中占比较小的货物而言不失为一种较好的方式。大部分的国际快递采取航空运输方式，有些跨国快递公司一般拥有自己的货运包机。

1. 国际航空货物运输的种类

类似于国际海上货物运输方式，国际航空货物运输分为班机运输和包机运输两种。

（1）班机运输（Scheduled Airline）。

班机运输是指由航班在固定时间、固定航线进行的国际航空货物运输方式。此运输方式适用于货物数量较少的运输。

（2）包机运输（Chartered Carrier）。

包机运输是指包租整架飞机进行国际航空货物运输的运输方式。这种运输方式又可分为整机包租和部分包租两种。整机包租是指航空公司按照事先约定的条件和费率，将整架飞机租给承租人，从一个或几个航空站装运货物至指定的航空站的运输方式。这种运输方式适用于数量大、有急需或有特殊要求的货物。部分包租是指由几家航空货运代理公司或发货人联合包租整机，或由包机公司把整架飞机的舱位分租给几家航空货运代理公司。

2．国际航空运输合同与航空运单

（1）国际航空运输合同。

国际航空运输合同是航空承运人与消费者（即旅客、货物托运人以及收货人）之间，依法就提供并完成以民用航空器跨国运送服务达成的协议。按运送对象的不同，国际航空运输合同又分为旅客运输合同和货物运输合同，其表现形式分别为客票和航空运单（Airway Bill），其中包括承运人运价规则、承运人一般运输条件、承运人公之于众的其他旅客运输规章、国际条约或国内法规规定的合同条款、承运人协议等。在"华沙公约体系"下，客票及航空运单构成国际航空运输合同订立的表面证据。

（2）航空运单。

航空运单是航空承运人或其代理人与托运人之间签订的货物空运单证。航空运单在法律性质上有别于海上运输的提单，在航空运输中，航空运单不具有物权凭证的功能，故不能进行背书转让。这是因为航空运输的速度快，通常在航空运单尚未寄送收货人时，货物已经先期运抵目的地。此外，航空运单属于记名单据，故无法转让。

航空运单一般包括以下事项：①航空运单的填写地点和日期；②起运地和目的地；③约定的经停地点，但承运人保留在必要时变更经停地点的权利，承运人行使这种权利时，不应使运输由于这种变更而丧失其国际性质；④托运人的名称和地址；⑤第一承运人的名称和地址；⑥必要时应写明收货人的名称和地址；⑦货物的性质；⑧包装件数、包装方式、特殊标志或号数；⑨货物的重量、数量、体积或尺寸；⑩货物和包装的外表情况；⑪如果运费已经议定，应写明运费金额、付费日期和地点以及付费人；⑫如果是货到付款，应写明货物的价格，必要时还应写明应付的费用；⑬声明的价值；⑭航空运单的份数；⑮随同航空运单交给承运人的凭证；⑯如果经过约定，应写明运输期限，并概要说明经过的路线；⑰声明运输应受《华沙公约》所规定责任制度的约束。

3．调整国际航空运输的国际公约及其主要规则

在各种国际货物运输方式中，由于国际航空货物运输的特殊性，所以，国际航空运输是在国际上取得较大程度一致的一种国际运输方式。国际航空货物运输关系主要受 1929 年的《华沙公约》、1955 年的《海牙议定书》和 1999 年的《蒙特利尔公约》调整。

（1）《华沙公约》，全称为《统一国际航空运输某些规则的公约》，于 1929 年 10 月 12 日由德国、奥地利、比利时、巴西、丹麦、法国、波兰等 23 个成员在华沙签订，故被称为《华沙公约》（Warsaw Convention）。该公约于 1933 年 2 月 13 日正式生效。

《华沙公约》主要解决了法律冲突、管辖权、时效、航运单据的统一、承运人的责任等问题，为调整国际航空旅客、行李和货物运输法律关系创立了基本制度，是调整国际航空运输的第一项公约。《华沙公约》以及在《华沙公约》基础上进行修订和补充的法律文件，逐步形成了调整国际航空运输中承运人与旅客、行李、货主关系的"华沙公约体系"。

（2）《海牙议定书》，全称是《修改 1929 年 10 月 12 日在华沙签订的统一国际航空运输某些规则的公约的议定书》。《海牙议定书》于 1955 年 9 月 28 日在海牙签订，于 1963 年 8 月 1 日生效。

由于《华沙公约》的某些规定不适应国际航空运输飞速发展的需要，尤其是对旅客伤亡的责任限制过低，所以《海牙议定书》主要在运输单据、航行过失免责、责任限制以及索赔期限等方面对《华沙公约》做了修改。

（3）1999 年 5 月 28 日，在蒙特利尔召开的国际航空法大会上通过了《统一国际航空运输某些规则的公约》，因公约在蒙特利尔通过，故称为《蒙特利尔公约》。中国和其他 51 个成员在该大会上签署了该项公约。

《蒙特利尔公约》强调了确保国际航空运输中消费者的利益，对在国际航空运输中旅客的人身伤亡、行李损失、货物损失等，在恢复性赔偿原则基础上建立起更公平赔偿的规范体系。根据《蒙特利尔公约》第 55 条之规定，在该公约生效时，如果缔约双方均为公约缔约成员，则公约效力优先于"华沙公约体系"的所有法律文件；如果两者并非都是公约的缔约成员，"华沙公约体系"相关规定仍然有效。《蒙特利尔公约》最终将完全取代"华沙公约体系"。

4.2.3　国际货物多式联运制度

将各种运输方式（包括海运、空运和铁路运输）联合起来运用的国际货物多式联运是跨境货物运输中常见的方式。

1. 国际货物多式联运合同

国际货物多式联运（以下简称"多式联运"）合同指多式联运经营人使用一张单据，通过两种或两种以上的运输方式，负责将货物从一地运至另一地，并收取全程运费的合同。多式联运具有以下特点。

（1）多式联运将海路、铁路、公路、航空和管道等传统的单一运输方式有机地结合起来，是"门到门"（Door to Door）的运输方式。这种运输以集装箱运输为主。

（2）多式联运合同的承运人称为多式联运经营人，该经营人负责全程运输。

（3）多式联运只需一次货物托运，多式联运合同规范全程运输；多式联运经营人签发一张单据，该货运单据适用不同的运输方式；只要一次付费，实行全程单一的运费费率；进行一次保险，包括各种运输方式的保险。

（4）多式联运经营人是整个运输的总承运人和合同履行者，其可以参与或实际运输。但多式联运经营人要与托运人和各区段承运人订立合同，组成全程运输，收取运费。

2. 多式联运的国际惯例

国际商会于 1973 年制定了《联运单证统一规则》（1975 年修订），它是不具有强制性的民间规则，属于成文的国际贸易惯例。由于《联合国国际货物多式联运公约》尚未生效，《联运单证统一规则》被一些多式联运当事人采用。

（1）多式联运经营人的责任制和责任期间。

《联运单证统一规则》对多式联运经营人实行"网上责任制"（Network System）。该规则对于未能确定货物灭失或损坏发生区段的情况，即对隐藏的货物损失，其赔偿责任按推定过失责任原则处理。货物损失的最高赔偿限额为每件或每单位 666.67 特别提款权，或者毛重每千克 2 特别提款权。多式联运经营人的责任期间从接管货物时起至交付货物为止。

（2）多式联运经营人的赔偿责任。

多式联运经营人延迟交货发生在运输区段内，多式联运经营人应承担延迟赔偿费。该赔偿费限额不得超过该区段运费的总额。

收货人收到货物时发现有灭失或损坏的现象，应立即将货物灭失或损坏的情况，书面通知多式联运经营人，如货物灭失或损坏不明显，可以在 7 日内提交通知。否则，便被视为多式联运经营人已按合同规定交货。

（3）诉讼时效。

该规则规定的诉讼时效为，自货物交付之日或应交付之日，或收货人有权认为货物已灭失之日起 9 个月内。否则，多式联运经营人有权解除其责任。

4.3　跨境电子商务海外仓设立的法律规则

海外仓是跨境电子商务实现货物配送的主要模式之一，也是跨境电子商务近年来热衷建设的海外存储和配送设施。各个跨境电子商务平台以及一些大型出口型企业都在积极布局海外仓建设。

4.3.1　海外仓的主要模式

所谓海外仓，指将批量的货物发送至境外的仓库，从而实现本地销售、本地配送的跨境电子商务物流模式。当某国或某地区的消费者在线上下单之后，消费者所在地的仓库直接向其派送快递包裹。这种方式缩短了物流时间，提升了消费者的购买体验。

海外仓主要有以下 3 种模式。

1. 自建模式

自建模式是跨境电子商务企业在境外自己投资建设仓库，并由企业自己运营的模式。自建模式要求企业对当地的法律、文化、税收等各方面情况进行详细评估。企业在前期需要投入巨大的建设资金，并要拥有较强的营运管理能力，同时还要熟悉当地的法律和文化等。

自建模式的优点是业务自由度高，企业在境外有立足点，可随时根据业务需求及经营战略进行调整；缺点是建仓成本高、运营难度大，有巨额的租仓费用及设备投入费用等，这些因素决定了自建海外仓需要雄厚的经济实力。但是自建仓库容量大、适用货物类型广，且不受租期影响，因此受到许多实力较强的大型跨境电子商务企业的青睐。

2. 与第三方合作模式

与第三方合作模式是指跨境电子商务企业将货物的仓储、分拣、包装、派送等一系列服务外包给销售地的第三方物流企业来完成。在该模式下，跨境电子商务企业将线上订单发送到第三方物流企业，由其完成所有该订单的物流服务。如果顾客需要退换货，也需要通过第三方物流企业实现。

与第三方合作模式建仓成本低、物流管理风险小，但其往往存在信息不对称等问题。第三方物流企业与跨境电子商务企业并不完全交换信息，且由于第三方物流企业良莠不齐，跨境电子商务企业服务质量受制于第三方物流企业。这种模式通常适用于发展中的中小型跨境电子商务企业。

3. 一站式配套服务模式

一站式配套服务模式是指跨境电子商务企业在跨境电子商务平台上进行商品销售，由跨境电子商务平台通过海外仓提供商品的存储、分拣、包装、配送以及退换货等物流服务。在该模式下，由于电子商务平台自己提供物流服务，跨境电子商务活动的所有运作流程都可以在平台上完成，提高了企业的运作效率，有利于增强企业自身的核心竞争力。

一站式配套服务模式是整合所有物流运输方案的一站式整体解决方案，其实现了物流信息共享和物流资源的最大化利用，同时可以提供更好的服务体验。一站式配套服务模式适用于刚刚起步、品牌影响力不够大、物流管理经验少的跨境电子商务企业。

4.3.2 海外仓设立中应注意的法律问题

1. 海外仓货物清关的法律问题

对于跨境电子商务物流海外仓，由于通过集装箱混装发运的货物数量和种类众多，所以如何清关是一个非常棘手的问题。

2. 海外仓货物的知识产权问题

跨境电子商务企业大规模建立海外仓，将大量商品堆在另一个国家或地区境内，一旦仓库中的货物有侵犯当地知识产权的行为，当地警方查封货物将成为轻而易举的一件事。以前被侵权者维权成本高，现在利用电子商务平台取证，通过冻结账户，甚至查封海外仓等方法，维权相对比较容易。关于知识产权侵权的具体情形以及法律规则，参见本书与知识产权相关的章节的内容。

3. 货物的税务合法性问题

对于向欧洲出口产品的中国卖家来说，需要缴纳的实际 VAT=销售 VAT–进口增值税（Import VAT）。

销售 VAT=产品定价（税前价格）×20%。这由客户承担。

进口增值税=（申报的货物价值+头程运费+关税）×20%。卖家可以申请退回进口增值税。

VAT 适用于所有使用海外仓储服务的卖家，即便使用的海外仓储服务是由第三方物流企业提供的，卖家也从未在英国当地开设办公室或者聘用当地员工。只要卖家从英国境内发货并完成交易，就必须缴纳 VAT。但是，货物从中国直邮至英国的卖家将不受影响。并且，卖家不能使用海外仓储服务企业或者其他个人的 VAT 号。也就是说，使用海外仓的跨境电子商务企业想要出口货物到英国，必须向英国税务部门登记申请 VAT 号。

这就要求跨境电子商务企业在设立海外仓的过程中，及时办理有关税务账号，并注意区分海外仓销售的货物和境内直邮境外消费者的货物，配合当地税务部门做好销售稽查，以免陷入被动局面。

4.4　跨境电子商务物流风险及其防范措施

4.4.1　自建海外仓存在的风险及防范措施

由于有些跨境电子商务企业对各个国家（或地区）的政策不太熟悉，因此海外仓应提供超越简单物流配送模式的一揽子解决方案。从法律层面来看，海外仓应该是一家当地的实体企业，而不是简单的仓库，从海外仓给当地消费者配送商品，是一种商业买卖行为，必须依法缴纳消费税。因此，跨境电子商务企业可考虑与当地的代理运营企业以及税务解决方案企业合作，由合作的企业提供代理运营、仓储、清关以及税务等立体化、一揽子服务。

对于清关比较困难的市场，可考虑采用边境仓（即在边境城市设立的仓库）。

相比之下，边境仓仍然在境内，货物还在跨境电子商务企业的控制之中，而且人力成本相对较低。此外，由于货物尚在境内，无须进口海关清关。当客户接到订单后，货物从边境出关，用邮政清关，保证了清关效率，也保障了货物的安全性。因此，价值低、重量轻的商品，比较适合边境仓的模式。

4.4.2　跨境电子商务物流风险及其防范措施

跨境网购消费者遇到的物流问题已经成为消费者投诉的热点问题。转运是海淘的重要物流模式之一，物流时间长、清关时间不一、丢件概率大、无政策规范是目前海淘转运行业存在的痛点。事实上，由于国际物流程序烦琐、时间长等因素，物件丢失的现象经常出现，而消费者在未购买保价服务的情况下，进行售后理赔可谓是难上加难。

针对海淘转运中出现的丢件难赔付问题，跨境电子商务企业应在销售环节提醒消费者一定要购买货物运输保险，并提醒消费者不购买货物运输保险的法律后果，并在相应的购物页面设置提示和相应按钮，避免以后的纠纷。

本章小结

本章首先介绍了我国跨境电子商务物流的发展现状以及跨境电子商务物流与传统物流的区别等；其次讲述了跨境电子商务物流的 3 种重要方式——国际海上货物运输、国际航空货物运输以及国际货物多式联运的相关知识等；再次介绍了跨境电子商务海外仓设立的法律规则；最后对跨境电子商务物流中常见的法律风险及其防范措施做了分析。

通过对本章的学习，读者能够了解和认识跨境电子商务物流常见的法律规则和法律风险，并采取适当的措施对风险加以防范，保证货物能够顺利抵达目的地或者消费者手中。

练习题

一、单项选择题

1. 航空运单是承运人和托运人之间的（　　　）。
　　A. 航空运输合同　　B. 航空运输合同证明　　C. 协议　　D. 单方声明

2. 提单是（　　）。
   A. 海上运输合同的证明　　　　　B. 海上运输合同
   C. 双方协议　　　　　　　　　　C. 大副签发的文件
3. 中国人民保险公司的海上货物运输保险的基本险不包括（　　）。
   A. 平安险　　　B. 罢工险　　　C. 水渍险　　　D. 一切险
4. 平安险（Free From Particular Average）的英文意思是（　　）。
   A. 单独海损不赔　　　　　　　　B. 只赔单独海损
   C. 只赔偿一般风险　　　　　　　D. 不赔偿一般风险

二、多项选择题

1. 跨境电子商务采用海外仓的主要模式包括（　　）。
   A. 自建模式　　　　　　　　　　B. 与第三方合作模式
   C. 租用他人海外仓模式　　　　　D. 一站式配套服务模式
2. 海运是国际贸易中最主要的运输方式，约2/3的国际贸易货物采用海运方式。它具有（　　）的优点。
   A. 运量大　　　B. 运费低　　　C. 不受路线限制　D. 时间短
3. 国际社会缔结的国际航空运输公约，其中较重要的是（　　）。
   A.《华沙公约》　B.《海牙议定书》　C.《维斯比规则》　D.《蒙特利尔公约》
4. 跨境电子商务的商家大多采取以下哪几种物流模式？（　　）
   A. 传统的快递包裹模式　　　　　B. 集中发货模式
   C. 海外仓储模式　　　　　　　　D. 国外商家代为发货模式

三、简答题

1. 跨境电子商务物流与传统物流的区别有哪些？
2. 海外仓设立的3种模式都有哪些利弊？
3. 什么是提单？它的性质和作用有哪些？
4. 什么是共同海损和单独海损？
5. 什么是海上货物运输保险中的代位求偿权？

四、案例分析

[案例1]

某货船从天津新港驶往新加坡，在航行中货物起火，大火蔓延到机舱，船长为了船货的安全决定采取紧急措施，往舱中灌水灭火，火被扑灭。但由于主机受损，无法继续航行，于是船长决定雇用拖轮，将货船拖回新港修理。检修后，货船重新驶往新加坡。事后调查，这次事件造成的损失有：①1000箱货物被烧毁；②600箱货物由于灌水灭火受到损失；③主机和部分甲板被烧坏；④拖船费用；⑤额外增加的燃料费用和船长、船员的工资。

从上述情况和各项损失的性质来看，哪些属于单独海损，哪些属于共同海损，为什么？

[案例2]

某载货船舶在航行过程中突然触礁，致使部分货物遭到损失，船体个别部位的船板产生裂缝，急需补漏。为了船货的共同安全，船长决定修船，为此将部分货物卸到岸上并存舱，卸货过程中部分货物受损，事后统计，这次事件造成的损失有：①部分货物因船触礁而损失；②卸货费、存舱费及货物损失。

以上各项损失属于什么海损？

[案例 3]

某外贸公司按 CIF 术语出口一批货物，装运前已向保险公司按发票总额的 110%投保平安险，6 月初货物装妥顺利开航。载货船舶于 6 月 13 日在海上遭遇暴雨，致使一部分货物受到水渍，损失价值 2100 美元。数日后，该轮又突然触礁，致使该批货物又遭到部分损失，价值达 8000 美元。

请问：保险公司是否应对该批货物的损失进行赔偿，为什么？

操作实训

一、实训目的

学生通过模拟跨境电子商务企业在国际货物买卖中订立运输合同和保险合同，达到掌握实务技能的目的。

二、实训主要内容

1. 教师讲解相关的法律问题，并展示相关单证，演示提单的制法和保险合同订立过程，并提醒学生在审单的过程中应该注意的法律问题。（2 学时）

2. 每个学生练习单证的制作和审单。（1 学时）

3. 学生相互交换所制提单或保险合同，提出存在的问题，并加以改正。学生将有关过程写成报告。（1 学时）

三、实训要求

1. 学生自行组成小组（可以跨年级、班级）、选定训练项目，并于训练前一周向训练中心申报，训练中心根据学生的申报安排训练日程。

2. 学生在模拟前要充分收集有关单证，认真熟悉案例，并邀请有关教师做指导，以正确把握有关情况。

3. 学生在正确把握案例的基础上，形成流程简介、角色分工等书面材料。

4. 学生在指导教师的指导下，按流程认真进行模拟。

5. 学生训练后要制作模拟卷宗。

6. 学生将各种资料汇总编制目录，并按顺序叠放整齐，加封皮装订成册，注明班级、参与人员和时间。

四、实训步骤

（一）模拟制单的准备

1. 选择案例，并根据有关情况列出需要填写的单证。

2. 制作有关公司情况和业务情况的卷宗（如公司的授权书、有关产品的商情报告、空白单证等）。

3. 进行排练。通过排练来检验准备情况，如有疏漏、不足和失误，要及时调整，确保准备充分，为正式模拟打好基础。

（二）模拟制单

1. 进入业务场所（注意商务礼仪）。

2. 自我介绍后，己方提供准备好的单证以备填写。

3. 填写单证。

（三）整理有关的材料，并形成完整的案卷

五、实训思考

1. 在制单过程中需要注意的问题有哪些？

2. 单证出现问题后应立即采取哪些措施？

六、实训成果形式

1. 各方准备的材料。

2. 制作好的单证。

3. 对此次实训的总结。

七、情形案例

教师可指导学生根据下面的案例进行实训，指导学生制作国际货物销售合同、海运提单、投保单、理赔报告、起诉状、答辩状、判决书等材料。教师可灵活掌握实训需要的材料，在小组成员之间或小组之间分配材料制作任务。

世嘉有限公司（GLOBAL EMINENCE LIMITED）诉中国大地财产保险股份有限公司等海上保险合同纠纷案

【基本案情】

一、当事人信息

原告：世嘉有限公司（GLOBAL EMINENCE LIMITED）

被告：中国大地财产保险股份有限公司（以下简称大地财保）

被告：中国大地财产保险股份有限公司航运保险运营中心（以下简称大地财保航保中心）

二、案情简介

2017年2月1日，"SAGAN"轮空载状态自高雄港出发驶往昂山（Onsan）港，随船携带一组（4个）活塞环备件。开航后约31个小时，主机扫气箱至少7次起火，此后主机彻底无法启动、船舶失去动力开始漂航。船长于2月5日询问原告的指示，原告要求继续航程。"SAGAN"轮在2月6日向原告报告"主机无法启动"，同日向原告报告主机的6组气缸中仅有1组气缸的活塞环状况良好。原告在2月8日下午联系拖轮，当日得知拖轮因涌浪被迫返港，预计2月11日上午天气好转才能出航。2月9日，"SAGAN"轮向原告报告"SAGAN"轮正在向日本岛屿漂航，要求迅速派遣拖轮，并告知如果拖轮有延迟，船舶可能搁浅。2月10日原告联系了日本的拖轮，同日得知该拖轮预计到2月13日出发对"SAGAN"轮执行拖航。最终，漂航约5天的"SAGAN"轮于当地时间2月11日在日本诹访之濑岛西南岸搁浅，日本海上保安厅收到"SAGAN"轮发出的求救信号，同时，原告向大地财保航保中心报告出险。

2017 年 2 月 11 日，原告与日本救助株式会社（THE NIPPON SALVAGE CO.,LTD，以下简称日本救助）签订服务性质为"清除燃油"的《国际残骸移除及海事服务契约（按日计酬）2010》。"SAGAN"轮船东互保协会/保险人 Lodester Marine 与日本救助就清污费用达成和解协议，Lodester Marine 于 2017 年 8 月 28 日向原告支付了清污费 190 万美元。

2017 年 2 月 13 日，原告与日本救助签订服务性质为起浮作业（Refloating Operation）的《国际残骸移除及海事服务契约（按日计酬）2010》，上海海事法院（2018）沪 72 民初 3821 号案（以下简称 3821 号案）生效判决认定"SAGAN"轮脱浅作业协议于 2017 年 3 月 15 日终止，后续作业应可以理解为残骸清除作业，并判令原告向日本救助支付救助报酬 3 559 866.49 美元及该款自 2018 年 7 月 23 日起按照中国银行同期美元活期存款利率计算至实际支付之日止产生的利息。

2018 年 1 月 5 日，"SAGAN"轮注销登记。2018 年 2 月 5 日，原告与日本救助签订作业性质为"残骸清除和处理作业"的《国际残骸移除及海事服务契约（固定价格）2010》，约定固定费用 180 万美元。2018 年 8 月 4 日，新钢商事有限会社交接了"SAGAN"轮的船舶残骸（包括残油）。

涉案远洋船舶保险单签发于 2016 年 7 月 17 日，以大地财保为抬头，盖有大地财保航保中心的承保专用章。该保险单对被保险人的记载有笔误，各方共同确认被保险人应为船舶管理人明进船舶管理顾问有限公司（MING JIN SHIPMANAGEMENT CONSULTANT LIMITED，以下简称明进公司）和船舶所有人即原告。保险单载明"SAGAN"轮船舶保险金额为 480 万美元，保险条件为"协会定期船舶保险条款全损险（1/10/83），附加共同海损、救助、施救和碰撞、触碰责任"等；保险期限自 2016 年 7 月 18 日 0 时起至 2017 年 7 月 17 日 24 时止；免赔额约定为全损或推定全损绝对免赔率 10%，共同海损、救助、施救责任，每次事故绝对免赔额 2 万美元或损失金额的 10%，两者以高者为准；在"特别约定"中载明"在本保单中，若中文措辞与英文措辞存在歧义，以中文为准"。"协会定期船舶保险条款（1/10/83），全损、共同海损及四分之三碰撞责任（包括救助、救助费和施救费）"的英文版中，在标题下方载明"本保险适用英国法律和惯例（This insurance is subject to English law and practice）"。

原告诉请判令两被告连带赔偿两被告连带支付原告船舶全损赔偿金人民币 30 648 960 元（即 480 万美元按美元对人民币汇率 6.3852 折合）及其利息、船舶施救费 3 559 866.49 美元及其利息以及 3821 号案的案件受理费人民币 166 395 元、司法评估费人民币 75 000 元。

两被告辩称：涉案船舶搁浅毁损并非保险条款列明的承保风险所致；原告自行管理船舶，但没有船舶管理的资质，涉案船舶没有必备的安全管理体系文件，原告明知涉案船舶在开航前不适航，且在涉案船舶失去动力情况下不及时有效地采取防止或减少损失的措施，因此船舶搁浅受损是必然会发生的结果，并非意外，对于原告主张的全部损失，保险人均无需承担赔偿责任。

三、判决

上海海事法院于 2021 年 3 月 9 日作出一审判决，支持了保险人的主张，认为保险人无需承担保险责任。后原告提起上诉，上诉法院裁定维持原判决。

第5章
跨境支付的法律规则

导学视频

学习目标

1. 掌握跨境支付的主要形式。
2. 掌握信用证支付的法律规则。
3. 掌握主要跨境支付平台。

重点难点

1. 重点：主要跨境支付平台；速卖通和 Wish 平台的支付规则。
2. 难点：信用证支付的法律规则。

【案例导入】消费者支付宝被盗刷后如何处理

2018 年 4 月至 6 月，电子商务消费纠纷调解平台接到数十起关于 DD 网用户称其支付宝被盗刷且平台不予退款的投诉。某消费者发现 2018 年 5 月 24 日下午 6 点左右支付宝账户被 DD 网刷去 1750 元，于是立即联系 DD 网客服，然后客服回复消费者说让其报警，DD 网帮忙拦截资金。第二天客服电话回访各种暗示消费者这笔钱已经不能返还，之后就以各种理由推脱，消费者跟商家联系想退款，依旧不行。对此，DD 网反馈称：我司联系消费者，消费者未接电话，已短信告知，此为支付宝被盗刷，消费于 DD 网，我司会为其尝试拦截货物，但无法保证拦截结果，此问题已属于刑事案件，建议等待警方处理结果。

案例评析：支付宝账户被盗刷的行为不属于消费者的真实意思表示，属于无效的民事行为。因此在理论上，消费者可以要求商家返还钱款，与此同时，商家也有权要求相关人员返还相应商品。在本案中，当消费者向 DD 网反映盗刷行为时，DD 网也进行了拦截资金和货物的处理，但无法保证效果。可以说，消费者、商家和 DD 网可能均不存在过错，过错在于第三方的盗刷行为。因此，DD 网反馈中指出首先需等待警方处理结果有其合理性。

思考题：电子商务支付中有哪些风险？

5.1　跨境支付概述

5.1.1　跨境支付的十大场景

跨境支付（Cross-border Payment）是指两个或者两个以上国家或者地区之间因国际贸易、国际投资以及其他国际经济活动而需要借助一定的国际结算工具和国际支付系统实现资金的跨越国境或者跨越地区转移的行为。在日常生活中常见的跨境支付行为有：中国的消费者在网上购买国外商家的产品或者外国消费者购买中国商家的商品，中国留学生在获得国外大学录取通知书后需要交纳学费，中国居民到国外旅游时用信用卡完成消费账单的支付，等等。

随着中国经济的高速增长，跨境电子商务、出境旅游、出国留学以及国际商务洽谈等快速发展，消费水平也达到了一个新的高度，而跨境支付作为其基础设施所蕴含的巨大潜力也逐渐为商界所关注。

支付机构依据国家外汇管理局跨境外汇支付试点政策，开展跨境支付的场景主要有：货物贸易、酒店住宿、出国留学、航空服务、国际展览、出境旅游、软件服务、国际运输、国际会议、跨境通信等。尤其是跨境电子商务以及服务贸易跨境结算服务，正成为当今国际社会跨境资金结算的主要力量。

对于跨境产业的细微变化，作为跨境交易基础设施的支付机构最为敏锐。行业数据显示，跨境支付发展的三大动力分别是跨境电子商务、出境旅游和出国留学，其中跨境电子商务占比约八成。调研数据显示，过半中国卖家选择第三方收款工具作为主要收款方式。

5.1.2　跨境支付的四大形式

跨境支付一般来说分为四大形式：银行电汇、专业汇款公司、国际信用卡组织和第三方支付。

1. 银行电汇

银行电汇是最早采用并延续至今的一种跨境汇款方式，通过银行柜台或者网上银行都可以办理。银行电汇普遍采用 SWIFT（国际资金清算系统）通道实现跨境汇款。SWIFT 是国际银行同业间的国际合作组织，在全世界拥有会员银行超过 4000 家，每家会员拥有唯一的 SWIFT Code 作为银行间电汇或汇款的银行代号。目前，中国人民银行、中国进出口银行、中国农业发展银行以及 19 家全国性商业银行、79 家城市商业银行和 55 家外资行都有自己的 SWIFT Code。

2. 专业汇款公司汇款

在银行或者邮局还可以通过诸如西联汇款等专业汇款公司进行跨境支付。西联汇款是领先的特快汇款公司，拥有全球先进的电汇兑金融网络，代理网点遍布全球近 200 个国家和地区。中国建设银行、中国邮政储蓄银行、中国光大银行、徽商银行、浦发银行等多家银行都是西联汇款的中国合作伙伴。专业汇款公司相对传统银行优势明显，汇款到账时间短，手续费也相对低廉：一般 15 分钟左右就能实现跨境汇款到账，且手续费一般在 15～

40 美元，无须支付钞转汇及中间行的费用。此外，汇款人也无须开设银行账户，只需提供身份证明，填写汇款单据，支付汇款费用就可以得到汇款密码。收款人只需持身份证明和汇款密码即可收款。专业汇款公司代理网点众多，如中国邮政储蓄银行就在各大城市都设立了专门的西联汇款专柜。

3. 国际信用卡组织

国际信用卡组织主要是指以 Visa、MasterCord 等为代表的国际专业信用卡公司。以 Visa 为例，其拥有全球先进的数据处理网络，每秒可以处理超过 20 000 笔交易信息。Visa 本身不是银行，不直接向消费者发卡，也不向消费者授信或者设定利率和手续费，但 Visa 的各种创新却为消费者提供了更多的支付选择。

但对消费者而言，使用国际信用卡可能因多种原因导致跨境支付失败。

4. 第三方支付

第三方支付机构在跨境电子商务零售进出口业务模式中是指根据《非金融机构支付服务管理办法》的规定取得《支付业务许可证》、在收付款人之间作为中介机构提供全部或部分货币资金转移服务的非银行机构，如支付宝、微信支付等。

这种模式背后的资金流和信息流颇为复杂，简而言之，即第三方支付机构在对应的银行有一个专用的备付金账户，境外买家付款后，货款先到达第三方支付机构的上述专用备付金账户，买家确认收货之后，第三方支付机构再从备付金账户里打款给境内卖家的账户。典型例子如阿里巴巴开发的速卖通平台上，就绑定了第三方支付机构——国际支付宝。

第三方支付解决了跨境电子商务平台单独对接各银行的难题，降低了平台开发成本以及平台使用费率，为用户提供了更加友好的跨境支付操作界面，而且第三方支付机构可以在买家和卖家的交易中发挥货款监管的作用，因此第三方支付是目前大多数跨境电子商务出口平台上境内卖家使用的收款模式。

以支付宝和微信支付为代表的第三方支付机构主要为跨境电子商务提供"购付汇"和"收结汇"两类业务。购付汇主要是消费者通过电子商务平台购买货品时，第三方支付机构为消费者提供的购汇及跨境付汇业务。收结汇是第三方支付机构帮助境内卖家收取外汇并兑换人民币、结算人民币的业务。艾瑞咨询的调查数据显示，第三方支付已成为中国消费者偏爱的跨境支付渠道。目前，国内获得试点许可的第三方支付机构已成为跨境支付交易的主体。获得试点许可的第三方支付机构被允许通过合作银行为小额电子商务交易双方提供跨境互联网支付所涉及的外汇资金集中收付及相关结售汇服务，直接对接境内外用户与商户。

支付宝在跨境支付领域的布局早在 2007 年就已开始。时至今日，支付宝已经搭建起一个覆盖超过 226 个国家和地区的全球化电子支付网络，支持 18 种货币结算，在境外有超过 4000 万用户。使用支付宝进行国际汇款，可以直接通过手机客户端操作，便捷、安全且手续费相对较低，更适合"海淘"等小额、高频跨境汇款或支付场景。

而微信支付提供的跨境支付，让中国游客能在境外通过微信用人民币支付，商家收到外币，省去货币兑换、现金找零的麻烦，与境内支付体验基本一致。

5.2　跨境电子商务支付方式

5.2.1　线上的支付方式

1. 信用卡

跨境电子商务网站可通过与 Visa、MasterCard 等国际信用卡组织合作，或直接与境外银行合作，开通接收境外银行信用卡支付的端口。该方式是欧美十分流行的支付方式，信用卡的用户人群非常庞大；缺点是接入方式麻烦、需预存保证金、收费高昂、付款额度偏小。

适用范围：从事跨境电子商务零售的平台和独立 B2C 企业。目前国际上五大信用卡品牌包括 Visa、MasterCard、American Express、JCB、Diners club，其中前两个为大家广泛使用。

2. PayPal（贝宝）

PayPal 与支付宝类似，在国际上知名度较高，是很多客户的常用付款方式。它允许在使用电子邮件来标识身份的用户之间转移资金。

其优点是交易完全在线上完成，适用范围广，尤其受美国用户信赖。收付双方必须都是 PayPal 用户，以此形成闭环交易，风险控制较好。

其缺点是 PayPal 用户买家（消费者）利益大于 PayPal 用户卖家（商户）的利益，交易费用主要由卖家提供，对买家过度保护；电汇时，每笔交易除手续费外还需要支付交易处理费；账户容易被冻结，卖家利益易受损失。

适用范围：跨境电子商务零售行业，几十美元到几百美元的小额交易。费率：eBay 平台 2.9%～3.9%；其他平台或传统外贸 3.4%～1.4%。

3. Moneybookers（Skrill）（暂无中文译名）

Moneybookers 是一款能安全即时地通过电子邮件发送及接收汇款的工具。这个支付工具属于英国的一家电子商务公司，后改商标名为 Skrill。

它的优点是安全，因为是以 E-mail 为支付标识，付款人将不再需要暴露信用卡等个人信息；只需要电子邮箱地址，就可以转账；客户必须激活认证才可以进行交易；可以通过网络实时进行收付款；在安全性方面，登录时以变形的数字作为登录方式，以防止自动化登录程序对客户账户的攻击；只支持高安全的 128 位加密的行业标准。

其缺点是不允许客户注册多个账户，一个客户只能注册一个账户；不支持未成年人注册。

4. Payoneer（派安盈）

Payoneer 是一家总部位于纽约的在线支付公司，主要业务是帮助其合作伙伴，将资金下发到全球，其同时也为全球客户提供美国银行/欧洲银行收款账户，用于接收欧美电子商务平台和企业的贸易款项。

其优点之一是便捷，客户用中华人民共和国居民身份证即可完成 Payoneer 账户在线注册，并自动绑定美国银行账户和欧洲银行账户；优点之二是合规，客户可像欧美企业一样接收欧美企业的汇款，并通过 Payoneer 和中国支付企业的合作完成线上的外汇申报和结汇；优点之三是便宜，电汇设置单笔封顶价，人民币结汇的手续费最多不超过总额的 2%。

适用范围：单笔资金额度小但是客户群分布广的跨境电子商务网站或卖家。

5. ClickandBuy（暂无中文译名）

ClickandBuy 是美国一家独立的第三方支付公司，服务的客户众多，苹果 iTunes 商店、MSN 公司、Napster 公司等都是它的客户。

客户可以通过 ClickandBuy 向注册地位于美国的外汇交易平台（FX Direct Dealer，FXDD）交易账户注入资金，任意选择一种适合自己的汇款方式。FXDD 收到 ClickandBuy 的汇款确认后，在 3～4 个工作日内会将款项汇入客户的账户，转入每次最低 100 美元，每天最多 10 000 美元。

6. Paysafecard（暂无中文译名）

Paysafecard 主要是欧洲游戏玩家的网游支付手段，是一种银行汇票，购买手续简单而安全。Paysafecard 在大多数国家或地区，可以用在报摊、加油站等场所。用户用 16 位账户数字完成付款。要开通 Paysafecard 支付，需要有企业营业执照。

Paysafecard 有面值 10/25/50/100 欧元的代金券，用户只需要输入代金券 16 位的密码即可完成交易。支付的款项从 Paysafecard 的账户里面扣除，终端用户可以随时查询账户的余额。除了线下购买点，大部分国家或地区也支持在线付款，在瑞士还可以使用短信来进行支付。

5.2.2 线下的支付方式

1. 电汇

电汇是付款人将一定款项交存汇款银行，汇款银行通过电报或电话传给目的地的分行或代理行（汇入行），指示汇入行向收款人支付一定金额的一种交款方式。电汇现逐渐由电子汇款取代。电汇是传统的 B2B 付款模式，适合大额的交易付款。

优点：收款迅速，几分钟就到账；先付款后发货，保证商家利益不受损害。

缺点：先付款后发货，买方容易产生不信任感；用户量少，限制商家的交易量；买卖双方都要支付手续费，数额较大的，手续费高；对银行信息要求非常高。

2. 信用证（Letter of Credit，L/C）

信用证是指银行（开证行）根据申请人的要求和指示，或主动根据信用证条款，根据指定单据向第三方（受益人）或其指定方付款的书面文件。也就是说，信用证是由银行出具的承诺有条件付款的书面文件。信用证是一种较为传统的支付方式，对跨境电子商务而言，只用于 B2B 的大额交易方式。

3. Western Union（西联汇款）

西联汇款是领先的特快汇款方式，客户可以在全球大多数国家或地区的西联代理所在地汇款和提款。西联汇款适用于 1 万美元以下的中等额度支付。

优点：到账速度快；手续费由买家承担；对于卖家来说相对划算，可先提款再发货，安全性高。

缺点：对买家来说风险极高，买家不易接受；买卖双方需要去西联线下柜台操作，手续费较高。

4. MoneyGram（速汇金）

MoneyGram 是一种快捷、可靠的国际汇款方式。收款人凭汇款人提供的编号即可收款。

优点：汇款速度快，十几分钟即可到账；汇款金额不高时，费用相对较低，无中间行费，无电报费；手续简单。

缺点：汇款人及收款人都必须是个人；必须是境外汇款；如果客户持现钞账户汇款，还需交纳一定的现钞变汇的手续费。

5.3　信用证付款的法律规则

在传统国际贸易中，信用证付款是一种常见且主要的付款方式。虽然跨境电子商务也属于国际贸易，但商家在跨境电子商务中更多使用第三方支付的付款方式，但在 B2B 模式中，商家也可以选择使用信用证付款方式。

信用证付款作为国际贸易中的一种主要付款方式，是由银行替买家（进口方）在单证相符情况下向卖家（出口方）支付的一种结算方式，其最大的优点是用银行信用作为担保支付。

出口方只需要按照信用证的要求提交符合信用证规定的各种单证，做到"单单一致，单证一致"，就可得到银行的付款。由于货款的支付以取得符合信用证规定的货运单证为条件，避免了预付货款的风险，因此信用证支付方式在很大程度上解决了进、出口双方在付款和交货问题上的矛盾。

5.3.1　信用证交易的基本流程

以信用证方式结算国际贸易的货款，大致要经过以下 8 个步骤。

第一步，买卖双方（即托运人和收货人）在货物买卖合同中约定采用信用证方式结算，并规定信用证的种类。

第二步，收货人向其往来银行（开证行）提出开立信用证的申请，填写开证申请书，缴纳开证押金或者提供其他担保，要求银行向托运人开出信用证。

第三步，开证行按开证申请书内容和指示，开立以托运人为受益人的信用证，并以其在托运人所在地的代理行或者其他往来银行作为通知行，将信用证通知托运人。

第四步，托运人收到信用证后，经审核无误后，即装运货物并取得提单或其他装运单据，并根据信用证的单据条款规定，缮制一切所需要的其他单据，如发票、装箱单等。

第五步，托运人将信用证所规定的单据向当地银行（可以是通知行，也可以是信用证规定的其他银行）提示，请求议付货款或者要求承兑汇票。

第六步，如果议付行认为单据符合信用证规定，决定议付或承兑，即在信用证背后注明议付金额，并将托运人所提交的装运单据等寄交开证行（或付款行、偿付行），向后者索偿。

第七步，开证行审查议付行交付的单据，如有关单据与信用证的条款严格相符，即偿付议付行所付出的款项。

第八步，开证行通知收货人付款，收货人付款后取得装运单据，便可以凭单提取货物。

以上流程仅是在没有任何差错或障碍情况下完成的一般交易流程，如果信用证需要其他银行保兑、卖方所提示的单据与信用证不符、议付行与开证行（付款行、偿付行）关于单证是否相符存有争议等，则会增加相应的额外程序，甚至引起当事人间的纠纷。

5.3.2 调整信用证交易的主要法律规则

1.《跟单信用证统一惯例》

采用跟单信用证结算是国际间进行贸易结算普遍使用的方式之一，但是它是一种较复杂的、牵涉多方当事人的结算方式。各国均未对此项交易方式进行专门立法。因此，有关信用证的法律规范，很大程度上是由国际惯例来加以调整的。由国际商会制定和不断修订的《跟单信用证统一惯例》是各国普遍接受的国际惯例。

国际商会于 1930 年制定《跟单信用证统一规则》（*Uniform Regulations for Commercial Documentary Credit*）供各银行和银行公会自愿采用，此项规则为国际商会第 74 号出版物（ICC Publication No.74）。该规则于 1983 年起改名为《跟单信用证统一惯例》（*Uniform Customs and Practice for Documentary Credits*，UCP），《跟单信用证统一惯例》在实施过程中，于 1933 年、1951 年、1962 年、1974 年、1983 年、1993 年和 2007 年共经过 7 次修改。目前适用的是其于 2006 年通过并于 2007 年 7 月 1 日起实施的修订本。因 2007 年修订本是以国际商会第 600 号出版物（ICC Publication No.600）公布的，因而又称为 UCP600。虽然 UCP600 仅是一项选择性的国际惯例，当事人可自愿选择适用或者任意修改有关的内容以约束当事人的行为，但时至今日，几乎没有任何银行愿意在当事人拒绝接受 UCP600 的条件下与之进行交易。

2.《UCP 电子交单增补》（eUCP）

20 世纪 90 年代，电子商务在全球范围内获得了巨大而迅速的发展，而作为国际贸易主要支付方式之一的信用证仍然是以纸制单据为基础的交易方式。国际贸易界希望国际商会对纸制信用证的电子等价物制定出类似于 UCP 一样具体明确的指导规则。国际商会银行委员会成立的工作组经过努力，拟定了《UCP 电子交单增补》（*UCP Supplement for Electronic Presentation*，eUCP），eUCP 于 2002 年 4 月 1 日正式生效。eUCP 共 12 条，其主要内容如下。

（1）eUCP 的适用及其与 UCP 的关系。

根据第 e1 条和第 e2 条之规定，eUCP 仅作为 UCP 的增补，如果在信用证中约定适用 eUCP，eUCP 将与 UCP 共同适用，约束全部或部分电子交单的情形。所以，信用证当事人如欲适用 eUCP，即使在没有明确约定的情况下也适用 UCP；而信用证当事人意欲适用 eUCP，则必须在信用证当中明确约定。在适用 eUCP 和 UCP 将产生不同的结果时，优先适用 eUCP。

（2）定义。

eUCP 为了适应电子交单的需要，在第 e3 条对各种术语做出了定义，如"电子记录""电子签名""格式""纸制单据""收到"等。

（3）交单。

根据 eUCP，信用证允许提交电子记录或者纸制单据，电子记录可以分别提交，无须同时提交。每笔电子记录的提交必须注明电子记录的交单地点，未注明的交单视为未曾交单。若电子记录无法鉴别，则视为未交单。

（4）审核。

如果所提交的电子记录包含一个通向外部系统的超级链接或表明电子记录可以参照某一外部系统审核，则所链接或参照的外部系统中的电子记录应被视为是需要审核的电子记录。在审核时，若无法读取该指定的外部系统所指向的电子记录，则构成一个不符点。若被指定银行按照指示传送电子记录，则表明该银行已审核了电子记录的表面真实性。

（5）拒绝通知。

单据审核期限从审单银行收到受益人的交单完毕通知的银行工作日的翌日起算。如果开证行、保兑行（如有的话）或作为其代理人的被指定银行对包括电子记录的交单提出拒绝，在发出通知 30 天内未收到被拒绝方关于电子记录的处理指示，该银行应退还交单人以前尚未退还的任何纸制单据，但可以任何其认为合适的方式自行处理该电子记录，不承担任何责任。

（6）正本和副本。

根据第 e8 条之规定，仅提交一条电子记录应视为满足了 UCP 和 eUCP 信用证对一份或多份正本或副本电子记录的要求。

（7）交单后电子记录的损坏。

如果开证行、保兑行或其他被指定银行所收到的电子记录看来已经损坏，该银行可通知交单人并要求重新交单。如果银行要求重新交单，中止审单时间的计算，并从重新提交电子记录之时恢复审单时间的计算；如果该电子记录未能在 30 天内重新提交，银行可视该电子记录没有提交。

（8）eUCP 电子交单的额外免责。

第 e12 条规定，银行在审核电子记录表面一致性时，对于发送者的身份、信息来源不承担责任，并且除了使用商业上可接受的用于接收、核实和识别电子记录的数据过程即可发现的外，银行对电子记录是否完整及未经更改也不承担责任。

3. 中国关于信用证的法律规则

中国迄今仍没有专门的信用证立法。

由于司法实践需要处理与信用证有关的争议，故中国最高人民法院为了应急，先后颁布了数项指导地方人民法院处理信用证争议的规定，例如，1989 年 6 月 12 日公布的《全国沿海地区涉外、涉港澳经济审判工作座谈会纪要》，该座谈会纪要提出应遵守国际条约和尊重国际惯例：涉外涉港澳经济纠纷案件的双方当事人在合同中选择适用的国际惯例，只要不违背我国的社会公共利益，就应当作为解决当事人间纠纷的依据。信用证是独立于买卖合同的单据交易，只要卖方提交的单据表面上符合信用证的要求，开证银行就负有在规定的期限内付款的义务。此外，1997 年公布的《最高人民法院关于人民法院能否对信用证开证保证金采取冻结和扣划措施问题的规定》，2005 年 11 月 14 日公布的《最高人民法院关于审理信用证纠纷案件若干问题的规定》（以下简称《信用证规定》，该规定于 2006 年 1 月 1 日开始正式实施），2020 年 12 月 29 日，最高人民法院发布的《最高人民法院关于人民法院能否对信用证开证保证金采取冻结和扣划措施的规定》（于 2021 年 1 月 1 日起实施）。上述各项规定，除了援引和重申 UCP600 所确立的信用证独立和严格相符原则以外，主要就处理信用证欺诈例外事宜做出规定。

5.3.3　信用证交易的基本原则

（1）信用证独立原则。

信用证独立原则（Independence of the Credit），指信用证一经开证行开出，它与作为基础交易（Underlying Transaction）的买卖合同或其他合同相互独立，它是一项独立的交易，不受买卖合同的约束或影响。

（2）单据交易原则。

单据交易原则（Banks Dealing in Documents not Goods）是指银行在信用证交易中仅处理单据而非货物。UCP600 第 5 条明确规定，银行处理的是单据，而不是单据所涉及的货物、服务或其他行为。

在信用证与基础交易相独立的前提下，银行承担的是审单责任而不是验货义务。在信用证交易的整个流程中，虽然装运单据的签发以受益人的交货为前提，但与信用证一起流转的是根据信用证规定制作的单据，所以信用证交易常常被称为"纯单据交易"。

（3）严格相符原则。

严格相符原则（Strict Compliance）指银行的付款（兑付、议付、偿付）责任以受益人所提交的单据严格符合信用证条款为条件，唯在单据表面上与信用证条款相符的条件下，银行才承担必须付款的责任。反之，单据在表面上与信用证条款不符，存在不符点（Discrepancy），银行可以拒绝接受单据并拒付货款。

5.4　国际银行间结算系统

5.4.1　主要国际银行间结算系统介绍

1. SWIFT

SWIFT 创建于 1973 年，总部设在比利时首都布鲁塞尔，主要职能是在全球银行系统之间传递结算信息。SWIFT 的报文传送服务平台、产品和服务将 200 多个国家和地区的 11 000 多家银行机构、证券机构、市场基础设施和企业客户连接在一起。SWIFT 主要用于信息流传递，不涉及清算，亦不影响资金流，但国际清算几乎都绕不开 SWIFT。

以人民币跨境清算为例，境外人民币业务参加银行在境内代理行开立清算账户（即人民币同业往来账户），当跨境资金通过代理行模式清算时，境外参加银行首先通过 SWIFT 系统将资金收付信息传递至境内代理银行，境内代理银行通过中国人民银行跨行支付系统或行内清算系统代理境外参加银行办理资金汇划，境内代理银行借贷记人民币同业往来账户，完成与境外参加银行之间的资金结算。

因为 SWIFT 成本低廉、操作快捷，全球的资金流动也变得更加容易，全球贸易由此迅速发展，互相成就之下，SWIFT 成了一套全球交易的信息标准。

根据 SWIFT 公布的数据，在基于金额统计的全球支付货币排名中，美元和欧元排前二。

需要说明的是，SWIFT 并非全球唯一的银行间转账信息系统，其竞争对手还有不少，但 SWIFT 的费用远低于它们。类似的还有欧盟内部经常采用的国际间银行账号（The International Bank Account Number，IBAN）系统。虽然 IBAN 系统目前多用于欧盟境内汇款，但实际上其格式也是全球通用的。如果要从中国往欧洲汇款，只要银行支持，可以使用 SWIFT 系统，也可以使用 IBAN 系统。

值得注意的是，SWIFT 只约定了转账的代码和规则，仅仅涉及信息的传递，并不涉及真正的清算和资金流向，而真正的资金清算，还要与主要经济体清算系统对接。

2. CHIPS

美元的清算，主要依赖于美国纽约的清算所银行同业支付系统（Clearing House Interbank Payment System，CHIPS），这也是全球最大的美元清算支付系统。

CHIPS 是私营机构，相当于美国银行间约定的清算机构，而美国还有一个官方清算机构 FedWire（联邦储备通信系统），主要用于处理大额资金转账以及官方机构的转账清算，如银行储备金账户的划拨，美国政府及联邦机构的各种证券交易、票据处理、证券簿记等，但国际上大部分美元清算还是依赖于 CHIPS。

3. TARGET

欧元区的国际支付清算，则主要基于泛欧实时全额自动清算系统（Trans-European Automated Real-time Gross settlement Express Transfer，TARGET），但其主要清算欧元头寸。

5.4.2 人民币跨境支付系统（CIPS）

人民币跨境支付系统（Cross-border Interbank Payment system，CIPS）是指为境内外银行业金融机构、金融基础设施等提供跨境和离岸人民币资金清算结算服务的金融基础设施。CIPS 的主要特点包括：采用实时全额结算方式；各直接参与者一点接入，集中清算；采用国际通用报文标准；运行时间覆盖欧洲、亚洲、非洲、大洋洲等人民币业务主要时区；为境内直接参与者提供专线接入方式。自 2015 年上线以来，CIPS 保持稳定运行，已实现对全球各时区金融市场的全覆盖，能够满足各类跨境贸易、投融资业务等结算需求。

在国内金融机构中，首批直接参与者共有 19 家，分别为：中国工商银行、中国农业银行、中国银行、中国建设银行、交通银行、华夏银行、中国民生银行、招商银行、兴业银行、平安银行、浦发银行、汇丰银行（中国）、花旗银行（中国）、渣打银行（中国）、星展银行（中国）、德意志银行（中国）、法国巴黎银行（中国）、澳大利亚和新西兰银行（中国）和东亚银行（中国）。

2016 年 7 月 11 日，第二批直接参与者 8 家，包括中信银行、广发银行、上海银行、江苏银行、三菱东京日联银行（中国）有限公司、恒生银行（中国）有限公司等。以下机构渐次加入：中国光大银行、银行间市场清算所、摩根大通银行（中国）、中央国债登记结算有限责任公司、网联清算有限公司。

截至 2023 年 12 月末，CIPS 系统共有参与者 1484 家，其中直接参与者 139 家，间接参与者 1345 家。

5.5 主要跨境支付平台

5.5.1 主要跨境支付平台介绍

（1）速卖通平台概况。

速卖通（AliExpress）于 2010 年正式上线，是阿里巴巴旗下唯一面向全球市场打造的在线交易平台，被广大卖家称为"国际版淘宝"。速卖通面向全球买家，通过国际支付宝账户进行担保交易，并使用国际快递发货，是全球第三大英文在线购物网站。

速卖通平台支持国际支付宝（Escrow）支付，目前国际支付宝支持多种支付方式：信用卡、T/T 银行汇款、Moneybookers、借记卡。如果买家使用信用卡进行支付，资金通过美元通道，则平台会直接将美元支付给卖家。如果资金通过人民币通道，则平台会将买家支付的美元结算成人民币支付给卖家。如果买家使用 T/T 银行汇款进行支付，平台会直接将美元支付给卖家。

① 信用卡支付。买家可以使用 Visa 及 MasterCard 对订单进行支付。如果买家使用此方式进行支付，平台会将订单款项按照买家付款当天的汇率结算成人民币支付给卖家。

② T/T 银行汇款支付。其为国际贸易主流支付方式，大额交易更方便。如果买家使用此方式支付，会有一定的汇款手续费。此外，银行提现也需要一定的提现费用。

③ Moneybookers 支付。欧洲也是速卖通的主要市场，Moneybookers 集成了 50 多种支付方式，是欧洲一个主流的支付服务商。

④ 借记卡支付。国际通行的借记卡外表与信用卡基本一样，并于右下角印有国际支付卡机构的标志。它通行于所有接受信用卡的销售点。两者的区别是，当使用借记卡时，用户没有信贷额度，只能用账户里的余额支付。

（2）Wish 平台概况。

Wish 于 2011 年创立，位于美国硅谷，是一家专注于移动购物的跨境 B2C 电子商务平台。

Wish 有 90% 的卖家来自中国，也是北美洲和欧洲最大的移动电子商务平台。它使用一种优化算法大规模获取数据，并快速了解如何为每个消费者提供其偏好的商品，让消费者在移动端便捷购物的同时享受购物的乐趣。Wish 旗下共拥有 6 个垂直的 App：Wish，提供多种产品类别；Geek，主要提供高科技设备；Mama，主要提供孕妇和婴幼儿用品；Cute，专注于美容产品、配饰和衣服；Home，提供各种家居产品；Wish for Merchants，专门为卖方设计的移动 App。

5.5.2 速卖通和 Wish 平台的支付规则

1. 速卖通支付规则

（1）放款时间。

① 速卖通根据卖家的综合情况（如好评率、拒付率、退款率等）评估订单放款时间。

a. 在发货后的一定期间内放款，最快放款时间为发货 3 天后。

b. 买家保护期结束后放款。

c. 账号关闭的，且不存在任何违规违约情形的，在订单发货后第 180 天放款。

② 如速卖通有合理理由判断订单或卖家存在纠纷、拒付、欺诈等风险，速卖通有权视具体情况延迟放款，并对订单款项进行处理。

（2）放款方式。

① 并非每笔订单均可在发货后或交易结束前放款，如果该笔订单有异常或疑似异常（或存在平台认为不适合予以特别放款情形的），平台有权拒绝放款。

② 经速卖通评估，符合发货后或者交易结束前获得提前放款条件的卖家，应该严格遵守《速卖通平台放款政策特别约定》及平台规则；如果卖家有如下异常行为或状态，平台将取消卖家相关资格。

a. 不再符合卖家综合经营情况评估指标要求（如对纠纷率、退款率、好评率等的要求）。

b. 卖家违反平台规定进行交易操作的。

c. 卖家存在其他涉嫌违反《承诺函》、协议或平台规则的行为等。

③ 订单放款条件。

为保障速卖通平台买家与卖家的合法利益，确保交易安全平稳，速卖通及其相关公司在各卖家符合平台放款规则时，根据相应放款要求及条件，按时为速卖通平台各卖家放款。

a. 普通放款：一般情况下，平台将在订单交易完成、买家无理由退货保护期满后向卖家进行放款，即在买家确认收货后或系统自动确认收货后再加 15 个自然日后放款。

b. 提前放款：速卖通根据卖家经营情况和信誉综合评估后，选择性地为部分订单进行交易结束前的垫资放款。提前放款在发货后的一定期间内进行，最快放款时间一般为发货 3 天到 5 天后。

c. 账号被清退、关闭前的订单：为确保买家权益，平台将暂扣货款，在发货 6 个月后放款。

d. 如速卖通依据相关法律法规等认为卖家存在欺诈、侵权等行为，速卖通有权根据具体情况延长放款周期并对订单款项进行处理，或冻结相关款项至依据消除后。

④ 放款条件评估。

卖家授权速卖通在卖家国际支付宝账户冻结一定数额的"放款保证金"，平台有权根据卖家的经营状况对保证金额度进行调整。

a. 因交易纠纷导致卖家需要退还买家货款，或速卖通向买家垫付（有权但没有义务）相应资金，或因卖家原因造成买家、速卖通或其他第三方损失的，速卖通有权对卖家国际支付宝账户中的资金进行划扣，不足赔付部分，放款保证金将被直接划扣用于支付该资金或赔付；仍不足赔付的，速卖通有权继续向卖家追讨。

b. 经速卖通评估，不再符合发货后或交易结束前获得提前放款条件的卖家，放款保证金将在速卖通平台通知取消之日起 6 个月后退还；其间若因卖家原因导致买家、平台或其他第三方损失或产生退款、垫付，速卖通有权将放款保证金划扣以补偿损失，并将剩余部分于 6 个月期限届满后退还卖家，不足部分，速卖通有权对卖家国际支付宝账户中的资金进行划扣；仍不足赔付的，速卖通有权继续向卖家追讨。

2. Wish 支付规则

Wish 每月向商户付款两次，在相应的时间范围内妥投的订单即可满足付款条件。

Wish 支持商户（个人或者企业商户）使用以下方式付款：联动优势（UMPAY）、PayEco（易联支付）、ALLPay（偶可贝）、Payoneer、PayPal 支付以及 PingPong。

放款的具体时间为每月的 1 日和 15 日，但不是对任意一个商户都可以进行放款，满足以下的条件才可以。

第一，在物流的界面上显示订单已经被确认收货和评价，并且是买家自己确认的才可以，其余的均无效。

第二，在产品被购买后 90 天或超过 90 天，没有确认收货，但也没有要求退款退货，这种情况可能是卖家采用了平邮造成的，在超过规定时间之后平台会进行自动签收，并进行放款。

第三，如果是上一种情况，在美国或澳大利亚等地区，可以是在 30 天或超过 30 天之后进行自动签收，并进行放款。

以上情况都需要经过平台的标记及平台官方确认才可以放款；如果是自己单方面认可，但平台并未标记，那么有可能是卖家自身问题，也有可能是相关平台的问题，在这种情况下平台会仔细核对才会放款。

上述情况中，如果在 15 日之后确认收货，平台会在次月的 1 日进行放款；如果在 1 日之后确认收货，平台会在当月的 15 日进行放款。

 案例分析

跨境支付平台货款支付纠纷案

1. 案情介绍

出口企业甲公司通过某国际网站收到美国买方乙公司询盘，产品为太阳镜，买方表示产品将用于其境外网站上销售。乙公司收到太阳镜样品后表示满意，随即下单 500 副太阳镜订单并以 T/T 银行汇款方式支付，随后一个月内又下单 5000 副太阳镜，货值 2 万美元。甲公司建议乙公司通过 T/T 银行汇款，但乙公司要求当天发货，称 T/T 银行汇款速度较慢，于是提议将货款支付至某跨境支付平台。甲公司认为买方已有小额收汇记录，遂同意买方使用某跨境支付平台付款，并使用 EMS 国际快递发货。乙公司将 2 万美元付至某跨境支付平台后甲公司于 2021 年 6 月发货，乙公司于 7 月签收货物后上架境外网站进行销售。后续买方称下家对产品给予差评，要求出口企业给予折扣，出口企业与买方达成了给予 700 美元折扣的和解协议。

由于某跨境支付平台的规定，款项支付至平台后的 180 天内，买方可申请从平台退款，经某跨境支付平台审核后可退款。本案中乙公司向某跨境支付平台提出退款，但未通过某跨境支付平台的审核。乙公司于次年 1 月通过信用卡撤回款项，某跨境支付平台与信用卡发卡方也进行了协商，但未果。

出口企业"钱货两失"，在与买方多次沟通无果后，由于投保了中国信保的出口信用保险，甲公司向中国信保报损，中国信保第一时间委托境外渠道介入调查，获悉买方承认贸易事实但拒不付款。经审核，中国信保认定买方存在信用问题，对本案进行及时赔付，弥补了出口企业的损失。

2. 案例评析

第三方支付方式是跨境电子商务交易中主要的支付方式，具有汇款即时到账、交易手续费低等优势，深受广大跨境电子商务企业的青睐，但这并不意味使用第三方支付方式可以做到万无一失。与传统的国际结算方式（汇款、托收、信用证）相比，第三方支付方式有更多的风险敞口。

案例中，某跨境支付平台是全球知名的第三方支付平台，平台部分规定如下。

（1）对争议的处理。

根据平台的"买方保障计划"的规则，买方可以因两种理由向某跨境支付平台提出补偿申请：①物品未收到；②物品与描述显著不符。在该申请下，买方需要在付款之日起的 180 天内提出争议。若买方与卖方无法达成一致意见，买方可以在提出争议后的 20 天内将争议升级为补偿申请，卖方在某跨境支付平台中与此交易相关的资金也将被冻结，直至争议解决或关闭。在争议升级后，某跨境支付平台则需要买方或卖方提供相关的文件或信息，双方必须按照要求及时回复。随后某跨境支付平台会对双方的观点和证据进行审核，并做出裁决。

（2）向信用卡机构申请撤单。

平台规定：若买方使用信用卡付款，如出现对交易不满意的情况，可以针对相关交易向发卡机构提出争议，即使该争议未通过某跨境支付平台的审核，也有可能获得退款。买方就信用卡付款的交易提出退单请求后，买方是否胜诉由发卡机构确定，而非某跨境支付平台。

信用卡在国外，特别是欧美国家是普遍使用的支付方式之一。在信用卡支付中，国外发卡组织为了更好地保护持卡人的利益，对未经本人同意或本人未从中受益的交易，持卡人可以选择撤回付款。在国外，信用卡付款被撤回的可能性很大。买方可以以信用卡被盗、物品未收到、物品与描述不符等名义要求信用卡公司撤回交易，而信用卡公司一般也会倾向于维护买方权益。

案例中的买方为了逃避付款责任，分别利用了上述平台的规则和漏洞：首先通过某跨境支付平台发起争议，在平台审核并做出有利于买方的裁决后，又向信用卡机构申请撤销该笔付款。从中可以看出，平台本身对信用卡撤回的控制力较弱，当发卡机构做出有利于买方的裁决后，某跨境支付平台上的货款也随即被撤回，这也导致出口企业的损失。

拓展阅读 **人民币国际化与跨境支付的发展趋势**

跨境电子商务的高速发展，需要跨境支付的支撑，跨境支付市场无疑将成为支付领域新的增长点。跨境支付未来有以下发展趋势。

趋势一：加快建设人民币跨境支付系统。CIPS 的主要功能包括连接境内外直接参与者，处理人民币贸易类、投资类等跨境支付业务，满足跨境人民币业务不断发展的需要。CIPS 的建成使人民币有望成为真正的可兑换国际货币，这将极大地降低跨境支付交易成本（如渠道成本和汇率成本）。

2022 年 4 月 2 日，央行公布 2021 年支付体系运行总体情况。2021 年支付业务统计数据显示，全国支付体系运行平稳，社会资金交易规模不断扩大，支付系统业务量稳步增长。单位银行账户 8336.97 万户，同比增长 11.44%。2021 年，全国银行共办理非现金支付业务 4395.06 亿笔，金额 4415.56 万亿元，同比分别增长 23.90%和 10.03%。

趋势二：促进第三方支付账户国际化发展。相比目前的跨境支付方式，第三方支付具有小额支付费率低、到账快等优点。PayPal、Global Collect、WebMoney 等国际第三方支付机构均可提供多种外币收款及换汇服务。但支付宝、财付通等我国的第三方支付机构仅支持人民币账户支付。为适应当前跨境电子商务快速发展的需要，未来第三方跨境支付的重点将是账户国际化。通过与国内外金融机构合作，在符合国内外汇管理要求及各有关国家监管要求的基础上，开设外币备付金账户，提供多种货币的支付、兑换服务。

本章小结

本章首先介绍了跨境支付的主要应用场景及形式；其次讲述了跨境电子商务支付模式；然后对信用证支付的法律规则进行了分析，并对国际银行间结算系统等做了介绍；最后，对主要跨境支付平台等做了介绍。

通过对本章的学习，读者能够了解和认识跨境支付的法律规则和法律风险等，并采取适当的措施对风险加以防范。

练习题

一、单项选择题

1. 速卖通平台放款规则为（ ）。
   A. 买家确认收货并同意放款
   B. 平台查到货物妥投信息
   C. 买家确认收货后或系统自动确认收货后再加 15 个自然日后放款
   D. 交易成功

2. 关于信用证交易的国际贸易惯例 UCP600 是由哪家机构制定的？（　　　）
   A. 国际商会　　　　　　　　　B. 联合国贸发会议
   C. WTO 总理事会　　　　　　　D. 经济合作与发展组织
3. 下列哪个原则不是信用证交易的基本原则？（　　　）
   A. 单据交易原则　　　　　　　B. 严格相符原则
   C. 信用证独立原则　　　　　　D. 基础合同优先原则
4. SWIFT Code 是银行间电汇或汇款的（　　　）。
   A. 密码　　　　B. 银行代号　　　C. 名称缩写　　　D. 地址
5. 西联汇款是一家（　　　）。
   A. 跨国贸易公司　　　　　　　B. 专业汇款公司
   C. 跨境电子商务支付平台　　　D. 信用卡公司

二、多项选择题

1. Wish 支持的付款方式有（　　　）。
   A. PayPal　　　　B. UMPay　　　C. Payoneer　　　D. 支付宝
2. 跨境电子商务的具体支付方式有（　　　）。
   A. PayPal　　　　B. Payoneer　　　C. 信用卡付款　　　D. Moneybookers
3. 速卖通平台的放款时间一般是（　　　）。
   A. 在发货后的一定期间内进行放款，最快放款时间为发货 3 天后
   B. 买家保护期结束后放款
   C. 账号关闭的，且不存在任何违规违约情形的，在订单发货后第 180 天放款
   D. 发货 15 天后放款
4. 人民币跨境支付系统（CIPS）的主要特点是（　　　）。
   A. 采用实时全额结算方式
   B. 各直接参与者一点接入，集中清算
   C. 采用国际通用报文标准
   D. 运行时间覆盖欧洲、亚洲、非洲、大洋洲等人民币业务主要时区
   E. 为境内直接参与者提供专线接入方式
5. 跨境支付形式一般来说包括（　　　）。
   A. 银行电汇　　　　　　　　　B. 专业汇款公司
   C. 国际信用卡组织　　　　　　D. 第三方支付
6. 非金融机构支付服务，是指（　　　）。
   A. 网络支付　　　　　　　　　B. 预付卡的发行与受理
   C. 银行卡收单　　　　　　　　D. 中国人民银行确定的其他支付服务

三、简答题

1. 简述跨境支付的主要场景。
2. 简述速卖通平台具体支持的支付方式。
3. 简述 Wish 平台的支付规则。

四、案例分析

某年 10 月，被告大兴公司与乌克兰尼亚公司签订了一份 120 吨洋葱种子的进出口合同。同月 17 日，原告中国某银行新疆分行（以下简称"新疆分行"）收到尼亚公司根据合同安排，乌克兰商业银行开出并经德国法兰克福银行加保的不可撤销信用证。信用证受益人为大兴公司。原告新疆分行审查了信用证印押后通知了大兴公司。大兴公司随即准备了出口货物并于 11 月 22 日向原告提交了信用证要求的有关单据，要求议付。新疆分行在审单时发现信用证对运输单据的要求一栏内用括号注明应当使用 CMR（国际公路货物运输合同公约）运输单据，便用电话向承运单位查询。在得到的是 CMR 运输单据的答复后，即结束审单。新疆分行在将单据发往国外保兑行确认的同时接受大兴公司的申请，以大兴公司的单据为质押，向其提供了 84 万美元为期三个月的出口押汇。保兑行以运输单据与信用证不符为由拒付。出口押汇期限两次展期到期后，原告新疆分行于同年 12 月 14 日提起诉讼追讨垫付资金本息。

请问：被告大兴公司是否应偿还新疆分行垫付的资金本息？理由是什么？

操作实训

一、实训目的

学生通过模拟跨境电子商务日常经营中的跨境交易和支付，达到掌握实务技能的目的。

二、实训主要内容

1. 教师讲解相关的法律问题，并展示相关单证，演示跨境交易和支付的操作流程，并提醒学生在处理业务的过程中应该注意的法律问题。（2 学时）

2. 每个学生练习跨境交易和支付的操作。（1 学时）

3. 学生交换角色进行跨境交易和支付练习，提出存在的问题，并加以改正。学生将有关过程写成报告（1 学时）。

三、实训要求

1. 学生自行组成小组（可以跨年级、班级）、选定训练项目，并于训练前一周向训练中心申报，训练中心根据学生的申报安排训练日程。

2. 学生在模拟前要充分收集有关资料，认真熟悉案例，并邀请有关教师做指导，以正确把握有关情况。

3. 学生在正确把握案例的基础上，形成流程简介、角色分工等书面材料。

4. 学生在指导教师的指导下，按流程认真进行模拟。

5. 学生训练后要制作模拟卷宗。

6. 学生将各种资料汇总编制目录，并按顺序叠放整齐，加封皮装订成册，注明班级、参与人员和时间。

四、实训步骤

（一）模拟跨境交易和支付的准备

1. 选择跨境电子商务平台，如速卖通。

2．制作有关交易情况和业务情况的卷宗（如公司的授权书、有关产品的商情报告）。

3．进行排练。通过排练来检验准备情况，如有疏漏、不足和失误，要及时调整，确保准备充分，为正式模拟打好基础。

（二）模拟跨境交易和支付

1．进入业务场所（或模拟实验室）。

2．进入相关网站，进行跨境交易和支付模拟。

（三）整理有关的材料，并形成完整的案卷

五、实训思考

1．国内企业进行跨境电子商务转型需要注意哪些问题？

2．在跨境电子商务平台支付和收款时如何应对外汇的波动？

六、实训成果形式

1．各方准备的材料。

2．跨境交易和支付过程中产生的单证或基地材料。

3．对此次实训的总结。

七、情形案例

普通中小企业如何进行跨境电子商务转型

A 公司是深圳市一家生产桌面暖风机的中小企业，一直在一些国内电子商务平台上进行销售。但随着市场竞争的加剧，A 公司运营成本和人员成本不断加大，而利润却没有明显地增长。A 公司感觉跨境电子商务发展势头好、市场空间大、利润高、创新成本低，想在跨境电子商务平台上开店，于是就把这一工作交给了电子商务专业毕业的小张，要求小张在 2 个月内拿出具体项目方案。小张首先从跨境电子商务零售环境分析入手，根据网络市场调研和行业数据制订了 A 公司的跨境电子商务零售规划书，并选定了 2 个备选电子商务平台（速卖通和 Wish）放入方案供公司选择。A 公司经理非常满意小张的方案，并从备选电子商务平台中选择了速卖通平台，同时让小张作为公司跨境电子商务项目小组的组长全权负责公司跨境电子商务业务，包括但不限于人员招聘，速卖通平台的开店、运营和推广。根据以上内容，请思考以下问题。

1．小张做跨境电子商务零售环境分析的时候，可能进行了哪些分析？

2．公司在速卖通平台上开展的业务会涉及哪些内容？如何开设收款账号？

3．以速卖通平台为例，说明跨境支付当中的常见纠纷。为避免纠纷的产生，你有哪些技巧？

4．在国际外汇市场不稳定的情况下，该如何结汇售汇？

第6章
跨境电子商务货物清关与贸易管制法律规则

学习目标

1. 掌握跨境电子商务进出口货物报关流程。
2. 掌握跨境电子商务进出口货物的贸易管制规则。
3. 了解跨境电子商务税收政策。

重点难点

1. 重点：跨境电子商务进出口货物报关流程；行邮税。
2. 难点：跨境电子商务进口及出口税收政策；跨境电子商务进出口货物的海关监管方式及代码。

【案例导入】网购货物调仓一定要备案

某跨境电子商务有限公司于 2017 年 12 月 13 日、2018 年 5 月 23 日以保税模式向海关申报进口乳胶护枕、乳胶软床垫等两批次乳胶用品。上述两批货物纳入跨境贸易电子商务 A 保税仓的跨境电子商务保税备货管理。当事人作为保税仓经营管理方，因 A 保税仓库存饱和，货物无法正常入仓，遂将上述货物存放于跨境电子商务保税专用仓库 B，对应货物仍使用保税仓 A 保税账册。当事人上述调仓行为未向海关报告，其调仓过程也未接受海关监管，并造成保税账册账货不符，造成海关监管活动中断，已构成违反海关监管规定的行为。海关决定对当事人做出行政处罚。

要点提示：网购保税模式进口的跨境电子商务货物，在保税存储阶段，其监管要求要符合普通保税物流货物的一般规定，保税商品进入保税区域的数量应与运离保税区域的数量一致，就是有进有出、进出相等，同时商品存储在哪个保税区域，需要事先向海关备案。否则就属于违反海关规定的行为，会受到海关的行政处罚。

思考题：跨境网购清关时要注意哪些问题？

跨境电子商务货物一般都需要跨越一国国境或者关境，所以这些货物都要经过海关的

清关程序。清关即结关，是指进出口或转运货物出入一国关境时，依照各项法律法规和规定应当履行的手续。只有在履行各项义务，办理海关申报、查验、征税、放行等手续后，货物才能放行，货主或申报人才能提货。同样，载运进出口货物的各种运输工具进出境或转运，也均需向海关申报，得到海关许可。货物在结关期间，无论是进口、出口还是转运，都处在海关监管之下，不准自由流通。

6.1　跨境电子商务进出口货物报关实务

6.1.1　进出口货物报关的分类和基本内容

1. 进出口货物报关的分类

（1）进出口货物报关按报关对象分为：运输工具报关；货物报关；进出口个人物品报关。

（2）进出口货物报关按报关的目的分为：进境报关和出境报关。

（3）进出口货物报关按报关的行为性质分为以下两种。

① 自理报关：进出口货物收发货人自行办理报关业务。

② 代理报关：接受进出口货物收发货人的委托，代理其办理报关业务的行为。

2. 进出口货物报关的基本内容

报关包括进出境运输工具、进出境货物、进出境个人物品 3 个方面的基本内容。

（1）进出境运输工具报关的基本内容。

进出境运输工具负责人或其代理人如实向海关申报运输工具所载旅客人数，进出口货物数量、装卸时间等基本情况。

（2）进出境货物报关的基本内容。

进出境货物的报关比较复杂，报关单位除了要向海关报告其进出境的情况外，还需要对部分货物缴纳进出口税费。

（3）进出境个人物品报关的基本内容。

① 进出境行李物品的报关。

世界上大多数国家或地区都规定旅客进出境采用"红绿通道制度"，我国也采用这种制度。

"绿色通道制度"适用于带有绿色通道标志，携带物品在数量和价值上都没有超过免税限额，且无国家限制或禁止进出境物品的旅客。

"红色通道制度"适用于携运上述绿色通道适用物品以外其他物品的旅客。选择红色通道的旅客必须填写申报单。

海关在对外开放口岸实行新的进出境旅客申报制度：进出境旅客未携带应向海关申报物品的，无须填写申报单，选择"无申报通道"通关；除海关免于监管的人员以及随同成人旅行的 16 周岁以下的旅客外，进出境旅客携带应向海关申报物品的，须填写申报单。

② 进出境邮递物品的报关。

寄件人填写"报税单"（小包邮件填写"绿色标签"）。"报税单"和"绿色标签"随同物品通过邮政企业或快递公司呈递给海关。

6.1.2 跨境电子商务企业报关程序

1. 跨境电子商务企业进出口报关概述

进出口货物报关是履行海关进出境手续的必要环节之一，报关过程包括向海关申报、交验单据证件，并接受海关的监管和检查等。

2. 跨境电子商务出口报关流程

出口报关的流程整体来看可以分为简单流程和复杂流程两种。简单流程包括接受报验、抽样、检验和签发证书；若是复杂流程，则包括准备单证、数据录入、递交单证、联系并配合检验检疫、缴纳费用、签领证单。针对复杂流程，具体介绍如下。

（1）准备单证：准备报检单及相关随附单证。

（2）数据录入：在电子报检软件上按系统要求及出口货物信息输入相关资料。

（3）递交单证：电子报检受理后，在规定的时间、地点上交商检所需的单证。

（4）联系并配合检验检疫：在约定时间联系商检工作人员检验（商检后一般 1～2 个工作日出单），将单子送到报检大厅审单中心进行审单。

（5）缴纳费用：在开具收费通知单起 20 日内审单，结束后按规定开票，缴费后可拿到换证凭条。

（6）签领证单：将换证凭条换成出境通关单之后才能顺利出境。

3. 跨境电子商务进口报关流程

消费者在跨境电子商务平台购买进口商品后，一般会经过 3 个环节：①企业向海关传输"三单"信息（包括电子订单、电子运单以及电子支付信息）并向海关申报《中华人民共和国海关跨境电子商务零售进出口商品申报清单》（以下简称《申报清单》）；②海关实施监管后放行；③企业将海关放行的商品进行装运配送。消费者收到包裹完成签收。

（1）进口商品申报。

在消费者完成商品选购后，进口商品申报前，跨境电子商务平台企业或跨境电子商务企业境内代理人、支付企业、物流企业分别通过国际贸易"单一窗口"或跨境电子商务通关服务平台向海关传输相关的电子订单、电子运单以及电子支付信息。进口商品申报时，跨境电子商务企业境内代理人或其委托的报关企业根据"三单"信息向海关申报《申报清单》。[依据：《关于跨境电子商务零售进出口商品有关监管事宜的公告》（海关总署公告 2018年第 194 号）第六条、第八条]

（2）海关通关监管。

海关依托信息化系统实现"三单"信息与《申报清单》的自动比对。一般情况下，规范、完整的《申报清单》经海关快速审核后放行，实现"秒级通关"。部分经过风险模型判定存在风险的，经海关单证审核及商品查验无误后方可放行。

（3）包裹配送签收。

对经海关监管放行的进口商品，企业在通关口岸可以进行打包装车配送，至此进口商品的主要通关流程结束。消费者收到进口商品后，完成签收。

现在我国海关一般对消费者购买的小额进口商品实行代码管理，针对跨境电子商务进口的商品报关使用 9610 代码，对此本章后面会重点介绍。

拓展阅读　　　　**海关总署发布 2022 年缉私十大典型案例**

2022 年，全国海关缉私部门坚持以习近平新时代中国特色社会主义思想为指引，坚决贯彻落实习近平总书记关于打击走私工作重要指示批示精神，紧盯"中央关注、社会关切、群众关心"的突出走私问题，切实发挥缉私专业打击职能作用，深入开展"国门利剑 2022"联合行动。全年共立案侦办走私犯罪案件 4509 起，案值 1210 亿元。发布 2022 年缉私十大典型案例如下。

1. 海关总署缉私局开展"330"专项打击行动

海关总署缉私局在深圳、上海、南京、抚州、台州等地组织开展打击走私贵重金属、走私普通货物、洗钱等专项行动，打掉走私团伙 9 个，案值 474.53 亿元，涉案黄金 57.57 吨，钯金 47.95 吨，其他贵重金属 53.63 吨。

2. 拱北海关缉私局侦办"310"走私液晶显示屏案

……

3. 上海海关缉私局侦办走私进口弹药案

……

4. 广州海关缉私局侦办"奋发 12""水客"走私手表案

……

5. 昆明海关缉私局开展打击走私毒品入境专项行动

……

6. 南宁海关缉私局侦办"5·17"走私水果案

……

7. 宁波海关缉私局侦办走私文物案

……

8. 黄埔海关缉私局侦办"HP2022-05"走私木薯淀粉案

……

9. 福州海关缉私局侦办走私旧医疗设备案

……

10. 汕头海关缉私局侦办"4·22"涉嫌逃避商检出口冻海产品、骗取出口退税案

……

2023 年，全国海关将继续保持打击走私高压态势，开展"国门利剑""蓝天""护卫"等专项行动，严厉打击重点地区、重点领域、重点商品走私，深化反走私综合治理，加强国际执法合作。

6.2　跨境电子商务进出口货物的贸易管制规则

6.2.1　跨境电子商务进出口货物的海关监管方式及代码

导学视频

跨境电子商务进出口货物海关监管是以国际贸易中进出口货物的交易方式为基础，集合海关对进出口货物的征税、统计以及监管条件综合设定的海关对进出口货物的管理方式。监管方式是对"货物"的监管方式，针对"个人物品"是没有监管要求的，当然也不存在监管方式代码。

代码不同，表示海关对不同监管方式下进出口货物的监管、征税、统计的要求也不同。海关通关管理系统的监管方式代码采用 4 位数字结构，其中前两位是按海关监管要求和计算机管理需要划分的分类代码，后两位为海关统计代码。如："96"代表"跨境"，"12"代表"保税"，"10"代表"一般贸易"。

跨境电子商务 B2C 进出口代码包括：①9610——电子商务；②1210——保税电商；③1239——保税电商 A。

跨境电子商务 B2B 出口代码包括：①9710——跨境电子商务 B2B 直接出口；②9810——跨境电子商务出口海外仓；③1039——一般贸易。

1．9610

海关总署公告 2014 年第 12 号中提到，增列海关监管方式代码"9610"，全称"跨境贸易电子商务"，简称"电子商务"，适用于境内个人或电子商务企业通过电子商务交易平台实现交易，并采用"清单核放、汇总申报"模式办理通关手续的电子商务零售进出口商品（通过海关特殊监管区域或保税监管场所一线的电子商务零售进出口商品除外）。

以"9610"海关监管方式开展电子商务零售进出口业务的电子商务企业、监管场所经营企业、支付企业和物流企业应当按照规定向海关备案，并通过电子商务通关服务平台实时向电子商务通关管理平台传送交易、支付、仓储和物流等数据。

2．1210

海关总署公告 2014 年第 57 号中提到，增列海关监管方式代码"1210"，全称"保税跨境贸易电子商务"，简称"保税电商"。适用于境内个人或电子商务企业在经海关认可的电子商务平台实现跨境交易，并通过海关特殊监管区域或保税监管场所进出的电子商务零售进出境商品［海关特殊监管区域、保税监管场所与境内区外（场所外）之间通过电子商务平台交易的零售进出口商品不适用该监管方式］。

1210 模式，即跨境电子商务网站可将尚未销售的货物整批发至境内保税物流中心，再进行网上零售，卖一件，清关一件，没卖掉的就不能出保税物流中心，也无须报关，卖不掉的货物还可直接退回境外。

1210 监管方式用于进口时仅限经批准开展跨境贸易电子商务进口试点的海关特殊监管区域和保税物流中心（B 型）。

以 1210 海关监管方式开展跨境贸易电子商务零售进出口业务的电子商务企业、海关特殊监管区域或保税监管场所内跨境贸易电子商务经营企业、支付企业和物流企业应当按照规定向海关备案，并通过电子商务平台实时传送交易、支付、仓储和物流等数据。

2021 年 3 月 18 日，商务部、发展改革委、财政部、海关总署、税务总局、市场监管总局等六部门联合印发《商务部 发展改革委 财政部 海关总署 税务总局 市场监管总局关于扩大跨境电商零售进口试点、严格落实监管要求的通知》。该通知明确，将跨境电商零售进口试点扩大至所有自贸试验区、跨境电商综试区、综合保税区、进口贸易促进创新示范区、保税物流中心（B 型）所在城市（及区域），今后相关城市（区域）经所在地海关确认符合监管要求后，即可按照《商务部 发展改革委 财政部 海关总署 税务总局 市场监管总局关于完善跨境电子商务零售进口监管有关工作的通知》（商财发〔2018〕486 号）要求，开展网购保税进口（海关监管方式代码 1210）业务。

3. 1239

海关总署公告 2016 年第 75 号中提到，增列海关监管方式代码"1239"，全称"保税跨境贸易电子商务 A"，简称"保税电商 A"。适用于境内电子商务企业通过海关特殊监管区域或保税物流中心（B 型）一线进境的跨境电子商务零售进口商品。

天津、上海、杭州、宁波、福州、平潭、郑州、广州、深圳、重庆等 10 个城市开展跨境电子商务零售进口业务暂不适用"1239"监管方式。

另外需要注意的是，增列海关监管方式代码"1239"后，国内保税进口分化为两种：一种针对增列前批复的进行保税进口试点的城市，另一种针对增列后开放保税进口业务的其他城市。海关在监管时为了将二者区分开来，对于免通关单的试点城市，继续使用"1210"；对于需要提供通关单的其他城市（非试点城市），采用新代码"1239"。

4. 9710 和 9810

跨境电子商务 B2B 出口主要包括两种代码——9710 和 9810，企业可根据自身业务类型，选择相应方式向海关申报。

（1）9710：跨境电子商务 B2B 直接出口，指境内企业通过跨境电子商务平台与境外企业达成交易后，通过跨境电子商务物流将货物直接出口至境外企业，并向海关传输相关电子数据的模式。

优势：跨境电子商务综合试验区出口采取 4 位 HS 编码简化申报流程，可将企业零散、小单、流动的出口交易变得简单化。并且通过新增便捷申报通道，减少了企业出口环节和程序，也让出口企业申报更为便捷、通关成本也进一步降低。

（2）9810：跨境电子商务出口海外仓，指境内企业将货物通过跨境电子商务物流出口至海外仓，通过跨境电子商务平台实现交易后从海外仓送达境外消费者，并向海关传输相关电子数据的模式，也就是跨境电子商务 B2B2C（企业-企业-消费者）出口。

优势：海关优先安排查验，系统实时验放；积极响应跨境电子商务企业批量出口需求，降低出口成本；跨境电子商务综合试验区不涉及出口退税的，可按照 6 位 HS 编码简化申报。

企业需要注意的事项是：采用 9810 需要办理海外仓备案。

5. 1039（市场采购）

市场采购贸易方式是指由符合条件的经营者在经国家商务主管部门认定的市场集聚区

内采购的、单票报关单商品货值 15 万（含 15 万）美元以下，并在采购地办理出口商品通关手续的贸易方式。

目前，该监管方式适用于：义乌国际小商品城、江苏常熟服装城、广州花都皮革皮具市场、山东临沂商城工程物资市场、武汉汉口北国际商品交易中心、河北白沟箱包批发市场、温州（鹿城）轻工产品交易中心、泉州石狮服装城、湖南高桥大市场、亚洲国际家具材料交易中心、中山市利和灯博中心、成都国际商贸城等。

6.2.2 跨境电子商务进出口货物的出入境检验检疫制度

出入境检验检疫制度，是指为了维护社会公共利益和对外贸易有关各方的合法权益，依据我国有关法律和行政法规以及我国政府所缔结或者参加的国际条约协定，对出入我国国境或关境的货物及其包装物、物品及其包装物、交通运输工具、运输设备和进出境人员实施检验检疫管理的行政行为。

根据 2021 年 4 月 29 日修订的《中华人民共和国进出口商品检验法》以及 2022 年 3 月 29 日国务院修订的《中华人民共和国进出口商品检验法实施条例》的规定，现在由海关总署主管全国的进出口商品检验工作。

根据《关于加强跨境电子商务进出口消费品检验监管工作的指导意见》，除禁止入境类商品，对其他整批入境、集中存放、电子商务经营企业按订单向国内个人消费者销售的消费品，属于国家实施质量安全许可管理或列入法检目录的产品，按重点监管类监管，进行现场核查，实施以风险分析为基础的质量安全监管，依据相关规定实施质量安全监测，可采信第三方检验结果，必要时可对第三方检验结果实施验证。对于禁止和重点监管类以外产品按一般监管类监管，对此类产品采取基于风险分析的质量安全监督抽查机制，实施事后监管。按照加快发展与完善管理相结合、有效监管与便利进出相结合的原则，对跨境电子商务经营主体及跨境电子商务商品实施备案管理，对跨境电子商务进出口商品实施集中申报、集中查验、集中放行等便利措施，对风险度低的进境产品快速验放。构建以风险管理为核心，以事前备案、事中监测、事后追溯为主线的跨境电子商务进出口商品质量安全监管模式。

根据 2021 年 4 月 29 日修订的《食品安全法》的规定，进口的食品、食品添加剂、食品相关产品应当符合我国食品安全国家标准；进口尚无食品安全国家标准的食品，应首先向国务院卫生行政部门提交所执行的相关国家（地区）标准或者国际标准进行审核；向我国境内出口食品的境外出口商或者代理商、进口食品的进口商应当向国家出入境检验检疫部门备案，向我国境内出口食品的境外食品生产企业应当经国家出入境检验检疫部门注册；进口的预包装食品、食品添加剂应当有中文标签，依法应当有说明书的，还应当有中文说明书。

6.2.3 跨境电子商务中濒危物种的进出口管理

濒危野生动植物是指由于自身原因或受到人类活动、自然灾害影响导致其种群濒临灭绝的野生动植物物种。某些物种虽然尚未濒临灭绝，但是因为其数量稀少或具有重要的生态、科学、社会价值，又或者如对其贸易不严加管理，以防止不利其生存的利用，就可能变成有灭绝危险，也被原产地国家和地区列入保护名录进行保护和管制。

从监管角度而言，所有被列入以下公约、法规或目录的，都受到保护和管制：联合国《濒危野生动植物种国际贸易公约》（CITES）附录、《国家重点保护野生动物名录》《国家重点保护野生植物名录》《进出口野生动植物种商品目录》等。

1. 我国对跨境电子商务中濒危物种进出口的管理规则

根据商财发〔2018〕486 号《商务部 发展改革委 财政部 海关总署 税务总局 市场监管总局关于完善跨境电子商务零售进口监管有关工作的通知》的规定，跨境电子商务零售进口（监管方式代码 1210、9610）模式下的商品按照"个人自用进境物品监管"，也要受到动物保护相关法规的监管。

凡因对外赠送、联合科研、交换、展出以及其他特殊需要，需出口国家重点保护野生动物（包括人工饲养、繁殖）的单位和个人，应当向中华人民共和国濒危物种科学委员会呈交《允许出口申请书》，经该科学委员会同意后，再报国务院野生动物行政主管部门或者国务院批准，并由中华人民共和国濒危物种进出口管理办公室颁发《允许出口证明书》。申请《允许再出口证明书》者，直接向中华人民共和国濒危物种进出口管理办公室呈交《允许再出口申请书》，由该办公室核发《允许再出口证明书》。

办理允许进口证书手续的，必须由进口单位或者个人提出申请，经过中华人民共和国濒危物种科学委员会同意后，报国务院野生动物行政主管部门或者国务院批准，由中华人民共和国濒危物种进出口管理办公室签发《允许进口证明书》。

2. 跨境电子商务濒危物种允许进出口证明书的办理

濒危物种允许进出口证明书，是指对纳入《进出口野生动植物种商品目录》管理范围的野生动植物及其制品实施进出口许可管理，中华人民共和国濒危物种进出口管理办公室及其授权办事处签发准予进出口的许可证件。

濒危物种允许进出口证明书在各海关口岸濒危管理办公室办理，需要的资料包括以下几个。

（1）书面申请。

（2）野生动植物及其产品《野生动植物允许进出口证明书》申请表。

（3）中华人民共和国濒危物种进出口管理办公室批准文件。出口非《濒危野生动植物种国际贸易公约》（以下简称 CITES）国家重点保护野生动植物种标本以及进出口国家濒危物种进出口管理办公室授权各办事处直接核发《野生动植物允许进出口证明书》范围的一些植物种标本只需提供国家或省主管部门的批准文件。

（4）进出口合同或协议（进出口个人拥有所有权的野生动植物种标本的情况除外）。①对于商业性进出口的，须提交申请人或代理人与外方签订的进出口贸易合同；属于委托代理进出口的，须提交申请人与代理人签订的进出口委托代理合同或协议。②对于非商业性进出口的，须提交申请人与外方签订的协议。③属加工贸易性质的，须提供海关手册或对外贸易经济合作局的批准文件。

（5）物种成分含量表和说明书。出口含野生动植物成分的药品、食品等商品的，须提供所涉商品的成分含量表和外包装说明书。

（6）海关证明材料。再出口野生动植物种标本的，须提交经海关签注的原批准进口的野生动植物允许进口证明书和加盖申请人公章（个人拥有所有权的情况除外）的原海关进口货物报关单原件。

（7）境外相关证明文件。

① 进口 CITES 规定豁免的附录Ⅰ所列野生动植物种标本的，须提交出口国或地区、再出口国或地区的 CITES 管理机构签发的批准出口或再出口的相关证明文件。

② 出口 CITES 附录Ⅰ所列野生动植物种标本的（豁免情形除外），或再出口 CITES 附录Ⅰ所列活体野生动植物种标本的，须提交进口国或地区的 CITES 管理机构签发的进口许可证复印件。

③ 进口 CITES 附录Ⅱ、附录Ⅲ所列野生动植物种标本的，须提交出口国、再出口国或地区的 CITES 管理机构签发的出口许可证复印件或再出口证明书复印件。某些国家和地区经公约秘书处同意，代之以原产地证书或植物检疫证明书。

④ 涉及与非 CITES 缔约成员间的 CITES 限制进出口的野生动植物种标本的进口、出口或再出口，按 CITES 规定提交有关材料。

（8）须提交的其他材料。

6.2.4　跨境电子商务个人物品进境的法律规则

1. 个人物品的归类规则

现行的个人物品归类是由《中华人民共和国进境物品归类表》（以下简称《归类表》）规定的。

进境物品依次遵循以下原则归类。

（1）《归类表》已列名的物品，归入其列名类别。

（2）《归类表》未列名的物品，按其主要功能（或用途）归入相应类别。

（3）不能按照上述原则归入相应类别的物品，归入"其他物品"类别。

2. 个人进境物品完税价格的确定规则

进境物品完税价格遵循《中华人民共和国进境物品完税价格表》（2019 版）（以下简称《完税价格表》）中的规则确定。

（1）进境物品的完税价格由海关依法遵循以下原则确定。

①《完税价格表》已列明完税价格的物品，按照《完税价格表》确定。

②《完税价格表》未列明完税价格的物品，按照相同物品相同来源地最近时间的主要市场零售价格确定其完税价格。

③ 实际购买价格是《完税价格表》列明完税价格的 2 倍及以上，或是《完税价格表》列明完税价格的 1/2 及以下的物品，进境物品所有人应向海关提供销售方依法开具的真实交易的购物发票或收据，并承担相关责任。海关可以根据物品所有人提供的上述相关凭证，依法确定应税物品完税价格。

（2）边疆地区民族特需商品的完税价格按照海关总署另行审定的完税价格表执行。

（3）纳税义务人对进境物品的归类、完税价格确定持有异议的，可依法提请行政复议。

3. 个人物品进境的数量限制

根据财关税〔2016〕18 号《财政部 海关总署 国家税务总局关于跨境电子商务零售进口税收政策的通知》，跨境电子商务渠道进口的个人物品完税价格遵循以下规则。

（1）跨境电子商务零售进口商品按照货物征收关税和进口环节增值税、消费税，购买跨境电子商务零售进口商品的个人作为纳税义务人，实际交易价格（包括货物零售价格、运费和保险费）作为完税价格，电子商务企业、电子商务交易平台企业或物流企业可作为代收代缴义务人。

（2）跨境电子商务零售进口税收政策适用于从其他国家或地区进口的、《跨境电子商务零售进口商品清单》范围内的以下商品：

① 所有通过与海关联网的电子商务交易平台交易，能够实现交易、支付、物流电子信息"三单"比对的跨境电子商务零售进口商品；

② 未通过与海关联网的电子商务交易平台交易，但快递、邮政企业能够统一提供交易、支付、物流等电子信息，并承诺承担相应法律责任进境的跨境电子商务零售进口商品。

不属于跨境电子商务零售进口的个人物品以及无法提供交易、支付、物流等电子信息的跨境电子商务零售进口商品，按现行规定执行。

（3）跨境电子商务零售进口商品的单次交易限值为人民币 2000 元，个人年度交易限值为人民币 20 000 元。在限值以内进口的跨境电子商务零售进口商品，关税税率暂设为 0%；进口环节增值税、消费税取消免征税额，暂按法定应纳税额的 70%征收。超过单次限值、累加后超过个人年度限值的单次交易，以及完税价格超过 2000 元限值的单个不可分割商品，均按照一般贸易方式全额征税。

（4）跨境电子商务零售进口商品自海关放行之日起 30 日内退货的，可申请退税，并相应调整个人年度交易总额。

（5）跨境电子商务零售进口商品购买人（订购人）的身份信息应进行认证；未进行认证的，购买人（订购人）身份信息应与付款人一致。

4. 个人物品进境通关管理

为做好跨境电子商务零售进出口商品监管工作，促进跨境电子商务健康有序发展，根据《中华人民共和国海关法》和《商务部 发展改革委 财政部 海关总署 税务总局 市场监管总局关于完善跨境电子商务零售进口监管有关工作的通知》（商财发〔2018〕486号）等国家有关跨境电子商务零售进出口相关政策规定，跨境电子商务个人物品进口需遵守下列监管规则。

（1）对跨境电子商务直购进口商品及适用"网购保税进口"（监管方式代码 1210）进口政策的商品，按照个人自用进境物品监管，不执行有关商品首次进口许可批件、注册或备案要求。但对相关部门明令暂停进口的疫区商品，和对出现重大质量安全风险的商品启动风险应急处置时除外。

适用"网购保税进口 A"（监管方式代码 1239）进口政策的商品，按《跨境电子商务零售进口商品清单（2022 版）》尾注中的监管要求执行。

（2）海关对跨境电子商务零售进出口商品及其装载容器、包装物按照相关法律法规实施检疫，并根据相关规定实施必要的监管措施。

（3）跨境电子商务零售进口商品申报前，跨境电子商务平台企业或跨境电子商务企业境内代理人、支付企业、物流企业应当分别通过国际贸易"单一窗口"或跨境电子商务通关服务平台向海关传输交易、支付、物流等电子信息，并对数据真实性承担相应责任。

直购进口模式下，邮政企业、进出境快件运营人可以接受跨境电子商务平台企业或跨境电子商务企业境内代理人、支付企业的委托，在承诺承担相应法律责任的前提下，向海关传输交易、支付等电子信息。

（4）跨境电子商务零售出口商品申报前，跨境电子商务企业或其代理人、物流企业应当分别通过国际贸易"单一窗口"或跨境电子商务通关服务平台向海关传输交易、收款、物流等电子信息，并对数据真实性承担相应法律责任。

（5）跨境电子商务零售商品进口时，跨境电子商务企业境内代理人或其委托的报关企业应提交《中华人民共和国海关跨境电子商务零售进出口商品申报清单》（以下简称《申报清单》），采取"清单核放"方式办理报关手续。

（6）跨境电子商务零售商品出口时，跨境电子商务企业或其代理人应提交《申报清单》，采取"清单核放、汇总申报"方式办理报关手续；跨境电子商务综合试验区内符合条件的跨境电子商务零售商品出口，可采取"清单核放、汇总统计"方式办理报关手续。

《申报清单》与《中华人民共和国海关进（出）口货物报关单》具有同等法律效力。

按照上述第（3）条至第（4）条要求传输、提交的电子信息应施加电子签名。

（7）开展跨境电子商务零售进口业务的跨境电子商务平台企业、跨境电子商务企业境内代理人应对交易真实性和消费者（订购人）身份信息真实性进行审核，并承担相应责任；身份信息未经国家主管部门或其授权的机构认证的，订购人与支付人应当为同一人。

（8）跨境电子商务零售商品出口后，跨境电子商务企业或其代理人应当于每月15日前（当月15日是法定节假日或者法定休息日的，顺延至其后的第一个工作日），将上月结关的《申报清单》依据清单表头同一收发货人、同一运输方式、同一生产销售单位、同一运抵国、同一出境关别，以及清单表体同一最终目的国、同一10位海关商品编码、同一币制的规则进行归并，汇总形成《中华人民共和国海关出口货物报关单》向海关申报。

允许以"清单核放、汇总统计"方式办理报关手续的，不再汇总形成《中华人民共和国海关出口货物报关单》。

（9）《申报清单》的修改或者撤销，参照海关《中华人民共和国海关进（出）口货物报关单》修改或者撤销有关规定办理。

除特殊情况外，《申报清单》《中华人民共和国海关进（出）口货物报关单》应当采取通关无纸化作业方式进行申报。

6.2.5　跨境电子商务零售进口商品清单制度

跨境电子商务零售进口商品清单制度，又称为"海淘免税白名单"，《跨境电子商务零售进口商品清单》中的商品主要是在国内存在一定消费需求，能够以快件、邮件等方式进境的生活消费品。商品清单采取正面列表形式，以便于海关日常征管操作，也便于电子商务企业和消费者更好地理解、运用政策。

《跨境电子商务零售进口商品清单》自 2016 年出台以来，共经过 4 次调整。2016 年 4 月，财政部等 13 个部门共同公布的两批清单共包括 1240 项商品，涵盖了食品饮料、服装鞋帽、家用电器以及部分化妆品、儿童玩具、生鲜、保健品等国内热销商品。2018 年 11 月，增加了健身器材等商品，清单商品数达到 1321 项。2019 年 12 月增加了冷冻水产品、酒类等商品，清单商品数达到 1413 项。现行的《跨境电子商务零售进口商品清单》自 2022 年 3 月 1 日起执行，相比之前，主要有以下几个变化：一是根据国际国内市场新形势和人民群众消费新需求，新增 29 项近年来消费需求旺盛的商品；二是根据税则转版和税目调整，调整了清单中商品的税则号列，包括新增税则号列 115 项，删除已作废的税则号列 80 项；三是删除了 1 项商品；四是根据监管要求优化调整了 206 项商品的备注。按照税号来算，目前清单内共有 1476 项商品。

6.3　跨境电子商务税收政策

6.3.1　跨境电子商务进口税收政策

2018 年，财政部、海关总署、国家税务总局发布《关于完善跨境电子商务零售进口税收政策的通知》（财关税〔2018〕49 号），规定自 2019 年 1 月 1 日起，将跨境电子商务零售进口商品的单次交易限值由人民币 2000 元提高至 5000 元，年度交易限值由人民币 20 000 元提高至 26 000 元。完税价格超过 5000 元单次交易限值但低于 26 000 元年度交易限值，且订单下仅一件商品时，可以自跨境电子商务零售渠道进口，按照货物税率全额征收关税和进口环节增值税、消费税，交易额计入年度交易总额，但年度交易总额超过年度交易限值的，应按一般贸易管理。已经购买的电子商务进口商品属于消费者个人使用的最终商品，不得进入国内市场再次销售；原则上不允许网购保税进口商品在海关特殊监管区域外开展"网购保税+线下自提"模式。其他事项继续按照《财政部　海关总署　税务总局关于跨境电子商务零售进口税收政策的通知》（财关税〔2016〕18 号）有关规定执行。

拓展阅读	关于跨境电子商务出口退运商品税收政策的公告（财政部　海关总署　税务总局公告 2023 年第 4 号）

为加快发展外贸新业态，推动贸易高质量发展，现将跨境电子商务出口退运商品税收政策公告如下：

一、对自本公告印发之日起 1 年内在跨境电子商务海关监管代码（1210、9610、9710、9810）项下申报出口，因滞销、退货原因，自出口之日起 6 个月内原状退运进境的商品（不含食品），免征进口关税和进口环节增值税、消费税；出口时已征收的出口关税准予退还，出口时已征收的增值税、消费税参照内销货物发生退货有关税收规定执行。其中，监管代码 1210 项下出口商品，应自海关特殊监管区域或保税物流中心（B 型）出区离境之日起 6 个月内退运至境内区外。

二、对符合第一条规定的商品，已办理出口退税的，企业应当按现行规定补缴已退的税款。企业应当凭主管税务机关出具的《出口货物已补税/未退税证明》，申请办理免征进口关税和进口环节增值税、消费税，退还出口关税手续。

三、第一条中规定的"原状退运进境"是指出口商品退运进境时的最小商品形态应与原出口时的形态基本一致，不得增加任何配件或部件，不能经过任何加工、改装，但经拆箱、检（化）验、安装、调试等仍可视为"原状"；退运进境商品应未被使用过，但对于只有经过试用才能发现品质不良或可证明被客户试用后退货的情况除外。

四、对符合第一、二、三条规定的商品，企业应当提交出口商品申报清单或出口报关单、退运原因说明等证明该商品确为因滞销、退货原因而退运进境的材料，并对材料的真实性承担法律责任。对因滞销退运的商品，企业应提供"自我声明"作为退运原因说明材料，承诺为因滞销退运；对因退货退运的商品，企业应提供退货记录（含跨境电子商务平台上的退货记录或拒收记录）、返货协议等作为退运原因说明材料。海关据此办理退运免税等手续。

五、企业偷税、骗税等违法违规行为，按照国家有关法律法规等规定处理。

特此公告。

财政部 海关总署 税务总局
2023 年 1 月 30 日

6.3.2 跨境电子商务出口税收政策

根据财政部、国家税务总局于 2013 年发布的《关于跨境电子商务零售出口税收政策的通知》（财税〔2013〕96 号），跨境电子商务企业出口税收政策如下。

（1）电子商务出口企业出口货物〔财政部、国家税务总局明确不予出口退（免）税或免税的货物除外，下同〕，同时符合下列条件的，适用增值税、消费税退（免）税政策：

① 电子商务出口企业属于增值税一般纳税人并已向主管税务机关办理出口退（免）税资格认定；

② 出口货物取得海关出口货物报关单（出口退税专用），且与海关出口货物报关单电子信息一致；

③ 出口货物在退（免）税申报期截止之日内收汇；

④ 电子商务出口企业属于外贸企业的，购进出口货物取得相应的增值税专用发票、消费税专用缴款书（分割单）或海关进口增值税、消费税专用缴款书，且上述凭证有关内容与出口货物报关单（出口退税专用）有关内容相匹配。

（2）电子商务出口企业出口货物，不符合本通知第一条规定条件，但同时符合下列条件的，适用增值税、消费税免税政策：

① 电子商务出口企业已办理税务登记；

② 出口货物取得海关签发的出口货物报关单；

③ 购进出口货物取得合法有效的进货凭证。

（3）电子商务出口货物适用退（免）税、免税政策的，由电子商务出口企业按现行规定办理退（免）税、免税申报。

（4）适用本通知退（免）税、免税政策的电子商务出口企业，是指自建跨境电子商务销售平台的电子商务出口企业和利用第三方跨境电子商务平台开展电子商务出口的企业。

（5）为电子商务出口企业提供交易服务的跨境电子商务第三方平台，不适用本通知规定的退（免）税、免税政策，可按现行有关规定执行。

 案例分析

1. 案情介绍

2017 年 11 月 16 日，某跨境电子商务有限公司以保税电商 A 方式向海关申报进口洗手液，申报税号 34022090，申报数量 46 656 瓶，申报总价人民币 699 840 元。经查，当事人实际进口货物为化妆品，应归入税号 3304990011，数量 46 656 瓶，实际成交价格为人民币 1 400 955 元。

海关根据《海关行政处罚实施条例》第十五条第二项的规定，决定对当事人处以罚款。

2. 案例评析

本案是一典型的申报不实违规案件，涉及品名与价格的申报不实，品名申报不实，可能涉及关税税率的差异，从而漏缴关税；价格申报不实，也可能导致漏缴关税。即使申报不实没有涉及关税的漏缴，也可能因为错误申报被定性为影响监管秩序。这类型案件也比较多地发生于一般贸易进出口情形中。

6.3.3　行邮税

行邮税即进境物品进口税，是对进境物品关税和进口环节海关代征税的合并。

行邮税的纳税义务人为携带物品进境的入境人员、进境邮递物品的收件人以及以其他方式进口物品的收件人，纳税义务人可以自行办理纳税手续，也可以委托他人办理纳税手续。

海关应当按照《进境物品进口税率表》及海关总署制定的《归类表》《完税价格表》对进境物品进行归类、确定完税价格和确定适用税率，进口税税额=完税价格×进口税率。

2019 年 4 月 8 日，国务院关税税则委员会发布通知，自 4 月 9 日起，调降对个人携带进境的行李和邮递物品征收的行邮税税率，对食品、药品等的税率由 15% 调降为 13%，并将税目 1 "药品" 的注释修改为 "对国家规定减按 3% 征收进口环节增值税的进口药品"，按照货物税率征收；对纺织品、电器等由 25% 降为 20%，对第三档贵重物品税率保持 50% 不变。

行邮税的免税和适用政策按照个人邮寄进境和进境携带进行区分。根据海关总署公告

2010 年第 43 号，个人邮寄进境物品，海关依法征收进口税，应征进口税税额在人民币 50 元（含 50 元）以下的，海关予以免征。个人寄自或寄往港、澳、台地区的物品，每次限值为 800 元人民币；寄自或寄往其他国家和地区的物品，每次限值为 1000 元人民币。个人邮寄进出境物品超出规定限值的，应办理退运手续或者按照货物规定办理通关手续。但邮包内仅有一件物品且不可分割的，虽超出规定限值，经海关审核确属个人自用的，可以按照个人物品规定办理通关手续。

根据海关总署公告 2010 年第 54 号，进境居民旅客携带在境外获取的个人自用进境物品，总值在 5000 元人民币以内（含 5000 元）的，非居民旅客携带拟留在中国境内的个人自用进境物品，总值在 2000 元人民币以内（含 2000 元）的，海关予以免税放行，单一品种限自用、合理数量，但烟草制品、酒精制品以及国家规定应当征税的 20 种商品等另按有关规定办理。进境居民旅客携带超出 5000 元人民币的个人自用进境物品，经海关审核确属自用的，进境非居民旅客携带拟留在中国境内的个人自用进境物品，超出人民币 2000 元的，海关仅对超出部分的个人自用进境物品征税，对不可分割的单件物品，全额征税。

进境旅客持进出境有效证件和搭乘公共运输交通工具的凭证，未搭乘公共运输交通工具的进境旅客持进出境有效证件在口岸进境免税店购物，在维持居民旅客进境物品 5000 元人民币免税限额不变基础上，允许其在口岸进境免税店增加一定数量的免税购物额，连同境外免税购物额总计不超过 8000 元人民币。

2020 年 8 月 5 日，财政部、海关总署、国家税务总局联合发布《财政部 海关总署 税务总局关于不再执行 20 种商品停止减免税规定的公告》（2020 年第 36 号），规定自 2020 年 8 月 5 日起，进境旅客携带 20 种商品范围内的物品进境，也可以在规定的限值内予以免税了。

本章小结

本章主要对跨境电子商务货物报关与贸易管制法律规则进行介绍。本章首先介绍了跨境电子商务进出口货物报关实务的内容；其次介绍了跨境电子商务进出口货物的海关监管方式及代码以及货物出入境检验检疫制度、跨境电子商务中濒危物种的进出口管理、跨境电子商务个人物品进境的法律法规限制、跨境电子商务零售进口商品清单制度；最后介绍了跨境电子商务税收政策等。通过对本章的学习，读者能够对跨境电子商务活动中货物的进出口管理制度有一个较为全面的了解。

练习题

一、单项选择题

1. 海关通关管理系统的监管方式代码采用（　　　）位数字结构。
   A. 1　　　　　　　　B. 3　　　　　　　　C. 5　　　　　　　　D. 4

2．跨境电子商务 B2B 直接出口的海关监管方式代码是（　　　）。

    A．9610　　　　　　B．9710　　　　　　C．9812　　　　　　D．9810

3．跨境电子商务出口海外仓的海关监管方式代码是（　　　）。

    A．9610　　　　　　B．9710　　　　　　C．9812　　　　　　D．9810

4．确需出口野生动植物的，应申请并由中华人民共和国濒危物种进出口管理办公室颁发（　　　）。

    A．《允许出口证明书》　　　　　　　　B．《出口说明书》

    C．《出口证明》　　　　　　　　　　　　D．《海关放行单》

5．跨境电子商务零售进口商品的单次交易限值为（　　　）。

    A．人民币 3000 元　　　　　　　　　　B．人民币 200 元

    C．人民币 5000 元　　　　　　　　　　D．人民币 2000 元

6．《跨境电子商务零售进口商品清单》自 2016 年出台以来，共经过（　　　）次调整。

    A．1　　　　　　　　B．2　　　　　　　　C．3　　　　　　　　D．4

7．根据《中华人民共和国进出口商品检验法》以及 2022 年 3 月 29 日国务院修订的《中华人民共和国进出口商品检验法实施条例》的规定，现在由（　　　）主管全国的进出口商品检验工作。

    A．国家市场监督管理总局　　　　　　B．商务部

    C．海关总署　　　　　　　　　　　　D．海事局

8．《食品安全法》规定："进口的食品、食品添加剂、食品相关产品应当符合（　　　）食品安全国家标准。"

    A．我国　　　　　B．国际　　　　　C．国际组织　　　　　D．联合国

9．海关监管方式代码 1210 的全称是（　　　）。

    A．跨境贸易电子商务　　　　　　　　B．海外保税电子商务

    C．保税跨境贸易电子商务　　　　　　D．跨境电子商务保税仓

二、多项选择题

1．国际贸易中报关可以分为（　　　）。

    A．自理报关　　　B．代理报关　　　C．国内报关　　　D．国外报关

2．出口报关的简单流程包括（　　　）。

    A．接受报验　　　B．抽样　　　　　C．检验　　　　　D．签发证书

3．1039（一般贸易）适用于下列哪些市场？（　　　）

    A．义乌国际小商品城　　　　　　　　B．江苏常熟服装城

    C．广州花都皮革皮具市场　　　　　　D．山东临沂商城工程物资市场

4．行邮税即进境物品进口税，是对（　　　）的合并。

    A．进境物品关税　　　　　　　　　　B．出口物品关税

    C．进口环节海关代征税　　　　　　　D．出口退税

5．行邮税的免税和适用政策按照（　　　）进行区分。

    A．个人邮寄进境　　B．进境携带　　　C．出境携带　　　D．出境邮寄

三、简答题

1. 什么是进出口货物报关？
2. 什么是跨境电子商务零售进口商品清单制度？
3. 什么是行邮税？
4. 简述跨境电子商务出口海外仓 9810 代码及其优势。

四、案例分析

[案例 1]

喜利来公司在境外批量采购了高级知名巧克力，然后安排员工或其他人员在该司设在与海关联网的电子商务平台上的网店下单，制造虚假订单并以跨境电子商务（9610）申报进口之后，再将这些巧克力收集起来，销售给下家客户。海关计核部门以一般贸易计算该批巧克力的应缴税额，再减去跨境电子商务方式已缴税额，得出偷逃税额，并对其进行了行政处罚。

问题：喜利来公司的行为为何受到处罚？

[案例 2]

2017 年 1 月至 2018 年 9 月，欧彰公司在某宝（电子商务平台）销售名牌包等日用品。客户在某宝下单之后，欧彰公司将这些订单信息转到一家与海关联网的跨境电子商务平台生成虚假"三单"，向海关以跨境电子商务（9610）贸易方式低报价格申报进口。海关侦查部门认为其中单次实际交易金额低于 2000 元的，应以跨境电子商务税率计算应缴税额，单次实际交易金额超过 2000 元的，则以一般贸易计算应缴税额。

问题：对欧彰公司的行为进行处罚的依据是什么？

[案例 3]

2017 年 4 月至 2018 年 10 月，德英通公司（转运公司）将境内代购或者个人在境外电子商务网站购买的衣服、奶粉等日用品，通过境内与海关联网的跨境电子商务平台生成虚假订单，以跨境电子商务（9610）申报进口，然后再快递给境内收件人。海关认为德英通公司将本应以个人行邮物品申报进境的商品，伪报成跨境电子商务商品，其中单个包裹低于 1000 元和包裹虽超过 1000 元但系不可分割的商品按照行邮税税率计算应缴税额；对于其他单个包裹超过 1000 元的，则以一般贸易计算应缴税额。

问题：德英通公司的报关行为是否合法？

操作实训

一、实训目的

学生模拟跨境电子商务企业货物通关，达到掌握实务技能的目的。

二、实训主要内容

1. 教师讲解相关的法律问题，并展示相关单证，演示货物通关的流程，并提醒学生在审单的过程中应该注意的法律问题。（2 学时）
2. 每个学生练习单证的制作和审单。（1 学时）

3. 学生交换所制通关文件或者在网站上模拟提交电子文件，指出存在的问题，学生加以改正。学生将有关过程写成报告。（1学时）

三、实训要求

1. 学生自行组成小组、选定训练事项，并于训练前一周向训练中心申报，训练中心根据学生的申报安排训练日程。

2. 学生在模拟前要充分收集有关资料，认真熟悉案例，并邀请有关教师做指导，以正确把握有关情况。

3. 学生在正确把握案例的基础上，形成流程简介、角色分工等书面材料。

4. 学生在指导教师的指导下，按流程认真进行模拟。

5. 学生训练后要制作模拟卷宗。

6. 学生将各种资料汇总编制目录，并按顺序叠放整齐，加封皮装订成册，注明班级、参与人员和时间。

四、实训步骤

（一）模拟制单的准备

1. 选择案例，并根据有关情况列出需要填写的单证。

2. 制作有关公司情况和业务情况的卷宗（如公司的授权书、有关产品的商情报告、空白单证等）。

3. 进行排练。通过排练来检验准备情况，如有疏漏、不足和失误，要及时调整，确保准备充分，为正式模拟打好基础。

（二）模拟制单

1. 进入业务场所（注意商务礼仪）。

2. 自我介绍后，己方提供准备好的单证以备填写。

3. 打开相关网站或者模拟软件进行模拟。

（三）整理有关的材料，并形成完整的案卷

五、实训思考

在准备材料过程中需要注意的问题有哪些？

六、实训成果形式

1. 各方准备的材料。

2. 制作好的单证或者其他材料。

3. 对此次实训的总结。

七、情形案例

教师可指导学生根据下面的案例进行实训，指导学生制作相关材料。教师可灵活掌握实训需要的材料，在小组成员之间或小组之间分配材料制作任务。

境外电子商务平台利用拍卖所得货物走私案

公诉机关指控：2014年6月至9月，被告人陈某甲通过中山市购够网络信息有限公司经营的购够网的链接竞拍日本雅虎网销售的洋酒。为达到不缴纳关税的目的，被告人陈某甲在该网站填报洋酒邮寄入境的包裹信息时，将其所购洋酒伪报为茶壶、瓶子等品名并低报价格。日本某商事株式会社根据被告人陈某甲在网站上填报的虚假包裹信息打印发货单，将其所竞拍的洋酒从日本邮寄入境。被告人陈某甲收到上述洋酒后通过其经营的广州市越秀区春日百货商行销售牟利。

法院查明的案件事实：被告人陈某甲通过上述手法走私洋酒180票，共计2040瓶，货物价值人民币2 593 362.8元，经海关关税部门核定，偷逃应缴税款人民币983 761.7元。为证实指控的事实，公诉机关在庭审中出示了物证、书证、证人证言、鉴定意见及被告人陈某甲的供述等证据。据此认为被告人陈某甲无视国家法律，逃避海关监管，走私普通货物入境，偷逃应缴税额，其行为已构成走私普通货物罪。

被告人陈某甲对指控的事实及罪名无异议。

辩护人提出以下意见：①陈某甲走私洋酒行为并非独自所为，中山市购够网络信息有限公司等有参与，并起主要作用，是主犯，陈某甲只是从犯。②起诉书指控陈某甲走私洋酒180票，共计2040瓶，其中429瓶在海关即被扣押，陈某甲并未收到货物，应从偷逃税款中予以扣除。③陈某甲主观恶性不大，属初犯，且认罪悔罪，应从轻处罚。

法院判决：被告人陈某甲无视国家法律，逃避海关监管，走私普通货物入境，偷逃应缴税额巨大，其行为已构成走私普通货物罪。被告人陈某甲归案后，如实供述自己的罪行，是初犯，有悔罪表现，可以从轻处罚。审理期间，由于被告人陈某甲家属代为退缴应缴税款50万元，法院可对其酌情从轻处罚。

第7章
跨境电子商务的知识产权保护制度

导学视频

学习目标

1. 了解跨境电子商务的知识产权保护制度。
2. 掌握著作权、商标权和专利权的一般规则。
3. 熟悉著作权人、商标所有人和专利权人的权利。

重点难点

1. 重点：跨境电子商务活动中侵犯著作权的情形；跨境电子商务活动中侵犯商标权的情形。
2. 难点：跨境电子商务面临的知识产权问题；跨境电子商务知识产权侵权防范措施。

—————— 【案例导入】**跨境电子商务平台的商标侵权纠纷** ——————

  江西某公司在 eBay 网站注册并售卖女式双层双面印花斜纹手袋长围巾，展示的产品图片中有一张与国际某知名品牌相似。2020 年 5 月 26 日，该公司收到 PayPal 平台的通知，通知主要包括以下 3 部分内容。第一，PayPal 平台在 5 月 22 号收到法院指令，由于该公司可能侵犯了该知名品牌的知识产权，PayPal 账号必须受到限制。第二，PayPal 平台可能会收到法院裁决，要求对该公司的 PayPal 账号采取进一步行动，因此要求该公司立即与原告代理律师事务所联系相关事宜。第三，该案件编号为20CV02421，原告为该知名品牌，受理法院为美国伊利诺伊地区法院。PayPal 平台在收到法院的临时禁令（TRO）后，冻结该公司 PayPal 账户所有资金，共计 19 万美元。该公司在 PayPal 账号被冻结后，立即与专业律师了解情况。原来在 2020 年 1 月，来自美国的原告律师事务所买下了涉嫌侵权图片对应的窄丝巾产品，产品上面有一个"CD"标志侵犯了该知名品牌的商标权，美国原告律师事务所向该公司索要了 PayPal 账号。4 月 20 日，美国律师事务所代理原告该知名品牌向美国伊利诺伊地区法院提起商标侵权诉讼。本案属于典型的品牌方起诉跨境电子商务出口商标侵权案件，江西某公司知识产权观念淡薄，对跨境电子商务出口中的知识产权侵权风险没有给予足够的重视，侵犯了国际知名品牌的商标权，导致知识产权侵权诉讼。

思考题：跨境电子商务活动中知识产权侵权都有哪些情形？

7.1 跨境电子商务面临的知识产权问题概述

7.1.1 知识产权的概念、类别和风险表现形式

1. 知识产权的概念

知识产权是指公民或法人对其在科学、技术、文化、艺术等领域的智力劳动成果享有的财产权利和精神权利。为了保护权利人的劳动成果，国际组织和各国先后通过或制定了相关的公约、协定、议定书和法律，建立知识产权的保护体系，主要包括《巴黎公约》《马德里协定》《马德里议定书》《伯尔尼公约》《罗马公约》《录音制品公约》《知识产权协定》《世界版权公约》，以及我国的《商标法》《专利法》《著作权法》等。

2. 知识产权的类别

知识产权分为著作权和工业产权两个部分：著作权包括作者权和传播权；工业产权包括商标权和专利权。

（1）著作权。

著作权是指自然人、法人或者其他组织对文学、艺术和科学作品享有的财产权利和精神权利的总称。广义的著作权还包括邻接权，我国《著作权法》称之为"与著作权有关的权利"。

（2）工业产权。

工业产权是指人们依法对应用于商品生产和流通中的创造发明和显著标记等智力成果，在一定地区和期限内享有的专有权，是国际通用的法律术语，是发明专利、实用新型、外观设计、商标权的统称。

3. 跨境电子商务的知识产权风险表现形式

（1）商标侵权。

具体表现形式为：将与他人注册商标相同或相近似的文字注册为店铺名称或标识，并通过该店铺进行相关商品宣传或商品交易；销售侵犯注册商标权的商品；故意为侵犯他人商标权行为提供仓储、运输、邮寄、隐匿、加工、生产技术或者经营场地等便利条件的行为。

（2）专利侵权。

具体表现形式为：未经许可，许诺销售、销售、进口、制造他人发明、实用新型、外观专利产品；未经许可，许诺销售、销售、进口、制造依照他人专利方法获得的产品。

（3）著作权侵权。

在网络上直接传播侵犯著作权的内容，如传播盗版视频、音乐、动画等；未直接在网络平台传播侵权内容，但发布侵权产品的信息，线下完成交易；为了实施商品交易，在开设的网络店铺中，使用盗版的图片、视频、文字等方式对店铺及商品进行宣传。

7.1.2　跨境电子商务面临的知识产权问题

跨境电子商务知识产权是整体性的，涉及多项内容的知识产权，对传统知识产权的概念、特点、法院管辖及法律适用都提出了挑战。这些挑战主要体现在以下几个方面。一是网络环境催生了新的权利客体。在新技术的快速发展之下，许多新的权利客体无法在现有的法律体系中找到自己的权利归属。例如，在数字化市场上占据一席之地的网络数字化产品应该纳入哪一体系来保护，目前学界没有达成统一意见。二是传统的权利保护方式出现空白。在网络技术的冲击之下，传统的权利保护方式无法涵盖新的权利客体。跨境电子商务提供的商品涉及文字、图像、声音等呈现为"数据信息"，消费者无法看见商品的真实情况，只有通过这些类型的知识产权传递的信息才能甄别跨境商品的质量。三是传统的知识产权相关法律的适用性降低。在传统著作权法的规定中，作品必须以纸张、磁盘、磁带等原始载体呈现，才能得到法律的保护。在数字化的时代，如果将一项作品储存在计算机上以供网络用户下载，那么计算机的储存器是否可以被定性为载体？

拓展阅读　　　　　**数字化转化中的知识产权保护问题**

复制权是以复印、拓印、印刷、翻录、翻拍、录像、录音等方式，将受著作权保护的作品制作一份或者多份的权利。而跨境电子商务作为一种新的模式将对传统的著作权中的复制权保护带来新的挑战，因为许多一直以来受到著作权保护的商品，经过数字化转化以后，其原来的载体会转移为电子介质。而其内容并未发生任何实质性改变，仅仅是形式上成了二进制的数字化作品。这也增加了产品以另一种形式被侵权的可能性，侵权人可能会在未经著作权人同意的情况下多次复制权利人作品。对于这些行为，《伯尔尼公约》规定，受其保护的文艺作品的作者，享有以任何方式、形式复制其文艺作品的权利。这里作品作者的复制权，可以被解释为包含了数字环境下的作品转化情形。《与贸易有关的知识产权协定》也规定各成员方应当遵守《伯尔尼公约》中第 1 条至第 21 条以及其附录的规定。《世界知识产权组织版权条约》在其脚注 1 进一步明确：《伯尔尼公约》所规定的复制权完全适用于数字环境下，特别是使用数字作品的情形。可见，国际条约中已经将数字化转化这一行为纳入了复制权的保护。我国 2021 年 6 月起实施的《著作权法》顺应这一世界潮流，在第十条中明确规定，"复制权，即以印刷、复印、拓印、录音、录像、翻录、翻拍、数字化等方式将作品制作一份或者多份的权利"，对复制权内涵加以延伸。这将对我国跨境电子商务活动的知识产权保护产生重要影响。

跨境电子商务具体面临的知识产权侵权问题如下。

1. 侵权主体认定困难

跨境电子商务基于互联网进行买卖交易，不存在实际经营场所，经营者的真实身份信息往往不完整或不真实，容易发生登记备案者与实际经营者不相一致的情况，诸如海淘、代购等个体经营户并没有实名登记，侵权行为人的隐蔽性给责任主体的判断带来重重困难。

2. 侵权行为判定困难

跨境电子商务中对知识产权的侵权行为的表现形态，包括网络用户或网络内容提供者侵权、网络经营者或者网络服务提供者的连带责任、与电子商务活动相关责任人的侵权责任、第三方责任等。跨境电子商务这种新型营业形态不同于传统的进出口贸易，呈现散件小单众多、产品渠道复杂等特点，使得执法人员难以区分侵权行为的形态，难以判断侵权行为何时发生。随着商品种类的日渐增多、商品款式的不断丰富，执法人员难免受制于各种主客观条件，有时对侵权行为难以界定。

3. 侵权责任界定困难

跨境电子商务是交易主体通过网络信息技术，展开跨境贸易的一种国际营业模式，主体存在多元化、隐名化的特点，侵权行为发生在哪一环节难以判断，侵权责任的划分和承担颇受争议。跨境电子商务平台的责任划分问题成为知识产权纠纷的灰色地带，不同参与者在平台审查义务、投诉机制、归责原则等方面仍然存在较大分歧。

4. 跨境纠纷解决困难

首先，跨境电子商务行业尚缺乏国际机构和组织的指导意见，尚无统一的国际条约和交易秩序。各国依自身国情立法，国内外法律规则差异较大，法律冲突极易发生。其次，跨境电子商务运营模式是基于网络通信进行平台交易，各个环节参与者分别处于不同法域，跨境交易的随机性、即时性与全球性，使得司法管辖领域的边界变得模糊不定，侵权行为发生的确切地点和实际范围难以判别。最后，大量个人乃至中小型电子商务企业，在跨境交易中欠缺对外国法律的认知，不擅长用国际规则保护自身利益；再加上跨国诉讼费用昂贵，在跨境交易中出现知识产权纠纷时，寻求维权救济之路异常艰难。

7.2 著作权法律规则

7.2.1 著作权的一般规则

1. 著作权的概念

著作权（Copyright），又称为版权，是指文学、艺术和自然科学、社会科学作品的作者及其相关主体依法对作品所享有的人身权利和财产权利。它是自然人、法人或者其他组织对文学、艺术或科学作品依法享有的财产权利和人身权利的总称。著作财产权是无形财产权，是基于人类智慧所产生的权利，是知识产权的一种。根据我国2021年6月实施的《著作权法》第三条的规定，作品是指文学、艺术和科学领域内具有独创性并能以一定形式表现的智力成果。

2. 著作权的种类

著作权的种类繁多，主要包括：①文字作品；②口述作品；③音乐、戏剧、曲艺、舞蹈、杂技艺术作品；④美术、建筑作品；⑤摄影作品；⑥视听作品；⑦工程设计图、产品设计图、地图、示意图等图形作品和模型作品；⑧计算机软件；⑨符合作品特征的其他智力成果。

3．著作权的特点

（1）作品必须是作者原创的。抄袭、仿制别人的作品不受法律保护。不仅如此，有时候仿冒作品可能侵犯了别人的著作权或产权，不但不受法律保护，还可能受到法律的制裁。

（2）作品必须是以一定形式表现的。

任何作品只要具备上述两个特点，即具有一定的创造性与物质表达形式，不管其思想内容是否与早已问世的作品相同，都可以获得著作权。也就是说，著作权所保护的是作品的"独创的表达形式"，而不是作品的内容与实质。例如，某作家写了一个电影剧本并获得著作权，另外一位作家用类似题材独创地写了一部小说，同样可以取得著作权。这是著作权与专利权和商标权的主要区别之一。

 案例分析

短视频是否构成著作权法上的"作品"

1．案情介绍

"某音"诉"某拍"侵犯著作权一案，原告平台原创者"黑脸 V"诉被告侵犯其著作权，要求被告承担法律责任。案由：对于原告创作的短视频，被告未经授权许可擅自将涉案短视频发布在某平台上供用户传播和下载，原告认为被告侵犯了其著作权，被告应当承担侵犯著作权的责任。本案争议的焦点之一是涉案短视频是否构成著作权法上的作品。

2．案例评析

根据我国《著作权法》的规定，视听作品属于著作权法意义上的作品类型。短视频被认定为视听作品的条件是具备独创性。短视频作品能否构成著作权法上的"作品"关系着原创作者、短视频平台能否成为著作权权属纠纷案件的适格原告。由于短视频制作、内容以及传播方面的独特性，在司法实务中，我国通常给予法院一定的自由裁量权，由法院综合考虑各方面的影响因素来判定短视频是否构成"作品"。在该案中，法院审理认为短视频构成作品，满足独创性标准的要求。

7.2.2　著作权人的权利

著作权人的权利，也就是著作权法律关系的内容，它是指著作权法律规范所确认和保护的著作人所享有的专有权利。这些专有权利包括人身权和财产权两部分。

1．著作人身权

著作人身权是精神权利，是指作者通过创作表现个人风格的作品而依法享有获得名誉、声望和维护作品完整性的权利。该权利由作者终身享有，不可转让、剥夺和限制。作者死后，一般由其继承人或者法定机构予以保护。根据我国《著作权法》的规定，著作人身权包括：①发表权，即决定作品是否公之于众的权利；②署名权，即表明作者身份，在作品上署名的权利；③修改权，即修改或者授权他人修改作品的权利；④保护作品完整权，即保护作品不受歪曲、篡改的权利。

2. 著作财产权

著作财产权是经济权利，是指著作权人依法通过各种方式使用作品并获得报酬的权利，简称使用权和获得报酬权。著作权人对于著作享有若干项基本权利，其中有一些是专属权利。他们享有使用或根据议定的条件许可他人使用其作品的专属权。这些权利包括：①发行权；②复制权；③表演权；④广播权；⑤出租权；⑥展览权；等等。作者的这些权利可以赠送、转让与继承。

7.2.3 跨境电子商务活动中侵犯著作权的情形

在跨境电子商务经营活动中，侵犯著作权的行为主要表现如下。

（1）商家未经著作权人许可，通过盗版的文字、音乐、视频等进行相关宣传或商业利用，以牟取不法利益，由此产生网络服务商侵权行为责任承担、第三方平台责任分担等法律问题。

（2）在跨境电子商务著作权领域，"盗图"是典型的侵权行为，即商家未经允许，擅自使用他人享有著作权的文案、照片、视频等智力成果，或售卖货物中包含他人享有著作权的作品，使真正的权利人的利益受到损失。

（3）网络上有各种电子化数据，风趣调皮的图案、耐人寻味的文案、令人心醉的视频，跨境电子商务活动经常要对这些享有著作权的作品进行利用，侵权行为人往往通过下载、电子公告、电子邮件等不法方式，非法使用这些享有著作权的电子作品进行盈利。

7.3 商标权的法律规则

7.3.1 商标权的一般规则

1. 商标的概念

商标是指能够把某一经营者的商品与服务同其他经营者的商品与服务区别开来，并能够识别的、符合法定要求的标记。

这种标记由文字、图形、字母、数字、三维标志、颜色组合和声音等，以及上述要素的组合构成。商标可以置于商品表面、商品包装、服务场所、说明书等上面。商标具有表示商品或服务来源、监督保证商品或服务质量、广告宣传等功能。

拓展阅读 **"声音商标"的来源资料——米高梅公司的雄狮标志**

曾有 5 头狮子在米高梅怒吼过。

1924 年，高德温影业公司设计了"雄狮利奥"标志。几年之后，高德温影业公司与其他几家影业公司合并，组建"米高梅"，并保留了雄狮标志。自此之后，共有 5 头狮子扮演"利奥"这个角色。第一头狮子——"斯拉特斯"，"统领"

米高梅 1924 年至 1928 年的无声影片。第二头狮子——"杰基"，第一个被观众听到怒吼声的成员。当时仍处在默片时代，公司只能用留声机播放杰基的咆哮。第三头狮子——"坦纳"，也是知名度最高的狮子。第四头狮子——没有名字，被使用的时间非常短暂。第五头狮子——自 1957 年以来的真正意义上的"利奥"。

2. 商标的分类

按照不同的标准，可以对商标进行如下分类。

（1）以是否注册为标准，可以分为注册商标与未注册商标。

注册商标，是指由当事人申请，经国家主管机关审查核准，予以注册的商标。注册商标权人享有独占使用权。未注册商标，是指使用人未申请注册或申请注册未被核准、未给予注册的商标。

（2）以商标使用对象为标准，可以分为商品商标与服务商标。

商品商标是指商品的生产者或经营者为了将自己生产或经营的商品与他人生产或经营的商品区别开来，而使用的标志，如"农夫山泉"。

服务商标又称服务标记或劳务标志，是指提供服务的经营者为将自己提供的服务与他人提供的服务相区别而使用的标志，如"腾讯"。

（3）以商标的功能为标准，可以分为集体商标、证明商标、联合商标、防御商标。

集体商标，是指以团体、协会或者其他组织名义注册，供该组织成员在商事活动中使用，以表明使用者在该组织中的成员资格的标志。

证明商标，是指由对某种商品或者服务具有监督能力的组织所控制，而由该组织以外的单位或者个人使用于其商品或者服务，用以证明该商品或者服务的原产地、原料、制造方法、质量或者其他特定品质的标志。

联合商标，是指同一个商标所有人在同一种或类似商品、服务上注册使用两个或两个以上的近似商标，这些商标中，首先注册的或者主要使用的为"主商标"，其余则为"联合商标"。如"大白兔"，同时注册了"小白兔""大花兔""大灰兔"等。

防御商标，是指商标所有人在该注册商标核定使用的商品（服务）或类似商品（服务）以外的其他不同类别的商品或服务上注册的若干相同商标，以防止他人在这些类别的商品或服务上注册使用相同的商标。原商标为主商标，其余为防御商标。如"红蜻蜓"，将商标从鞋类扩展到其他领域。

（4）以构成要素为标准，可以分为文字商标、图形商标、组合商标、立体商标、听觉商标和味觉商标。

文字商标，是指仅用文字构成的商标，包括中国汉字和少数民族文字、外国文字和阿拉伯数字或以各种不同字组合的商标。

图形商标，是指仅用图形构成的商标，又可分为记号商标、几何图形商标、自然图形商标。

组合商标是指用"文字、图形、字母、数字、三维标志和颜色组合"六要素中任何两种或两种以上的要素组合而成的商标。组合商标具有图文并茂、形象生动、引人注意、容易识别等优点。

立体商标是以长、宽、高三种度量组成的三维标志为构成要素的商标。

听觉商标，又称音响商标，如 Intel 广告音乐、诺基亚音乐。听觉商标在我国已获得法律承认，另美国、法国、西班牙等少数国家也承认听觉商标。

味觉商标，又称气味商标。美国知名玩具品牌孩子宝，将旗下的彩泥香味注册成了商标。目前我国法律尚不承认味觉商标。

（5）以商标的信誉不同，可以分为著名商标、驰名商标和普通商标。

著名商标，是指经省级市场监督管理部门认定的，在该行政区划内享有较高声誉和市场知名度的商标。

驰名商标，是指经国家市场监督管理总局依照法律程序认定的在市场上享有较高声誉并为相关公众所熟悉的商标。

普通商标，即驰名商标和著名商标以外的商标。

我国《商标法》和《商标法实施条例》是我国商标法律制度中最重要的法律文件。

3. 商标的构成条件

（1）具有显著性，便于识别。

商标的显著性分为两种情况：①固有显著性，即商标本身具有内在的、固有的显著性，商标所使用的文字、图形、字母、数字、三维标志、颜色组合和声音等以及上述要素的组合，与指定使用的商品没有直接联系，商标独特性明显；②获得显著性，即商标本身缺乏显著性，但经过长期使用，使消费者事实上已经将该标志与特定的商品联系起来，则该商标取得了显著特征，可作为商标使用。

（2）不得与他人在先取得的合法权利相冲突。

在先取得的合法权利，指商标注册申请人提出商标注册申请以前，他人已经依法取得或依法享有并受法律保护的权利，通常包括著作权、专利权、姓名权、肖像权、商号权、地理标注权、域名权等。

（3）不得违反法律的禁止性规定。

商标标志的禁止性规定有两种：一种是绝对禁止条件，另一种是相对禁止条件。对于第二种情况，即相对禁止，即不能申请注册，但可作为商标使用。如果经过使用取得显著特征，并便于识别，可以作为商标注册。《商标法》第十条规定了八种不得作为商标使用的标志，规定了县级以上行政区划的地名或者公众知晓的外国地名，不得作为商标。但是，地名具有其他含义或者作为集体商标、证明商标组成部分的除外；已经注册的使用地名的商标继续有效。《商标法》第十一条、第十二条规定了不得作为商标注册的几种情形。

7.3.2 商标所有人的权利

（1）使用权，即注册商标所有人在核定使用的商品上使用注册商标的权利。包括将商标用于商品、商品包装或者容器以及商品交易文书上，或者将商标用于广告宣传、展览以及其他商业活动中，用于识别商品来源。

（2）许可权，即商标注册人通过签订商标使用许可合同，许可他人使用其注册商标。经许可使用他人注册商标的，必须在使用该注册商标的商品上标明被许可人的名称和商品产地。许可人应当监督被许可人使用其注册商标的商品质量。被许可人应当保证使用该注册商标的商品质量。

许可他人使用其注册商标的，许可人应当将其商标使用许可报商标局备案，由商标局公告。商标使用许可未经备案不得对抗善意第三人。

（3）禁止权，即商标所有人有权禁止任何第三人未经许可在同一种商品或类似商品上使用与其注册商标相同或者近似的商标。禁止权的效力范围大于使用权的效力范围，即不仅包括与核准注册的商标、核定使用的商品相同的商标或商品，而且扩大至近似的商标或商品。

（4）转让权，即商标所有人有权将其注册商标转让给他人。转让注册商标的，转让人和受让人应当签订转让协议，并共同向商标局提出申请。受让人应当保证使用该注册商标的商品质量。转让注册商标的，商标注册人对其在同一种商品上注册的近似的商标，或者在类似商品上注册的相同或者近似的商标，应当一并转让。对容易导致混淆或者有其他不良影响的转让，商标局不予核准，书面通知申请人并说明理由。转让注册商标经核准后，予以公告。受让人自公告之日起享有商标专用权。

7.3.3 跨境电子商务活动中侵犯商标权的情形

商标侵权是跨境电子商务经营活动中十分显著的问题，主要包括以下几种情况。

（1）未经权利人许可而在相同或相似商品上使用与他人相同或近似的商标。

（2）非法销售侵犯注册商标专用权的商品。

（3）伪造或擅自制造他人注册的商标标志。

（4）为侵权商品提供生产、加工、仓储、运输等便利条件的行为。

（5）混淆行为或虚假宣传等不正当竞争行为。

从具体形态上看，侵犯商标权的情形既存在电子商务平台上屡禁不止的制假、售假问题，也有第三方卖家冒用侵权商标、售卖侵权商品等行为。随着跨境电子商务的稳步发展和竞争升级，商标侵权行为的表现类型愈加多样，呈现综合化、新颖化的趋势，这也给商标权保护带来一定的困难。

 案例分析

法国某品牌旅游鞋商标侵权纠纷

1. 案情介绍

法国某品牌商标在我国的专用权人为日本 D 株式会社，被告深圳 Z 公司与中国香港 L 鞋业公司合作，销售一批带有法国某品牌标志的旅游鞋。被告深圳 Z 公司称，该批旅游鞋属于法国某品牌，它是经法国某品牌在荷兰的商标权人某品牌国际有限公司授权，由阿根廷的 T 公司生产销售的，属于平行进口产品，其销售行为不构成侵权。但是原告日本 D 株式会社认为构成侵权，要求被告承担相应的责任。

2. 案例评析

法院判决认为，阿根廷 T 公司是经某品牌国际有限公司许可的法国某品牌标志的被许可人，但其并非经原告日本 D 株式会社许可的本案注册商标的被许可人，因此，该旅游鞋不是经过原告日本 D 株式会社在国外制造的商品，即使存在相关被告深圳 Z 公司所称的海外授权，也并不表明这些产品就具备在国内销售的法律条件，根据《商标法》第五十七条第二款、第三款之规定："未经商标注册人的许可，在同一种商品上使用与其注册商标近似的商标，或者在类似商品上使用与其注册商标相同或者近似的商标，容易导致混淆的""销售侵犯注册商标专用权的商品的"，均可认定是对商标专用权的侵犯。

此案关键点在于涉案商标在国内外是否属于不同的商标权人，如果属于同一个商标权人，应适用商标权用尽规则豁免，如果在国内外分属于不同商标权人，平行进口就会造成消费者混淆，构成对国内商标权人的侵权。

7.4 专利权的法律规则

7.4.1 专利权的一般规则

1. 专利的概念及特征

专利，指经国务院专利行政部门依照《中华人民共和国专利法》（以下简称《专利法》）规定的程序审查，认定为符合专利条件的发明创造。

专利具有如下特征。①专利是特殊的发明创造，是产生专利权的基础。②专利是符合专利条件的发明创造。③发明创造是否具有专利性，必须经国务院专利行政部门依照法定程序审查确定；否则，任何发明创造都不得成为专利。

我国《专利法》规定了 3 种专利：①发明；②实用新型；③外观设计。

2. 专利权及其特征

专利权，指公民、法人或者其他组织对其发明创造在一定期限内依法享有的专有权。

专利权的主体是依法享有专利权的公民、法人或其他组织；客体是被审批为专利的发明创造；内容是由专利权人自己实施或授权他人实施其专利的权利，以及禁止他人未经许可实施其专利的权利。

专利权具有专有性、时间性和地域性特征。

3. 专利法

专利法，是指调整因发明创造的开发、实施及其保护等发生的各种社会关系的法律规范的总和。狭义的专利法仅指国家立法机关依照法定程序制定的专利法。

我国《专利法》在 2020 年经历了第四次修订，自 2021 年 6 月 1 日起施行。

4. 专利权的客体

（1）发明。

发明是专利权的主要客体，也是各国专利法都给予保护的对象。根据《专利法》的规定，发明是指对产品、方法或者其改进所提出的新的技术方案。

我国《专利法》意义上的发明有两类，即产品发明和方法发明。产品发明，是人们通过研究开发出来的关于各种新产品、新材料、新物质等的技术方案；方法发明，是通过智力劳动创造的获取某种物质或实现某种效果的方法或手段。

（2）实用新型。

实用新型，也称"小发明"。根据《专利法》的规定，实用新型是指对产品的形状、构造或者其结合所提出的适于实用的新的技术方案。

实用新型具有以下特点：①实用新型是针对产品而言的，任何方法都不属于实用新型的范围；②作为实用新型对象的产品只能是具有立体形状、构造的产品，不能是气态、液态产品，也不能是粉末状、糊状、颗粒状的固态产品；③作为实用新型对象的产品必须具有实用性，能够在工业上应用；④作为实用新型对象的产品必须是可自由移动的物品，而不能是不可移动的物品。

（3）外观设计。

外观设计，是指对产品的整体或局部的形状、图案或其结合以及色彩与形状、图案的结合所做出的富有美感并适于工业应用的新设计。可以从以下几个方面理解外观设计：①附载外观设计的产品必须具有相对的独立性；②外观设计必须是与独立的具体的产品合为一体的新设计；③附载外观设计的产品必须能够在工业上应用；④外观设计必须能够使人产生美感，即通过形状、图案、色彩或者其结合而创作出来的外观设计被用以装饰物品，能够使人的视觉触及后产生一种愉悦的感受。

5. 专利权的主体

专利权的主体，是指有资格申请并获得专利权的单位或个人。根据《专利法》的规定，专利权的主体确定分为以下情形。

（1）发明人、设计人的所属单位。

所谓职务发明创造，是指发明人、设计人执行本单位的任务或者主要是利用本单位的物质技术条件所完成的发明创造。职务发明创造申请专利的权利属于该单位；申请被批准后，该单位为专利权人。

所称执行本单位的任务所完成的发明创造，是指：①在本职工作中做出的发明创造；②履行本单位交付的本职工作之外的任务所做出的发明创造；③退职、退休或者调动工作后 1 年内做出的，与其在原单位承担的本职工作或者原单位分配的任务有关的发明创造。

所谓本单位，包括临时工作单位；所谓主要是利用本单位的物质技术条件，是指利用本单位的资金、设备、零部件、原材料或者不对外公开的技术资料等。

（2）发明人、设计人。

发明人、设计人，即在职务之外，对发明创造的实质性特点做出创造性贡献的人。

非职务发明创造，申请专利的权利属于发明人、设计人；申请被批准后，专利权归发明人、设计人所有。《专利法》第七条规定，对发明人或者设计人的非职务发明创造专利申请，任何单位或者个人不得压制。

（3）共同发明创造。

两个以上单位或者个人合作完成的发明创造，除另有协议的以外，申请专利的权利属于共同完成的单位或者个人；申请被批准后，申请的单位或者个人为专利权人。即就共同发明创造而言，其共同发明人是专利申请人和专利权人，另有协议的除外。

（4）委托发明创造。

一个单位或者个人接受其他单位或者个人委托所完成的发明创造，除另有协议的以外，申请专利的权利属于完成的单位或者个人；申请被批准后，申请的单位或者个人为专利权人。即就委托发明创造而言，委托合同约定的人为专利申请人。没有合同约定或约定不明的，完成发明创造的发明人为专利申请人和专利权人。

（5）继受人。

继受人包括继承人和受让人，是指通过转让、继承、赠与的方式依法获得专利权的主体。也就是说，不是发明人、设计人及其所属单位的主体，也可以通过继受方式依法成为专利权主体。

6. 授予专利权的条件

（1）授予发明和实用新型专利权的条件。

① 新颖性，是指该发明或者实用新型不属于现有技术；也没有任何单位或者个人就同样的发明或者实用新型在申请日以前向国务院专利行政部门提出过申请，并记载在申请日以后公布的专利申请文件或者公告的专利文件中。新颖性是发明或实用新型获得专利权的必要条件之一，各国专利法均有规定。

所谓现有技术，又称已有技术或先行技术，是指有关某一技术问题已经公开的技术知识的总和。判断新颖性的问题实际上就是判断申请专利的技术是否与现有技术相同的问题。而判断某项技术是否属于现有技术，就是要看该项技术是否已经公开。因此某项发明公开与否是决定其是否具有新颖性的条件。

但是，在申请日前已经公开的技术，并不必然导致新颖性的丧失。根据专利法的规定，申请专利的发明创造在申请日以前六个月内，有下列情形之一的，不丧失新颖性：a. 在国家出现紧急状态或者非常情况时，为公共利益目的首次公开的；b. 在中国政府主办或者承认的国际展览会上首次展出的；c. 在规定的学术会议或者技术会议上首次发表的；d. 他人未经申请人同意而泄露其内容的。

② 创造性，是指与现有技术相比，该发明具有突出的实质性特点和显著的进步，该实用新型具有实质性特点和进步。创造性是发明或实用新型获得专利权的又一实质条件。所谓"发明具有突出的实质性特点"，是与现有技术相比，申请专利的发明具有与其明显不同的技术特征，如果是在现有技术的基础上仅仅通过合乎逻辑的分析、推理或者有限的试验可以得到的，则该发明是显而易见的，也就不具备突出的实质性特点。

③ 实用性，是指该发明或者实用新型能够制造或使用，并能够产生积极效果。依此规定，申请专利的发明或实用新型是产品的，该产品必须能够在产业上制造；申请专利的发明是方法的，该方法就必须能在产业上使用。"能够产生积极效果"，即该产品或方法能够产生较好的社会效果、经济效果和技术效果。

（2）授予外观设计专利权的条件。

根据《专利法》第二十三条的规定，授予专利权的外观设计，应当不属于现有设计；

也没有任何单位或者个人就同样的外观设计在申请日以前向国务院专利行政部门提出过申请，并记载在申请日以后公告的专利文件中。授予专利权的外观设计与现有设计或者现有设计特征的组合相比，应当具有明显区别。授予专利权的外观设计不得与他人在申请日以前已经取得的合法权利相冲突。本法所称现有设计，是指申请日以前在国内外为公众所知的设计。

（3）不授予专利权的项目。

① 对违反法律、社会公德或者妨害公共利益的发明创造，不授予专利权，如藏毒设备。

② 对违反法律、行政法规的规定获取或者利用遗传资源，并依赖该遗传资源完成的发明创造，不授予专利权，如人类基因图谱。

③ 下列各项不授予专利权：科学发现；智力活动的规则和方法；疾病的诊断和治疗方法；动物和植物品种；原子核变换方法以及用原子核变换方法获得的物质；对平面印刷品的图案、色彩或者二者的结合做出的主要起标识作用的设计。但动物和植物品种的生产方法，可依法授予专利权。

7.4.2　专利权人的权利

1. 独占权

独占权体现在专利权人对自己专利实施的自由和对他人实施其专利的禁止两个方面。

根据《专利法》的规定，发明和实用新型专利权被授予后，除专利法另有规定的以外，任何单位或者个人未经专利权人许可，都不得实施其专利，即不得为生产经营目的制造、使用、许诺销售、销售、进口其专利产品，或者使用其专利方法以及使用、许诺销售、销售、进口依照该专利方法直接获得的产品。外观设计专利权被授予后，任何单位或者个人未经专利权人许可，都不得实施其专利，即不得为生产经营目的制造、许诺销售、销售、进口其外观设计专利产品。

2. 转让权

转让权，包括专利申请权转让和专利权转让。根据《专利法》的规定，中国单位或者个人向外国人、外国企业或者外国其他组织转让专利申请权或者专利权的，应当依照有关法律、行政法规的规定办理手续。转让专利申请权或者专利权的，当事人应当订立书面合同，并向国务院专利行政部门登记，由国务院专利行政部门予以公告。专利申请权或者专利权的转让自登记之日起生效。

3. 许可权

许可权，即许可实施权，是专利权人通过实施许可合同的方式，许可他人实施其专利并收取专利使用费的权利。根据《专利法》的规定，任何单位或者个人实施他人专利的，应当与专利权人订立实施许可合同，向专利权人支付专利使用费。被许可人无权允许合同规定以外的任何单位或者个人实施该专利。

专利申请权或者专利权的共有人对权利的行使有约定的，从其约定。没有约定的，共有人可以单独实施或者以普通许可方式许可他人实施该专利；许可他人实施该专利的，收取的使用费应当在共有人之间分配。

4. 标记权

标记权，即专利权人有权在其专利产品或者该产品的包装上标明专利标识。

根据《专利法》的规定，发明人或者设计人无论是否专利权人，均有权在专利文件中写明自己是发明人或者设计人。

5. 请求保护权

请求保护权，即专利权人认为其专利受到侵犯时，有权向人民法院起诉或者请求专利管理部门处理以保护其专利权。

 案例分析

"眼球仪"专利产品许可案

1. 案情介绍

李某发明了"眼球仪"（一种教学仪器），2020 年 12 月获得发明专利。其后，李某与浙江某教学仪器厂订立了专利许可合同。2021 年 3 月，李某发现某省教学仪器公司买进的 198 台眼球仪与自己的发明专利相同，但又不是被许可方制造的。经调查，这批眼球仪的制造者是江苏某教学仪器厂。他们根据非法取得的技术资料仿造了该专利产品，并出售给某省教学仪器公司。江苏某教学仪器厂和某省教学仪器公司是否存在侵权行为？

2. 案例评析

此案中存在侵权行为。江苏某教学仪器厂侵权，侵犯了专利权人的制造权和销售权；若某省教学仪器公司出于恶意，明知该产品构成侵权还进行购买，则也构成侵权，侵犯了专利权人的销售权。如果某省教学仪器公司不知该产品存在侵权，且能指出侵权产品来源，则不构成侵权。

7.5 跨境电子商务知识产权侵权防范措施

为有效防范跨境电子商务知识产权侵权风险，帮助中国跨境电子商务产业链上各主体和政府监管部门更好地推动跨境电子商务发展，可以采取以下几个方面的措施。

1. 推进现有法律的完善及单行立法

目前，纵观我国的立法现状，在跨境电子商务领域的规定大多散见于《著作权法》《专利法》《商标法》《知识产权海关保护条例》等法律法规中。《电子商务法》是首部关于跨境电子商务的综合性法律，该法第四十一条规定："电子商务平台经营者应当建立知识产权保护规则，与知识产权权利人加强合作，依法保护知识产权。"除此之外都是一些国务院各部门的相关通知公告等，其中涉及知识产权侵权问题的规定也较为零散。

为加强跨境电子商务知识产权保护，一些地方人民政府在立足本省实际情况，针对跨境电子商务行业进行相关地方性立法，对知识产权侵权行为做到风险防控。例如，北京市知识产权局指导北京商标协会制定《跨境电子商务知识产权保护工作指引（试行）》，旨在明确跨境电子商务知识产权保护规则，指导相关企业建立完善知识产权保护机制，特别是海外诉讼应对能力。

2. 加大政府部门审查和监管工作力度

在跨境电子商务行业的知识产权管理方面，存在政府主管部门众多、管理分散、执法交叉等现象，所以政府主管部门要厘清对跨境电子商务知识产权保护的管理体制。

一是要尽快出台跨境电子商务知识产权保护的执法程序，明确执法监管主体，加强部门之间的协调和联动，规范侵权责任判定和纠纷解决流程，降低执法难度和执法风险。

二是积极探索建立跨境电子商务知识产权保护事前审查、事中监控、事后处理等一系列风险控制和稽查制度，完善前期信息收集工作和后续稽查监管制度，加强对跨境贸易电子商务行业的知识产权审查与监督。

三是加强执法力度和惩戒手段，对关于跨境电子商务运营过程中的知识产权侵权问题，要建立联合信用惩戒机制和信息公开制度，提高侵犯知识产权的违法犯罪成本，采取一体化的综合保护手段，促进我国跨境电子商务活动进入良性发展模式。

3. 完善行业组织的协调机构

行业组织作为政府与企业的桥梁和纽带，应积极发挥其组织协调作用，把跨境电子商务企业整合起来，积极交流、学习，促使产业链条的企业都来关注知识产权风险的防范。

我国应加强行业自身监管，建立知识产权行业自查体系。行业组织要大力加强跨境电子商务平台知识产权监管，制定行业标准应保证公平，同时应兼顾效率。

我国应健全跨境电子商务知识产权保护制度。鼓励跨境电子商务行业协会制定知识产权保护自律规范和信用机制，推动行业协会加强自身监管制度建设，通过建立诸如跨境电子商务认证中心、信用评价体系等手段，打击销售假冒伪劣产品等侵犯知识产权的行为，建立健全跨境电子商务知识产权保护制度。健全跨境电子商务知识产权援助机制，当跨境电子商务企业遭遇国外知识产权侵权诉讼时，行业组织应组织跨境电子商务企业积极应诉。

4. 提升跨境电子商务企业知识产权意识

企业要高度重视知识产权的重要性，提升知识产权意识，学习相关法律，了解知识产权规则与标准，要及时了解入驻平台和目标市场的知识产权情况。

跨境电子商务企业要不断进行独立自主创新，打造和维护特色品牌，同时要注重中国研发设计和制造领域的协同创新。构建新发展格局要求中国产品在研发设计领域、制造领域创新，更好地满足国内外消费市场的需求，更深刻地挖掘市场潜力。在产品正式上架售卖之前，跨境电子商务企业一定要做好知识产权检索，确认该款产品没有在国外申请过相关的知识产权，做好侵权排查，杜绝侵权行为的发生。

5. 建立海外维权援助机制

我国政府机关应当积极发挥其作用，在跨境知识产权诉讼中为我国的当事人提供一定的司法便利和帮助，更好地保障我国当事人的合法权益。政府还可以尝试搭建相关的网络海外维权平台，借助该平台进行域外法律的普法教育，开展线上企业知识产权风险回避等咨询业务，更好地对接知识产权机构与跨境电子商务企业，从源头上减少侵权案件的发生。政府应积极引导当地企业与个人参与到海外维权行动中去，通过多种宣传途径提升跨境电子商务企业与个人的维权意识，减少因为与国外语言、政策、文化的不同而产生的厌讼情绪。

本章小结

本章首先介绍了跨境电子商务面临的知识产权问题等；其次讲述了著作权、商标权和专利权的法律规则；最后，对跨境电子商务知识产权侵权防范措施做了分析。通过对本章的学习，读者能够了解和认识跨境电子商务活动中涉及知识产权的法律规则和法律风险，并采取适当的措施对风险加以防范，为跨境电子商务运营提供帮助和参考。

练习题

一、单项选择题

1. 根据我国著作权取得制度，下列哪一选项的内容符合我国著作权产生的情况？（   ）

    A. 随作品的发表而自动产生

    B. 随作品的创作完成而自动产生

    C. 在作品上加注著作权标记后自动产生

    D. 在作品以一定的物质形态固定后产生

2. 甲网站与乙唱片公司签订录音制品的信息网络传播权许可使用合同，甲网站按约定支付报酬后，即开展了网上原版音乐下载业务。对甲网站的行为应如何定性？（   ）

    A. 是合法行为

    B. 构成侵权行为，因为该行为应取得著作权人的许可，而不是取得录音制作者的许可

    C. 构成侵权行为，因为该行为还须取得著作权人、表演者的许可并支付报酬

    D. 构成侵权行为，因为该行为虽无须取得著作权人的许可，但必须取得表演者的许可

3. 甲公司与乙公司约定：甲公司使用乙公司的一项专利方法，并支付 50 万元使用费，乙公司可生产甲公司一种专利产品，并支付 100 万元专利使用费。该专利实施许可属于（   ）。

    A. 独占实施许可   B. 普通实施许可

    C. 从属实施许可   D. 交叉实施许可

4. 杭州娃哈哈（集团）股份有限公司注册了"娃哈哈""娃娃哈""娃哈娃""哈哈娃"等商标，这有利于其驰名商标"娃哈哈"得到有效保护。此 4 件商标构成（   ）。

    A. 防御商标   B. 集体商标

    C. 联合商标   D. 组合商标

5. 我国甲公司在中国和日本均注册了商标 W，而日本的乙企业在其本国同种商品上

使用了 W 商标，乙企业侵犯了我国甲公司（　　　）。

  A．在中国的商标权   B．在日本的商标权

  C．在中国和日本的商标权   D．在亚洲地区的商标权

二、多项选择题

1．著作权包括以下哪些人身权？（　　　）

  A．发表权和署名权   B．使用权和获得报酬权

  C．修改权   D．保护作品完整权

2．某跨境电子商务法人甲对一部大型摄影画册拥有著作权。后来法人甲根据上级主管部门的命令分为两个法人乙和丙。根据著作权法的规定，该画册的著作权归属状况如何？（　　　）

  A．法人乙在法律规定的保护期内享有该画册的使用权和获得报酬权

  B．法人丙在法律规定的保护期内享有该画册的使用权和获得报酬权

  C．该画册的著作权由国家享有

  D．该画册的著作权由原法人甲的上级主管部门享有

3．专利权的保护对象是（　　　）。

  A．发明   B．实用新型

  C．外观设计   D．集成电路布图设计

4．有下列（　　　）情形的，不视为侵犯专利权。

  A．专利产品或者依照专利方法直接获得的产品，由专利权人或者经其许可的单位、个人售出后，使用、许诺销售、销售、进口该产品的

  B．在专利申请日前已经制造相同产品、使用相同方法或者已经做好制造、使用的必要准备，并且仅在原有范围内继续制造、使用的

  C．专为科学研究和实验而使用有关专利的

  D．为提供行政审批所需要的信息，制造、使用、进口专利药品或者专利医疗器械的

5．重庆思瑞公司申请取得了一项发明专利权，该公司有权（　　　）。

  A．禁止他人未经许可制造该专利产品

  B．禁止他人未经许可销售该专利产品

  C．禁止他人未经许可进口该专利产品

  D．禁止他人未经许可许诺销售该专利产品

三、简答题

1．简述跨境电子商务的知识产权风险表现形式。

2．简述我国著作权法所保护的作品种类。

3．简述商标的构成条件。

4．简述不视为侵犯专利权行为的种类。

5．简述跨境电子商务知识产权侵权防范措施。

四、案例分析

［案例1］

甲的父亲是一位书画爱好者，一生中收集了大量作品。逝世后甲便继承了这批作品。在一次文化交流会上，甲展出其中的一部分，引起了参观者的兴趣。其中的一幅画《流浪》被一家出版社选中，打算编入即将出版的《中华绘画精选》。由于该幅画的作者身份不明，甲认为自己既然是作品的所有者，就有权发表该作品，于是与出版社签订合同，从中获利两万元。该书发行后，此画作者乙向法院诉甲侵犯了自己的著作权，他当初只是将画赠予甲的父亲，而并没有转让著作权。

请问：

（1）甲展出此画的行为是否侵权？

（2）甲同意出版社发表这幅画的行为是否合法？

（3）乙出现后，甲、乙对这幅画各有什么权利？

［案例2］

日本某品牌商标是日本D公司的注册商标，日本D公司许可原告南通W公司排他性在中国使用日本该品牌商标。被告S公司在某跨境电子商务平台上销售从日本进口的带有日本该品牌商标的纸尿裤产品，该产品为日本D公司所生产。

请问：被告进口销售行为是否构成侵犯W公司的商标权？

［案例3］

某医学院教授在科研中使用了Y公司的药品专利，对该专利进行实验室分析后在其基础上研制出一种新药；该新药在医学院附属医院中做临床试验，医生在开处方时按照普通药品销售给患者使用；该教授就这一研究成果发表了一篇新药研制学术论文，论文中引用了Y公司专利文献中的数据。

请问：

（1）该教授在实验室中引用Y公司的专利技术是否构成侵权？为什么？

（2）该新药在临床试验中使用是否对Y公司的专利构成侵权？为什么？

（3）论文中引用Y公司专利文献数据是否构成对Y公司专利文献的著作权侵权？为什么？

操作实训

一、实训目的

学生分组，根据情形案例分析跨境电子商务企业如何防范知识产权侵权，并制作案例评析报告，达到掌握实务技能的目的。

二、实训主要内容

1. 教师讲解与知识产权相关的法律法规，主要讲解《著作权法》《商标法》《专利法》权利人的一般和特殊权利，引导学生分析跨境电子商务中侵犯著作权、商标权和专利权的情形。（3学时）

2．每组提交案例评析报告。（1 学时）

三、实训要求

1．学生自行组成小组（可以跨年级、班级），根据情形案例进行训练。

2．学生要提前阅读相关的法律法规，认真熟悉案例，并邀请有关教师做指导，以正确把握有关情况。

3．学生在正确把握案例的基础上，形成流程简介、角色分工等书面材料。

4．学生在指导教师的指导下，按流程认真进行实训。

5．学生训练后要制作卷宗。

6．学生将各种资料汇总编制目录，并按顺序叠放整齐，加封皮装订成册，注明班级、参与人员和时间。

四、实训步骤

（一）跨境电子商务中侵犯知识产权的典型案例的资料准备

1．选择案例，并根据提出的问题列出相关法律法规的要求。

2．制作跨境电子商务中侵犯知识产权案和解方案的卷宗。

3．进行排练。通过排练来检验准备情况，如有疏漏、不足和失误，要及时调整，确保准备充分，为正式实训打好基础。

（二）对典型侵犯知识产权案件的法理分析

1．各小组对案例中跨境电子商务企业遇到的问题进行讨论。

2．讨论后，各小组写出案例评析报告。

（三）整理相关的材料，并形成完整的案卷

五、实训思考

1．简述临时禁令（TRO）的含义。

2．面对原告起诉的跨境电子商务侵犯知识产权案件，被告应采取怎样的方案？

3．简述针对跨境电子商务知识产权问题，中国出口跨境电子商务卖家应对 TRO 的策略。

六、实训成果形式

1．各小组准备的关于跨境电子商务知识产权侵权的法律法规等资料。

2．各小组讨论后形成的案例评析报告。

3．对此次实训的总结。

七、情形案例

教师可指导学生根据下面的案例进行实训，指导学生制作案例评析报告，从上传侵权图片的风险、售卖侵权产品的风险和知识产权侵权解决途径等角度进行思考。教师可灵活掌握实务需要的材料，在小组成员之间或小组之间分配材料制作任务。

李维斯品牌临时禁令（TRO）案

原告：李维斯

被告：36 名，主要来自阿里巴巴国际站、速卖通等出口跨境电子商务平台，它们既有专营牛仔服饰的出口 B2B 厂商，也有小额零售 B2C 卖家，说明代理律师起诉对象具有无差别性。2019 年 8 月 16 日发案，2019 年 9 月 5 日开始冻结，推进速度快，从案件起诉到出口跨境电子商务平台收到美国法院起诉书冻结被告资金账户仅隔 20 天。

其中被告 4（A 店铺）为速卖通上专卖牛仔服饰的一家店铺，在 2019 年 4 月被来自美国伊利诺伊州芝加哥市的一买家下单购买了一条牛仔裤，A 店铺按照速卖通平台的发货流程，在备货期内发出包裹，买家在 35 天后确认收货。2019 年 9 月 5 日，A 店铺发现店铺后台速卖通账户中的所有可用资金被冻结，4 天后收到速卖通邮件被告知由于侵犯李维斯知识产权，受美国伊利诺伊地方法院的 TRO 要求，冻结速卖通账户 2019 年 9 月 5 日当天的所有可用余额，同时 A 店铺所有商品被强制下架，速卖通要求对所有商品进行检查确认后再次手动上架销售。

A 店铺通过对后台订单和商品的过滤筛选，发现了该侵权商品侵犯了李维斯在 1980 年 9 月 2 日注册的牛仔裤后袋海鸥线设计，李维斯海鸥线不仅注册了设计本身，还连带注册了海鸥线裤袋、海鸥线牛仔版型设计，因此海鸥线的商标具有系统性，即海鸥线设计不但禁止在牛仔裤上使用，而且在任何长裤、短裤、衬衫以及夹克上使用都是违法的。

A 店铺负责人收到速卖通资金账户冻结邮件以及起诉书邮件后，由于没有相关法律知识和专业人员，一时间无从应对。通过与速卖通平台客服对接后，对方建议 A 店铺通过和解的方式与代理律师达成和解，在支付代理律师相应的赔偿金后，速卖通平台会解冻 A 店铺在速卖通平台的账户，并恢复资金的提现与转账功能。

A 店铺在评估了自己的侵权事实与被冻结资金的数额基础上，同意与代理律师进行庭外和解，在己方律师协助下登记了侵权信息与被冻结账户信息，提交给代理律师事务所。一个月后，代理律师事务所发来和解书，要求承认侵权事实，同时赔偿冻结金额的 50%，须在 3 天内提交和解书，过期作废。A 店铺通过综合评估最终签署了该和解书，并同意通过速卖通平台资金账户扣除 50% 和解金。一个半月后，A 店铺速卖通账户被扣除和解金，账户功能恢复。

请分析在跨境电子商务中我国卖家应如何应对临时禁令（TRO）和采取什么措施防范知识产权侵权风险。

第8章
电子商务运营中消费者权益保护与市场监管

导学视频

学习目标

1. 熟悉电子商务运营中的消费者权益保护法律规则。
2. 掌握电子商务运营中的反不正当竞争法律规则。
3. 熟悉互联网广告相关法律规则。

重点难点

1. 重点：电子商务消费者的权利；电子商务经营者的义务。
2. 难点：不正当竞争行为的主要类型；互联网广告内容及广告行为的相关法律规则。

【案例导入】"网络倒爷"刷单行为应如何规制

2019年2月11日，陈某通过某电商平台自营商城购买了"某品牌婴幼儿配方奶粉3段"共2罐，并支付货款346元，收货地址为浙江某小区。同年2月15日，物流信息显示涉案商品已完成配送。但陈某表示，其一直未收到涉案商品且未收到任何快递通知。沟通无果后，陈某认为，某电商平台未按合同约定履行义务，对消费者构成欺诈，遂诉至人民法院，要求某电商平台退款346元，并按3倍价款赔偿1038元。

面对陈某的指责，某电商平台表示，陈某实为案外人周某组织的买手。2019年2月10日至12日，陈某根据周某指示分6笔订单（包含涉案订单）购买了该平台自营商城的"某品牌婴幼儿配方奶粉3段"共30罐，涉案商品的实际收货人为周某。因周某的上家未向其支付货款，导致周某无法向陈某支付足额款项。钱货两空的陈某遂以"未收到货"为由起诉某电商平台，欲收回损失。此外，经查证，陈某所填写的收货地址为虚拟地址，该小区并无15栋。因此该电商平台认为，因陈某在购买涉案商品前，已明知所购商品并非为其自身消费使用，而是刷单行为，其货款损失应自行承担，请求法院驳回陈某诉讼请求。

经法院查明，某电商平台销售页面显示，涉案品牌3段奶粉适用于1周岁以上婴幼儿，4 段奶粉适用于 2 周岁以上婴幼儿。陈某在其女满 2 周岁后购买了大量涉案品牌 3 段奶粉，且收货地址均为虚拟地址，不符合一般消费者购物习惯。法院认定陈某系案外人周某组织的买手。因此广州互联网法院判决驳回原告陈某的全部诉讼请求。

思考题：在电子商务活动中，消费者权益保护有哪些特点？

8.1 电子商务运营中的消费者权益保护法律规则

8.1.1 电子商务运营中消费者权益保护概述

"消费者"指为生活消费需要购买、使用商品或者接受服务的人。目前，我国电子商务领域有关消费者权益保护的法律法规，以《消费者权益保护法》为基础，同时包括了《产品质量法》《电子商务法》《电子签名法》《网络交易平台服务规范》《中华人民共和国反垄断法》（以下简称《反垄断法》），以及《反不正当竞争法》《民法典》《网络交易监督管理办法》等。

电子商务消费者，又称网络消费者、互联网消费者，指通过网络、现代信息技术手段，为生活消费需要购买、使用商品或者接受服务的人。《电子商务法》针对电子商务消费者权益保护进行了相对比较完整和系统的规范，涉及的消费者权益主要包括安全权、知情权、自主选择权、公平交易权、便利权、收货验货权、评价权、信息保护权、求偿权。同时，《网络交易平台服务规范》和《网络交易监督管理办法》也通过规范经营者和电商平台的行为，进行消费者权益保护。

拓展阅读 **"3·15 国际消费者权益日"的由来**

对"消费者权益"的明确概括，是在 20 世纪 60 年代美国消费者运动再度兴起的背景下，时任美国总统约翰·肯尼迪于 1962 年提出的。1962 年 3 月 15 日，美国前总统约翰·肯尼迪在美国国会发表的《关于保护消费者利益的总统特别咨文》中，强调"每一个人都是消费者"，并提出了著名的消费者"四项权利"，即有权获得安全保障，有权获得正确资料，有权自由决定选择，有权提出消费意见。这四项权利被世界各国消费者组织所公认。这是世界范围内首次提出消费者利益保护。1969 年，尼克松总统补充了"方便救济的权利"。1975 年，福特总统添加了"消费者受教育权"。1983 年，国际消费者联盟组织将每年的 3 月 15 日确定为"国际消费者权益日"。

8.1.2 电子商务消费者的权利

我国于 1993 年颁布的《消费者权益保护法》在广泛借鉴各国立法的基础上，结合我国国情，确立了消费者的安全权、知情权、选择权、公平交易权等权利。2014 年，《消费者权益保护法》又增添了退货权和个人信息受保护权，从而丰富和完善了我国消费者保护的权利体系。

1. 安全权及其保护

安全权，是指消费者在购买、使用商品或接受服务时所享有的人身和财产安全不受侵害的权利。消费者安全权是最基本、最重要的权利，各国的消费者保护立法都将之作为首要权利加以规定。《电子商务法》第十三条规定，电子商务经营者销售的商品或者提供的服务应当符合保障人身、财产安全的要求和环境保护要求，不得销售或者提供法律、行政法规禁止交易的商品或者服务。

2. 知情权及其保护

知情权，也称知悉真情权，指消费者所享有的知悉其购买、使用的商品或者接受的服务的真实情况的权利。消费者有权知悉的情况，包括商品或者服务的基本信息，主要指商品的价格、产地、生产者、用途、性能、规格、等级、主要成份、生产日期、有效期限、检验合格证明、使用方法说明书、售后服务，或者服务的内容、规格、费用等有关情况。在《消费者权益保护法》有关知情权保护的一般性规定基础上，《电子商务法》针对电子商务领域的知情权保护，进行了强调和细化。

拓展阅读　　　　　李某诉某仙公司合同纠纷案

2012年8月9日，李某在某宝网购买了某仙网电子商务股份有限公司（以下简称某仙公司）销售的白酒6瓶，网上商品页面描述为"白酒中国名牌52度五粮液（1618）500mL特价"，成交价为8394元。交易完成后李某查询上述网页发现，其购买的白酒在某仙公司的某宝店铺中标注的商品"特价和原价"相等，于是向北京市价格举报中心举报。之后，李某与某仙公司达成《谅解协议书》，约定双方于协议签订后5日内完成退货、退款手续，某仙公司赔偿李某8394元，如一方违约，承担总金额20%的违约金。因某仙公司未履行该协议，李某诉至滨海县人民法院，请求某仙公司赔偿8394元并承担违约金1678.8元。

受诉法院认为，经营者与消费者进行交易，应遵循自愿、平等、公平、诚实信用的原则。经营者在交易过程中，应当向消费者提供有关商品真实信息，不得做虚假宣传。在本案网络交易过程中，某仙公司以网上销售的是特价商品来误导消费者，其行为已构成欺诈，依法应承担法律责任。李某与某仙公司达成了谅解协议，而某仙公司未能按照该约定履行，其行为构成违约，应承担违约责任。因此李某要求某仙公司履行赔偿义务的诉讼请求，符合法律规定，依法应予支持。经法院合法传唤，某仙公司无正当理由拒不到庭参加诉讼，视为放弃其抗辩权，应当承担对其不利的法律后果。受诉法院判决某仙公司给付李某赔偿款及违约金共计10 072.8元。

---

3. 选择权及其保护

选择权，亦称"自主选择权"，即消费者根据自己的意愿自主地选择其购买的商品及接受的服务的权利。《电子商务法》对电子商务消费者选择权的特殊保护，主要体现在：第一，消费者对电子发票、纸质发票的选择权；第二，消费者对搭售商品或者服务的选择权；第三，消费者对物流方式和支付方式的选择权。

4. 公平交易权及其保护

公平交易权，即消费者在购买商品或者接受服务时所享有的获得质量保证、价格合理、计量正确等公平交易条件的权利。结合电子商务的特点，《电子商务法》第二十一条规定，电子商务经营者按照约定向消费者收取押金的，应当明示押金退还的方式、程序，不得对押金退还设置不合理条件。消费者申请退还押金，符合押金退还条件的，电子商务经营者应当及时退还。

5. 退货权及其保护

退货权，是指消费者按照法律规定或者约定，在期限内对所购买商品无条件要求退货，而经营者应当无条件予以退货的权利。退货权实质上是消费者知情权和选择权的延伸，也称为"反悔权"，是法律对处于弱势地位的消费者的保护。根据《消费者权益保护法》第二十五条的规定，经营者采用网络、电话、电视等方式销售商品，消费者有权自收到商品之日起七日内退货，且无须说明理由。

拓展阅读　　　　　　　**打折"福袋"遭遇退货难**

小赵被某网商的"反季促销，300元惊喜福袋"吸引，一次性购买了3个"福袋"，但收到福袋后他发现福袋中的衣服均已缩水，想要退换却被对方以"打折商品概不退换"为由拒绝。2017年10月9日，小赵决定通过新闻渠道为自己讨个公道。

原来，小赵是该网店的忠实用户，几乎每个季度都会在这家网店买一批衣服，对商品的质量很有把握。当日，他看到对方推出"福袋"活动十分惊喜。"每个福袋300元，里面有店老板随意放置的3件衣服，我看了店老板挂出的福袋，其中每件衣服的单价都超过百元，买后自己穿、送朋友都可以。"小赵在向店老板报了自己身高、体重后，一口气买了3个福袋。2017年10月6日，小赵在购买的福袋送到后，上身试穿，发现这些衣服的号码都"缩水"了。于是，小赵和店老板沟通，想更换衣服，但对方却表示这些属于打折商品，不退不换，而且这一条例在网店宣传页上有明确标注。"以前店家推荐的尺码一直是对的，只有这次全部缩水，还不给换，这明显是在欺骗消费者。"小赵已经向平台投诉。

对此，律师表示，"打折商品概不退换"属于霸王条约，侵害了消费者的退货权。小赵可以将这些商品退回，至于投诉迟迟没有得到解决，属于平台管理问题。

---

6. 依法求偿权及其保护

依法求偿权，指消费者因购买、使用商品或者接受服务受到人身、财产损害时所享有的依法获得赔偿的权利。结合电子商务的特点,《电子商务法》进一步规定,电子商务平台经营者知道或者应当知道平台内经营者销售的商品或者提供的服务不符合保障人身、财产安全的要求,或者有其他侵害消费者合法权益行为,未采取必要措施的,依法与该平台内经营者承担连带责任。对关系消费者生命健康的商品或者服务,电子商务平台经营者对平台内经营者的资质资格未尽到审核义务,或者对消费者未尽到安全保障义务,造成消费者损害的,依法承担相应的责任。

7. 个人信息受保护权及其保护

个人信息受保护权,指个人享有的对本人信息的支配、控制和排除他人侵害的权利,包括对信息决定权、信息保密权、信息查询权、信息更正权等的支配、控制和排除他人侵害的权利。2014 年,《消费者权益保护法》首次将个人信息受保护权确认为消费者的一项权利,这是消费者保护领域的一项重大突破。结合电子商务的特点,《电子商务法》第二十三条、第二十四条、第二十五条,针对电子商务活动特别是网络环境下保护消费者个人信息,提供了重要的法律依据和支持。

8. 依法结社权及其保护

依法结社权,亦称建立消费者组织权,即消费者享有依法成立维护自身合法权益的社会团体的权利。消费者依法结社权是《中华人民共和国宪法》关于公民结社权在消费者权益保护领域的具体体现。

9. 获得知识权及其保护

获得知识权,指消费者享有的获得有关消费和消费者权益保护方面的知识的权利。消费者可以通过适当方式提出获得相关教育的要求,督促经营者充分、客观地披露有关商品、服务信息;政府、企业、社会组织、新闻媒体应当保证消费者接受消费知识教育。

10. 受尊重权及其保护

受尊重权,又称人格尊严及风俗习惯受尊重权,即消费者在购买、使用商品和接受服务时,享有其人格尊严、民族风俗习惯得到尊重的权利。结合电子商务的特点,《电子商务法》第十八条规定,电子商务经营者根据消费者的兴趣爱好、消费习惯等特征向其提供商品或者服务的搜索结果的,应当同时向该消费者提供不针对其个人特征的选项,尊重和平等保护消费者合法权益。

11. 监督权及其保护

监督权,是指消费者享有对商品和服务以及保护消费者权益工作进行批评、建议、检举、控告的权利。结合电子商务的特点,《电子商务法》明确了消费者对商品和服务有进行评价的权利,同时明确要求了对消费者监督权的保护。

12. 精神损害求偿权及其保护

精神损害求偿权,指经营者有侮辱诽谤、搜查身体、侵犯人身自由等侵害消费者或者其他受害人人身权益的行为,造成严重精神损害的,受害人可以要求精神损害赔偿。2014年,《消费者权益保护法》赋予消费者精神损害赔偿权,是消费者权益保护领域的一项突破,兼具补偿性与惩罚性功效。需要注意的是,精神损害必须达到严重的程度;对较为轻微的精神损害主张精神损害赔偿请求,不予支持。

8.1.3 电子商务经营者的义务

1. 依法或依约提供商品或服务的义务

经营者向消费者提供商品或者服务，应当依照法律、法规的规定履行义务。经营者和消费者有约定的，应当按照约定履行义务，但双方的约定不得违背法律、法规的规定。经营者向消费者提供商品或者服务，应当恪守社会公德，诚信经营，保障消费者的合法权益；不得设定不公平、不合理的交易条件，不得强制交易。

拓展阅读　　　　消费者网购限时抢购商品维权纠纷

2013 年 11 月 26 日，某电商平台推出了促销活动。其中，在一折限时抢购活动中，长虹一款 32 英寸（1 英寸=2.54 厘米，下同）液晶电视标价为 161.99 元。超低的价格令上千名消费者纷纷下单抢购。但一天后，消费者却陆续接到该平台缺货、取消订单的邮件。而消费者发现，长虹该款电视却以 1489 元的价格在该平台上继续销售，只不过由当时的该平台自营销售变成由长虹专卖店销售。其中169 名消费者委托律师向该平台递交了律师函，要求该平台及时发货，赔礼道歉。但该平台迟迟没有回应。2014 年 1 月，宁先生等 3 位消费者代表向北京市朝阳区人民法院递交了诉状，要求该平台按照订单履行交付电视的义务。4 月 15 日，北京市朝阳区人民法院判决该平台败诉，责成该平台于判决生效起 10 日内，给消费者交付售价 161.99 元的长虹 32 英寸电视，并承担消费者的保全费 1000 元、律师费 4000 元，逾期将加倍支付债务利息。该平台不服此判决，向北京市第三中级人民法院提起上诉。2014 年 9 月，第三中级人民法院做出终审判决，维持一审法院判决，判决支持消费者所有诉讼请求，要求该平台向 3 名网购消费者履行交付长虹电视并承担消费者的律师费等费用。

---

2. 接受消费者监督的义务

经营者应当听取消费者对其提供的商品或者服务的意见，接受消费者的监督。结合电子商务的特点，《电子商务法》第三十九条明确要求，电子商务平台经营者应当建立健全信用评价制度，公示信用评价规则，为消费者提供对平台内销售的商品或者提供的服务进行评价的途径。电子商务平台经营者不得删除消费者对其平台内销售的商品或者提供的服务的评价。

3. 安全保障义务

经营者应当保证其提供的商品或者服务符合保障人身、财产安全的要求。对可能危及人身、财产安全的商品和服务，应当向消费者做出真实的说明和明确的警示，并说明和标明正确使用商品或者接受服务的方法以及防止危害发生的方法。

4. 提供真实信息义务

经营者提供真实信息的义务同消费者的知情权对应，即经营者应向消费者提供有关商品或服务的真实信息。对于线上的消费者来说，由于不能接触到实体商品，信息的真实性更难以保证，对此，《网络交易监督管理办法》第十九条规定，网络交易经营者应当全面、真实、准确、及时地披露商品或者服务信息，保障消费者的知情权和选择权。具体而言，提供真实信息的义务包括两个方面：一是不能虚假宣传；二是不能隐瞒商品、服务的缺陷信息。

拓展阅读　　　　　**网购商品虚假宣传的法律责任**

2015 年 3 月，陈某在某电子商务公司经营的购物平台上购买了某食品公司经营销售的某品牌深海鱼油软磷脂胶囊礼盒，并支付了人民币 4200 元。某食品公司在其商铺宣传界面称上述产品具有"调节内分泌、抗炎止痛、改善视力"等功效。实际上，该商品仅为普通食品。于是，陈某向法院起诉，要求某食品公司退还购物款 4200 元，并按购物款 3 倍赔偿 12 600 元；某电子商务公司承担连带责任。

某电子商务公司在庭审中提交了某食品公司的营业执照复印件、食品流通许可证复印件、联系方式、涉案产品的出入境检验检疫证书等，答辩称其尽到了必要的审查义务，对某食品公司在其网络平台上宣传涉案产品的功效无法事先审查。一审法院以虚假、夸大宣传为由，判决某食品公司返还购物款 4200 元并向陈某 3 倍赔偿 12 600 元，某电子商务公司承担连带赔偿责任。某食品公司、某电子商务公司均提起上诉，二审法院经审理后，依法维持了某食品公司退还货款和 3 倍赔偿的原判。某电子商务公司因准确提供了商家信息并且没有证据证明其知道或者应当知道商家利用其平台实施虚假宣传，故二审法院撤销了由某电子商务公司承担连带责任的判决。

---

5. 标明真实名称和标记义务

根据《消费者权益保护法》第二十一条的规定，经营者应当标明其真实名称和标记。租赁他人柜台或者场地的经营者，应当标明其真实名称和标记。法律规定经营者标明真实名称和标记义务，既是为了保障消费者的知情权，也是为了制止不正当竞争。结合电子商务的特点，《电子商务法》第三十七条规定，电子商务平台经营者在其平台上开展自营业务的，应当以显著方式区分标记自营业务和平台内经营者开展的业务，不得误导消费者。

6. 出具凭证义务

根据《消费者权益保护法》第二十二条的规定，经营者提供商品或者服务，应当按照国家有关规定或者商业惯例向消费者出具发票等购货凭证或者服务单据；消费者索要发票等购货凭证或者服务单据的，经营者必须出具。结合电子商务的特点，《电子商务法》第十四条规定：电子商务经营者销售商品或者提供服务应当依法出具纸质发票或者电子发票等购货凭证或者服务单据。电子发票与纸质发票具有同等法律效力。

7. 商品质量保证义务

经营者向消费者提供的商品或服务，应保证合法并具有相应的质量与性能。值得指出的是，2014 年，《消费者权益保护法》对机动车、计算机等耐用商品或者装饰装修等服务纠纷，实行举证责任倒置，化解了消费者举证难问题。

8. 退换修理义务

根据《消费者权益保护法》第二十四条的规定，对于不符合质量要求的商品或者服务，经营者应履行更换、修理义务，即"包修、包换、包退"义务。《消费者权益保护法》增加了经营者七日无理由退货义务，即经营者采用网络、电视、电话、邮购等方式销售商品，消费者有权自收到商品之日起七日内退货，且无须说明理由。

9. 公平交易义务

《消费者权益保护法》对格式合同进行了专门规定，以杜绝"霸王条款"。根据《消费者权益保护法》第二十六条的规定，经营者在经营活动中使用格式条款的，应当以显著方式提请消费者注意商品或者服务的风险警示等与消费者有重大利害关系的内容，并按照消费者的要求予以说明。经营者不得以店堂告示等方式，做出对消费者不公平、不合理的规定，不得利用格式条款并借助技术手段强制交易。店堂告示等含有对消费者不公平、不合理规定的，其内容无效。

10. 尊重消费者人身权义务

根据《消费者权益保护法》第二十七条的规定，经营者不得对消费者进行侮辱、诽谤，不得搜查消费者的身体及其携带的物品，不得侵犯消费者的人身自由。《电子商务法》第十八条规定，电子商务经营者向消费者提供针对其个人特征的选项时，应当同时提供共性选项，尊重消费者的人格尊严和个人隐私，统一对待所有消费者。

11. 商品召回义务

2014年，《消费者权益保护法》首次在国家法律层面明确了经营者召回商品的义务，即经营者发现其提供的商品或者服务存在缺陷，有危及人身、财产安全危险的，应当立即向有关行政部门报告和告知消费者，并采取停止销售、警示、召回、无害化处理、销毁、停止生产或者服务等措施。采取召回措施的，经营者应当承担消费者因商品被召回支出的必要费用。

12. 信息提供义务

《消费者权益保护法》第二十八条明确规定，采用网络、电视、电话、邮购等方式提供商品或者服务的经营者，以及提供证券、保险、银行等金融服务的经营者，应当向消费者提供经营地址、联系方式、商品或者服务的数量和质量、价款或者费用、履行期限和方式、安全注意事项和风险警示、售后服务、民事责任等信息。

13. 保护消费者个人信息的义务

2014年，《消费者权益保护法》明确了经营者保护消费者个人信息的义务，即经营者收集、使用消费者个人信息，应当遵循合法、正当、必要的原则，明示收集、使用信息的目的、方式和范围，并经消费者同意。经营者收集、使用消费者个人信息，应当公开其收集、使用规则，不得违反法律、法规的规定和双方的约定收集、使用信息。经营者及其工作人员对收集的消费者个人信息必须严格保密，不得泄露、出售或者非法向他人提供。经营者应当采取技术措施和其他必要措施，确保信息安全，防止消费者个人信息泄露、丢失。在发生或者可能发生信息泄露、丢失的情况时，应当立即采取补救措施。经营者未经消费者同意或者请求，或者消费者明确表示拒绝的，不得向其发送商业性信息。

国家市场监督管理总局颁布的《网络交易监督管理方法》针对网络交易经营者收集、使用消费者个人信息提出了明确要求。该办法第十三条规定：网络交易经营者收集、使用消费者个人信息，应当遵循合法、正当、必要的原则，明示收集、使用信息的目的、方式和范围，并经消费者同意。网络交易经营者收集、使用消费者个人信息，应当公开其收集、使用规则，不得违反法律、法规的规定和双方的约定收集、使用信息。

网络交易经营者不得采用一次概括授权、默认授权、与其他授权捆绑、停止安装使用等方式，强迫或者变相强迫消费者同意收集、使用与经营活动无直接关系的信息。收集、使用个人生物特征、医疗健康、金融账户、个人行踪等敏感信息的，应当逐项取得消费者同意。

网络交易经营者及其工作人员应当对收集的个人信息严格保密，除依法配合监管执法活动外，未经被收集者授权同意，不得向包括关联方在内的任何第三方提供。

8.1.4　电子商务消费者权益争议的解决

根据《消费者权益保护法》的规定，消费争议可以通过协商和解、调解、投诉、仲裁、诉讼等 5 种途径解决。随着电子商务和跨境贸易的发展，我国亟须建立和完善在线调解、在线仲裁等非诉讼纠纷解决途径，最大限度解决管辖问题给消费者带来的不便，保障消费争议的快速解决，从而促进电子商务的进一步发展。

1．协商和解

协商和解，指争议双方在平等自愿的基础上，就已经发生的消费争议进行协商并达成协议，自行解决争议的一种方式。协商是当事人在私人意思自治的范围内采取的解决方式，往往适用于金额较小、分歧不大的争议，具有快捷、有效、最大限度尊重当事人意愿的优势。当然，如果通过协商难以使争议得到解决，消费者应及时谋求其他途径。

拓展阅读　　　　　**中国消费者协会投诉和解监督平台**

"中国消费者协会投诉和解监督平台"是中国消费者协会建立的网络维权站点，旨在疏通《消费者权益保护法》所规定的"与经营者协商和解"的途径。当发生消费者权益争议时，消费者可以通过平台直接向经营者提出诉求。平台通过减少消费争议处理环节，提高消费争议和解率，降低消费者维权成本，提升消费品质，营造安全放心的消费环境。同时，平台兼有听取、征求、分析消费者对商品和服务质量的意见和建议的责任，发挥社会监督作用。

2．调解

调解，指在中立第三方的协调、斡旋之下，由双方当事人就消费争议自愿协商，达成协议，从而解决纠纷的方式。中立第三方，包括消费者组织、行业协会、其他依法成立的调解组织。其他依法成立的调解组织目前主要是指人民调解委员会等依法成立的民间调解组织。

线上调解打破了地域和时间的界限，对于网络消费争议的解决具有现实意义。2018 年 2 月 28 日，由最高人民法院开发建设的人民法院调解平台正式上线。2022 年 1 月 1 日，《人民法院在线调解规则》施行，在线调解包括人民法院、当事人、调解组织或者调解员通过人民法院调解平台开展的在线申请、委派委托、音视频调解、制作调解协议、申请司法确认调解协议、制作调解书等全部或者部分调解活动。

3．投诉

投诉，指消费者在合法权益受到侵害时，请求国家行政机关解决纠纷，维护自身合法权益的争议解决办法。国家行政机关，包括各级市场监督管理部门、电信部门、邮政部门、农业部门、旅游管理部门等。在线消费者投诉，指通过网络上设置的投诉和处理系统来解决电子商务争议的方式。目前，我国市场监督管理部门是受理消费者投诉的主要部门，"12315"投诉热线已覆盖全国，中国消费者协会专门设立了"中国消费者协会投诉和解监督平台"，消费者可以通过电话、在线、上门等方式进行投诉。

4. 仲裁

仲裁，指发生争议的双方当事人，根据其在争议发生前或争议发生后所达成的协议，自愿将该争议提交中立的第三方进行裁决的争议解决机制。仲裁是一种独具特色的非诉讼纠纷解决机制，具有灵活、快捷、专业等优势。

在线仲裁，即电子商务争议双方当事人自愿将争议交给第三者通过网络评判、裁决并约定自觉履行该裁决的一种方式。在线仲裁作为一种灵活的纠纷解决方式用于解决消费纠纷，在国外已有多年的成功经验。目前，在线仲裁在我国已有成功实践，如中国国际经济贸易仲裁委员会域名争议解决中心暨网上争议解决中心网站，就以"网上争议解决"的方式解决域名、通用网址、无线网址、短信网址抢注纠纷的争议。

5. 诉讼

诉讼，指争议当事人向有管辖权的法院起诉，要求通过司法诉讼来解决争议的方式。诉讼是解决消费争议的最后途径，也是最权威的纠纷解决方法。《中华人民共和国民事诉讼法》（以下简称《民事诉讼法》）关于小额诉讼和公益诉讼的规定，均可适用于电子商务消费争议。

网上法庭，指以网络服务平台为依托，在线进行起诉、立案、举证、开庭、裁判等网上庭审的各项工作的一种网络司法方式。《人民法院在线诉讼规则》（2021年8月1日施行）规定，人民法院、当事人及其他诉讼参与人等可以依托电子诉讼平台，通过互联网或者专用网络在线完成立案、调解、证据交换、询问、庭审、送达等全部或者部分诉讼环节。

8.2　电子商务运营中的反不正当竞争法律规则

8.2.1　电子商务运营中的反不正当竞争概述

公平竞争是市场经济良性运行和追求社会目标的必然要求。在宏观层面，公平竞争要求竞争主体在市场上从事竞争活动时不得损害国家利益和社会公共利益，不得违反国家法律和行政法规；在微观层面，则要求竞争主体兼顾其他竞争对手的合法权益，不得以不正当的或欺骗性的手段参与竞争。

随着信息技术的发展，电子商务领域不正当竞争行为呈现多样化趋势，有必要将商法、经济法中公平参与市场竞争的原理在电子商务领域中加以应用。我国现行的《反不正当竞争法》是2019年修订的，早在2017年第一次修订时增加了直接与电子商务有关的规定。另外，《反垄断法》《电子商务法》《网络交易监督管理办法》《广告法》（2021年修订），以及《中华人民共和国价格法》《商标法》《专利法》《著作权法》中关于不正当竞争行为的规则，也是我国电子商务领域反不正当竞争的重要法律渊源。

8.2.2　不正当竞争行为的概念与特征

不正当竞争行为，指经营者在生产经营活动中，违反《反不正当竞争法》的规定，扰乱市场竞争秩序，损害其他经营者或者消费者的合法权益的行为。不正当竞争行为具有以下特征。①主体特定性。不正当竞争行为主体是违法竞争的经营者。②行为危害性。不正当竞争行为不仅危害市场和社会经济秩序，也是一种侵权行为。③表现多样性。除滥用市场支配地位、假冒混淆等行为外，电子商务领域还出现了恶意干扰客户端、恶意测评等多种形式的不正当竞争行为。④多法律规制。不正当竞争行为除根据《反不正当竞争法》进行规制外，更需要依照《电子商务法》等有关法律进行规制。

8.2.3　不正当竞争行为的主要类型

1. 混淆行为

根据《反不正当竞争法》第六条的规定，经营者不得实施下列混淆行为，引人误认为是他人商品或者与他人存在特定联系：擅自使用与他人有一定影响的商品名称、包装、装潢等相同或者近似的标识；擅自使用他人有一定影响的企业名称（包括简称、字号等）、社会组织名称（包括简称等）、姓名（包括笔名、艺名、译名等）；擅自使用他人有一定影响的域名主体部分、网站名称、网页等；其他足以使人误认为是他人商品或者与他人存在特定联系的混淆行为。

在电子商务领域，侵权人无偿利用其他经营者的市场优势提高自己的竞争能力并谋取利益，如钓鱼网站、商标淡化、域名抢注等，就属于混淆行为。

2. 贿赂行为

根据《反不正当竞争法》第七条的规定，贿赂行为，指经营者采用财物或者其他手段贿赂下列单位或者个人，以谋取交易机会或者竞争优势的行为：交易相对方的工作人员；受交易相对方委托办理相关事务的单位或者个人；利用职权或者影响力影响交易的单位或者个人。贿赂行为可以以明示方式向交易相对方支付折扣，或者向中间人支付佣金。

在电子商务领域，较典型的贿赂行为是"贿赂好评行为"，指经营者通过返现、提供折扣券等方式诱使消费者对商品或服务给出好评的行为。

3. 虚假宣传行为

根据《反不正当竞争法》第八条的规定，虚假宣传行为指经营者对其商品的性能、功能、质量、销售状况、用户评价、曾获荣誉等作虚假或者引人误解的商业宣传，欺骗、误导消费者的行为，以及经营者通过组织虚假交易等方式，帮助其他经营者进行虚假或者引人误解的商业宣传的行为。在电子商务领域，"通过虚假交易刷单"就是典型的虚假宣传行为。

拓展阅读　　　　　　　全国"刷单入刑"第一案

2017 年 6 月，全国"刷单入刑"第一案在杭州市余杭区人民法院公开宣判。2013 年 2 月，被告人李某某通过创建"零距网商联盟"网站和利用 YY 语音聊天工具建立刷单炒信平台，吸引淘宝卖家注册账户成为会员，并收取 300～500 元的会员费和 40 元的平台管理维护费；通过制定刷单炒信规则与流程，组织及协助会员通过该平台发布或接受刷单炒信任务。会员在承接任务后，通过与发布任务的会员在淘宝网上进行虚假交易并给予虚假好评的方式，赚取任务点，从而有能力在该平台自行发布刷单任务，使其他会员为自己刷单，进而提升自己淘宝店铺的销量和信誉，欺骗淘宝买家。其间，被告人李某某通过向会员销售任务点的方式谋利。截至 2014 年 6 月，交易记录记载的平台管理维护费、体验费及任务点销售收入至少达人民币 30 万元及收取保证金人民币 50 余万元。

杭州市余杭区人民法院做出（2016）浙 0110 刑初 726 号刑事判决，以非法经营罪一审判处李某某有期徒刑 5 年 6 个月，连同原判有期徒刑 9 个月并罚，决定执行有期徒刑 5 年 9 个月，并处罚金 92 万元。

4. 侵犯商业秘密行为

商业秘密，指不为公众所知悉、具有商业价值并经权利人采取相应保密措施的技术信息和经营信息。根据《反不正当竞争法》第九条的规定，经营者不得实施下列侵犯商业秘密的行为：以盗窃、贿赂、欺诈、胁迫、电子侵入或者其他不正当手段获取权利人的商业秘密；披露、使用或者允许他人使用以前项手段获取的权利人的商业秘密；违反保密义务或者违反权利人有关保守商业秘密的要求，披露、使用或者允许他人使用其所掌握的商业秘密。第三人明知或者应知商业秘密权利人的员工、前员工或者其他单位、个人实施前款所列违法行为，仍获取、披露、使用或者允许他人使用该商业秘密的，视为侵犯商业秘密。

5. 不正当有奖销售行为

有奖销售行为，指经营者在销售商品或提供服务的同时，附带性地向消费者提供物品、金钱或者其他经济上的利益的行为，主要目的是吸引消费者、提高自身市场竞争力。进行有奖销售不得存在下列情形：所设奖的种类、兑奖条件、奖金金额或者奖品等有奖销售信息不明确，影响兑奖；采用谎称有奖或者故意让内定人员中奖的欺骗方式进行有奖销售；抽奖式的有奖销售，最高奖的金额超过五万元。

6. 商业诋毁行为

根据《反不正当竞争法》第十一条的规定，商业诋毁行为，指经营者编造、传播虚假信息或者误导性信息，损害竞争对手的商业信誉、商品声誉的行为。"刷差评"，就是电子商务领域里一种典型的商业诋毁行为，是"刷好评"的反向操作，即通过虚假交易，恶意给竞争对手"刷差评"，损害竞争对手的声誉，从而获得不应有的优势竞争地位。

7. 电子商务特殊不正当竞争行为

《反不正当竞争法》限制了电子商务领域特殊的不正当竞争行为。具体包括：未经其他经营者同意，在其合法提供的网络产品或者服务中，插入链接、强制进行目标跳转；误导、欺骗、强迫用户修改、关闭、卸载其他经营者合法提供的网络产品或者服务；恶意对其他经营者合法提供的网络产品或者服务实施不兼容；其他妨碍、破坏其他经营者合法提供的网络产品或者服务正常运行的行为。

8.2.4　不正当竞争行为的法律责任

根据《反不正当竞争法》的规定，实施不正当竞争行为的，违法经营者将面临民事责任、行政责任和刑事责任。

（1）民事责任。根据《反不正当竞争法》第十七条第一款的规定，经营者违反本法规定，给他人造成损害的，应当依法承担民事责任。

（2）行政责任。《反不正当竞争法》对违法经营者施加的主要是行政责任，体现了国家对"扰乱社会经济秩序的行为"的公共管制。《反不正当竞争法》第十八条、第十九条、第二十条、第二十一条、第二十二条、第二十三条、第二十四条分别就经营者不正当竞争行为所需承担的行政责任进行了规定。

（3）刑事责任。实施不正当竞争行为，情节严重、涉嫌犯罪的，将承担刑事责任。刑事责任由《中华人民共和国刑法》进行规定。

8.3　互联网广告相关法律规则

8.3.1　互联网广告概述

所谓"广告"，根据《广告法》第二条的规定，指在中华人民共和国境内，商品经营者或者服务提供者通过一定媒介和形式直接或者间接地介绍自己所推销的商品或者服务的商业活动。所谓"互联网广告"，指通过网站、网页、互联网应用程序等互联网媒介，以文字、图片、音频、视频或者其他形式，直接或者间接地推销商品或者服务的商业广告。根据《广告法》第四十四条第一款的规定，利用互联网从事广告活动，适用本法的各项规定。

8.3.2　互联网广告内容的相关法律规则

根据《广告法》（第二章"广告内容准则"），以及《反不正当竞争法》和相关法律法规，关于互联网广告内容的规定，主要包括以下几个方面。

1. 虚假广告的禁止性规定

根据《广告法》第二十八条的规定，广告以虚假或者引人误解的内容欺骗、误导消费者的，构成虚假广告。根据《反不正当竞争法》第八条的规定，经营者不得对其商品的性能、功能、质量、销售状况、用户评价、曾获荣誉等作虚假或者引人误解的商业宣传，欺骗、误导消费者。经营者不得通过组织虚假交易等方式，帮助其他经营者进行虚假或者引人误解的商业宣传。

2. 不得出现情形的禁止性规定

根据《广告法》第九条的规定，广告不得有下列情形：使用或者变相使用中华人民共和国的国旗、国歌、国徽，军旗、军歌、军徽；使用或者变相使用国家机关、国家机关工作人员的名义或者形象；使用"国家级""最高级""最佳"等用语；损害国家的尊严或者利益，泄露国家秘密；妨碍社会安定，损害社会公共利益；危害人身、财产安全，泄露个人隐私；妨碍社会公共秩序或者违背社会良好风尚；含有淫秽、色情、赌博、迷信、恐怖、暴力的内容；含有民族、种族、宗教、性别歧视的内容；妨碍环境、自然资源或者文化遗产保护；法律、行政法规规定禁止的其他情形。

3. 广告内容的禁止性规定

《广告法》第十五条至第十八条、第二十一条，分别对麻醉药品等特殊药品、医疗、药品、医疗器械、保健食品、农药、兽药、饲料和饲料添加剂等广告中不得含有的内容进行了具体规定。第十九条对广播电台、电视台、报刊音像出版单位、互联网信息服务提供者禁止发布的广告进行了明确规定。第二十条、第二十二条，对大众传播媒介或者公共场所发布广告的禁止性规定进行了明确规定。

4. 行政许可事项的强制性规定

根据《广告法》第十一条的规定，广告内容涉及的事项需要取得行政许可的，应当与许可的内容相符合。广告使用数据、统计资料、调查结果、文摘、引用语等引证内容的，应当真实、准确，并表明出处。引证内容有适用范围和有效期限的，应当明确表示。

5. 专利事项的强制性规定

根据《广告法》第十二条的规定，广告中涉及专利产品或者专利方法的，应当标明专利号和专利种类。未取得专利权的，不得在广告中谎称取得专利权。禁止使用未授予专利权的专利申请和已经终止、撤销、无效的专利作广告。

8.3.3 互联网广告行为的相关法律规则

根据《广告法》（第三章"广告行为规范"），以及《反不正当竞争法》《互联网广告管理办法》（2023年2月25日国家市场监督管理总局令第72号公布，自2023年5月1日起施行）和相关法律法规，关于互联网广告行为的规定，主要包括以下几个方面。

1. 互联网广告行为的禁止性规定

根据《互联网广告管理办法》第十条规定，以弹出等形式发布互联网广告，广告主、广告发布者应当显著标明关闭标志，确保一键关闭，不得有下列情形：

（一）没有关闭标志或者计时结束才能关闭广告；（二）关闭标志虚假、不可清晰辨识或者难以定位等，为关闭广告设置障碍；（三）关闭广告须经两次以上点击；（四）在浏览同一页面、同一文档过程中，关闭后继续弹出广告，影响用户正常使用网络；（五）其他影响一键关闭的行为。启动互联网应用程序时展示、发布的开屏广告适用前款规定。

第十一条规定，不得以下列方式欺骗、误导用户点击、浏览广告：

（一）虚假的系统或者软件更新、报错、清理、通知等提示；（二）虚假的播放、开始、暂停、停止、返回等标志；（三）虚假的奖励承诺；（四）其他欺骗、误导用户点击、浏览广告的方式。

2. 互联网广告可识别的强制性规定

《互联网广告管理办法》第九条规定，互联网广告应当具有可识别性，能够使消费者辨明其为广告。对于竞价排名的商品或者服务，广告发布者应当显著标明"广告"，与自然搜索结果明显区分。除法律、行政法规禁止发布或者变相发布广告的情形外，通过知识介绍、体验分享、消费测评等形式推销商品或者服务，并附加购物链接等购买方式的，广告发布者应当显著标明"广告"。

第二十六条规定，违反本办法第十条规定，以弹出等形式发布互联网广告，未显著标明关闭标志，确保一键关闭的，依照广告法第六十二条第二款规定予以处罚。广告发布者实施前款规定行为的，由县级以上市场监督管理部门责令改正，拒不改正的，处五千元以上三万元以下的罚款。

3. 特殊广告内容的审查规定

根据《广告法》第四十六条的规定，发布医疗、药品、医疗器械、农药、兽药和保健食品广告，以及法律、行政法规规定应当进行审查的其他广告，应当在发布前由广告审查机关对广告内容进行审查；未经审查，不得发布。

本章小结

本章分别介绍了电子商务运营中的消费者权益保护法律规则、电子商务运营中的反不正当竞争法律规则以及互联网广告相关法律规则。

通过对本章的学习，读者能够熟悉电子商务运营中消费者的权利、经营者的义务，掌握不正当竞争行为的主要类型及其法律责任，熟悉互联网广告内容及广告行为的强制性法律规定，从而有效规避电子商务运营中的相关法律风险。

练习题

一、单项选择题

1. 第一次明确"个人信息"内涵的规范性法律文件是（　　）。
   A.《最高人民法院关于审理利用信息网络侵害人身权益民事纠纷案件适用法律若干问题的规定》
   B.《消费者权益保护法》
   C.《民法典》
   D.《电子商务法》

2. 2014年，《消费者权益保护法》赋予消费者精神损害赔偿权，是消费者权益保护领域的一项突破。以下说法错误的是（　　）。
   A. 消费者的精神损害赔偿请求权兼具补偿性与惩罚性功效
   B. 责令经营者对消费者的精神损害予以物质补偿，对其创伤，施以缓和补救
   C. 借以经营者金钱的支付，惩罚其严重侵权行为，以维护消费秩序
   D. 只要造成精神损害，无论程度轻重，都要进行赔偿

3. 下列有关个人信息的说法错误的是（　　）。
   A. 个人信息指姓名、性别、出生日期、身份证件号码、住址等能够单独或者与其他信息结合识别公民个人身份的信息
   B. "个人信息"不等同于"个人隐私"，两个概念之间是包含关系
   C. "个人隐私"包括私人信息、私人空间、私人活动等

D. "个人信息"既包括个人的隐私信息（如个人生理信息、财产信息等），也包括个人的非隐私信息（如工作单位、职业等）

4. 根据《广告法》的规定，广告中不得出现的情形，不包括（　　）。

A. 在广告中变相使用中华人民共和国的国旗

B. 使用"优质""优秀"用语

C. 在广告中泄露了某名人的个人隐私

D. 广告中含有淫秽、色情内容

5. 某淘宝卖家雇用买手同时对自家店铺进行刷单炒信，对经营同类商品的卖家刷差评，这种行为可能构成《反不正当竞争法》中规定的哪些不正当竞争行为？（　　）

A. 商业贿赂　　　B. 混淆行为　　　C. 不正当有奖销售　　　D. 商业诋毁

二、多项选择题

1. 下列选项中属于侵害消费者受尊重权的是（　　）。

A. 某超市保安怀疑某消费者偷偷夹带商品未付款，强行对其搜身检查并限制其离开

B. 某物流公司因管理疏漏导致大量客户信息泄露

C. 某平台内经营者未经消费者同意向消费者手机发送商品宣传广告

D. 某大型电子商务平台经营者根据消费者的兴趣爱好、消费习惯等向其提供针对其个人特征的商品选项，依据消费能力、消费习惯进行营销

2. 下列关于消费者"七天无理由退货权"的表述错误的是（　　）。

A. 经营者采用网络、电视、电话、邮购等方式销售商品，消费者有权自收到商品之日起 7 日内退货，且无须说明理由

B. 对于下列商品，消费者不得行使反悔权：消费者定做的；鲜活易腐的；在线下载的音像制品；根据商品性质并经消费者在购买时确认不宜退货的商品

C. 消费者退货的商品应当完好，拆开包装的商品视为不完好

D. 经营者应当自收到退回商品之日起 7 日内返还消费者支付的商品价款，退回商品的运费由经营者承担

3. 下列广告构成虚假广告的有（　　）。

A. 商品或者服务不存在的

B. 商品的性能、功能、用途信息与实际情况不符，对购买行为有实质性影响的

C. 使用虚构、伪造或者无法验证的科研成果、统计资料、调查结果、文摘、引用语等信息作证明材料的

D. 虚构使用商品或者接受服务的效果的

4. 下列属于侵犯商业秘密的行为包括（　　）。

A. 以盗窃、贿赂、欺诈、胁迫或者其他不正当手段获取权利人的商业秘密

B. 披露、使用或者允许他人使用以前项手段获取的权利人的商业秘密

C. 违反保密义务或者违反权利人有关保守商业秘密的要求，披露、使用或者允许他人使用其所掌握的商业秘密

  D. 第三人明知或者应知商业秘密权利人的员工、前员工或者其他单位、个人实施法律所列违法行为，仍获取、披露、使用或者允许他人使用该商业秘密的，视为侵犯商业秘密

 5. 根据《反不正当竞争法》的规定，实施不正当竞争行为的，违法经营者将面临的法律责任包括（ ）。

  A. 民事责任   B. 行政责任   C. 刑事责任   D. 道义责任

三、简答题

1. 简述消费者反悔权的法律特征。
2. 简述电子商务消费纠纷的解决途径。
3. 简述电子商务公平竞争保护的特征。
4. 简述线上线下公平竞争保护的内涵。
5. 简述电子商务领域特殊的不正当竞争行为。

四、案例分析

[案例1]

2018年10月，知名作家王某在微博上称，飞猪平台杀熟太狠，同一张机票，在别家订的时候仅1300元，在飞猪平台却要2322元。看到王某的这一爆料，大家纷纷检查自己的订单，发现类似的情况还蛮多。随后，"飞猪大数据杀熟"的话题引发网友热议。

另有人爆料称，在京东购买某店家厨房集成吊顶灯，价格是69元一只，再次购买的时候，却标价399元，而换一个ID购买，价格依然是69元。

请分析：

（1）在案例中，商家通过大数据分析达到"让老客户多付费"的做法，侵害了消费者的什么权利？

（2）如何看待"大数据杀熟"现象？

[案例2]

原告匡威公司拥有商标"CONVERSE"的注册商标专用权，经过90多年的发展，"CONVERSE"已经成为世界运动鞋类和服装领域的驰名商标，应该获得全面的、在不同商品和服务上的跨类保护，其中包括对域名的注册和保护。被告北京某信息公司抢先于2000年2月23日注册了"converse.com.cn"并使用了该域名，但被告使用该域名的网站为网络类，与服装、运动鞋类无关。然而，被告这一抢注行为致使原告不能注册"converse.com.cn"域名，并造成了客户的误认和混淆。为此，匡威公司诉诸法院，请求判令被告立即停止使用并注销"converse.com.cn"域名。

请分析：

（1）北京某信息公司抢注域名"converse.com.cn"是否构成对匡威公司"CONVERSE"注册商标专用权的侵权？其是否构成不正当竞争？

（2）当域名与商标权发生冲突时，应如何处理？

[案例3]

360杀毒系列版本软件经过该公司多年的推广和使用，已为广大用户所熟知，具有较

高的市场知名度和声誉。通过检查对比发现，在百度搜索中，使用"360""360 杀毒""360 杀毒软件"作为关键词进行搜索，出现了 3 种结果：一是标题为"百度杀毒，最好的免费杀毒软件 shadu, baidu. com"；二是在推广链接中设置"安全产品"标识，并伴有"立即安装百度杀毒""立即安装百度卫士"两个提示链接；三是标题为"杀毒软件就用百度杀毒，29 秒闪电查杀|360 杀毒"。百度杀毒擅自使用与 360 杀毒同样的搜索特征，搜索的关键词同样是"360""360 杀毒""360 杀毒软件"。

请分析：百度搜索的行为是否构成不正当竞争行为？为什么？

操作实训

一、实训目的

学生通过民事诉讼法律文书撰写实践，对民事审判程序和起诉、管辖、调解、审判等知识点予以理解，对程序法内容有更确切的领悟，能够熟悉和掌握相关法律文本撰写格式。

二、实训主要内容

1. 教师解读《民事诉讼法》《消费者权益保护法》《最高人民法院关于审理消费民事公益诉讼案件适用法律若干问题的解释》的相关规定，帮助学生进一步理解和掌握消费者权益、民事诉讼起诉与受理条件等相关法律规定。教师解读案例要点，并提炼原告的争议焦点。在案例讲解过程中，教师应注意保持客观，对原被告双方的争议焦点不做法律和价值评价。（1 学时）

2. 学生分组，以小组为单位，分析情形案例，提炼观点，并撰写民事起诉书。（1 学时）

三、实训准备

1. 学生通过自由结合或随机分组，形成学习小组。

2. 学生认真熟悉案例，梳理相关法律法规，正确把握核心要点。

3. 学生在正确把握案例及法律法规的基础上，形成观点，撰写民事起诉书。

四、相关法律法规及起诉条件

（一）相关法律法规

民事公益诉讼，指法律规定的机关和有关组织对污染环境、侵害众多消费者合法权益等损害社会公共利益的行为，向人民法院提起的诉讼。

根据《消费者权益保护法》第四十七条的规定，对侵害众多消费者合法权益的行为，中国消费者协会以及在省、自治区、直辖市设立的消费者协会，可以向人民法院提起诉讼。

根据《最高人民法院关于适用〈中华人民共和国民事诉讼法〉的解释》第二百八十二条的规定，环境保护法、消费者权益保护法等法律规定的机关和有关组织对污染环境、侵害众多消费者合法权益等损害社会公共利益的行为，根据民事诉讼法相关规定提起公益诉讼，符合下列条件的，人民法院应当受理：①有明确的被告；②有具体的诉讼请求；③有社会公共利益受到损害的初步证据；④属于人民法院受理民事诉讼的范围和受诉人民法院管辖。

根据《最高人民法院关于适用〈中华人民共和国民事诉讼法〉的解释》第二百八十三条的规定，公益诉讼案件由侵权行为地或者被告住所地中级人民法院管辖，但法律、司法解释另有规定的除外。

（二）起诉条件

（1）有明确的被告。

（2）有具体的诉讼请求。

（3）有社会公共利益受到损害的初步证据。

（4）属于人民法院受理民事诉讼的范围和受诉人民法院管辖。

五、实训思考

1. 本案被告侵害了消费者的哪些权益？

2. 请根据《消费者权益保护法》及《最高人民法院关于审理消费民事公益诉讼案件适用法律若干问题的解释》的相关规定，思考消费公益诉讼的制度价值。

六、实训成果形式

1. 民事诉讼法律文书（起诉状）。

2. 有关消费公益诉讼的制度价值的书面总结。

七、情形案例

上海市消保委就手机预装软件发起公益诉讼案

（1）案情介绍：2015 年，上海市消费者权益保护委员会（以下简称上海市消保委）对市面上销售的手机，进行了预装应用软件抽样测试。抽样测试结果显示，19 款受试手机每款至少预装了 27 个软件，除了必要的系统软件外，还有与手机正常运行并无关联的应用软件，且大量预装软件不能卸载。抽样测试结果还表明，手机预装应用软件在消费者无操作的情况下，仍然会发生流量消耗，其中一款手机在受试的 120 小时（5 天）消耗了近 80MB 流量。比较试验结果还显示，广东欧珀移动通信有限公司（以下简称欧珀）所售的 X9007 型号智能手机、天津三星通信技术有限公司（以下简称三星）所售的 SM-N9008S 型号智能手机，其不可卸载软件数量排在前两位。其中，欧珀手机总共预装了 71 个软件，不可卸载软件数量达 47 个；三星手机为 44 个，所有预装软件均不可卸载。

2015 年 7 月 1 日，上海市消保委就手机预装应用软件引发侵权责任纠纷问题，分别向三星和欧珀发起消费公益诉讼，分别将三星、欧珀起诉至上海市第一中级人民法院并获得受理。

原告请求法院判令被告在其所销售智能手机外包装或说明书中明示手机内预装软件的名称、类型、功能、所占内存，同时请求法院判令被告为其所销售智能手机内所有预装软件提供可直接卸载的途径。

（2）争议焦点：本案被告侵害了消费者的哪些权益？上海市消保委是否具有原告资格？

（3）原告观点：被告三星、欧珀侵害了消费者的知情权和选择权。

（4）原告资格及消费公益诉讼的制度价值：根据《消费者权益保护法》的规定，对侵害众多消费者权益的行为，中国消费者协会和省级消费者协会可以代表众多消费者提起公益诉讼。消费公益诉讼的制度价值在于，通过行使集体诉权，节约诉讼成本，解决个体维权的困境，通过一个诉讼，维护众多不特定消费者的利益。

第9章
跨境电子商务运营中个人信息保护与数据安全规则

学习目标

1. 掌握我国个人信息保护的法律规则。
2. 掌握我国数据保护的法律规则。
3. 掌握跨境电子商务经营者对个人信息保护和数据保护的义务。

重点难点

1. 重点：跨境提供个人信息的法律规则；我国的数据安全制度。
2. 难点：跨境电子商务经营者的数据保护义务。

【案例导入】杭州市下城区人民检察院诉孙某个人信息保护民事公益诉讼案

自 2019 年 2 月起，被告孙某以 3.4 万元的价格，将自己从网络购买、互换得到的 4 万余条含自然人姓名、电话号码、电子邮箱等的个人信息，通过微信、QQ 等方式贩卖给案外人刘某。案外人刘某在获取相关信息后用于虚假的外汇业务推广。下城区人民检察院认为，被告孙某该行为严重侵害社会众多不特定主体的个人信息权益，致使社会公共利益受到侵害，应当依法承担赔偿损失、赔礼道歉等民事责任。

经审理，杭州互联网法院判决孙某支付侵害社会公共利益的损害赔偿款 3.4 万元，专门用于信息安全保护或个人信息保护等公益事项，并在《浙江法制报》向社会公众刊发赔礼道歉声明。

本案系全国首例适用《民法典》的个人信息保护民事公益诉讼案。个人信息保护已成为广大人民群众最关心、最直接、最现实的利益问题之一。本案明确个人信息保护不仅涉及每个人的权益保障，同时也具有社会公共利益的属性。对于公益诉讼起诉人依法对侵害众多不特定自然人个人信息的行为提起民事公益诉讼，人民法院应当依法受理，充分体现对涉及公共利益的社会不特定民事主体人格尊严和人格自由的保护和尊重。

思考题：个人信息保护在跨境电子商务活动中的意义是什么？

9.1　跨境电子商务运营中的个人信息保护

导学视频

中国互联网络信息中心（CNNIC）对电子商务中的个人信息的表述为：个人信息是指与特定个人有关的各种信息，包括但不限于姓名、出生日期、身份证号码、电话号码、电子邮件地址、住址、银行账号、购买记录、浏览记录等。许多网站所收集的个人资料还包括用户的昵称，更详细的还有性别、年龄、住址、出生日期，甚至工作单位等。一般情况下，收集这些个人信息是为了识别。

个人信息资料除了个人识别资料，还包括一些用户的背景资料，如个人职业、受教育情况、收入状况、婚姻家庭状况、工作单位规模、宗教信仰等。用户在上网浏览时，服务器还会自动产生一些记录，包括个人的其他资料，如使用时间、上网时间、浏览及点选的次数等内容。

2021 年 11 月实施的《个人信息保护法》第四条规定：个人信息是以电子或者其他方式记录的与已识别或者可识别的自然人有关的各种信息，不包括匿名化处理后的信息。个人信息的处理包括个人信息的收集、存储、使用、加工、传输、提供、公开、删除等。

9.1.1　跨境电子商务运营中涉及的个人信息内容

使用者的个人信息、资料对于任何从事电子商务活动的企业或非营利组织来说，都是一笔显性或潜在的、具有商业利用价值的无形财富。客户的个人信息数据既可能成为推动新经济发展的积极因素，也可能成为引发各种不良隐患，并可能伤及电子商务消费者合法权益（如隐私权）的负面问题。

在跨境电子商务运营中涉及的个人信息一般包括下列内容。

1. 基本信息

为了完成大部分网络行为，消费者会根据服务商要求提供包括姓名、性别、年龄、身份证号码、电话号码、E-mail 地址以及家庭住址等在内的个人基本信息，有时甚至会包括婚姻、信仰、职业、工作单位、收入等相对隐私的个人基本信息。

2. 设备信息

设备信息主要是指消费者所使用的各种计算机终端设备（包括移动和固定终端）的基本信息，如位置信息、Wi-Fi 列表信息、MAC 地址、CPU 信息、内存信息、SD 卡信息、操作系统版本等。

3. 账户信息

账户信息主要包括网银账号、第三方支付账号、社交账号和重要邮箱账号等。

4. 隐私信息

隐私信息主要包括通讯录信息、通话记录、短信记录、IM（即时消息）应用软件聊天记录、个人视频、照片等。

5. 社会关系信息

社会关系信息主要包括好友信息、家庭成员信息、工作单位信息等。

6. 网络行为信息

网络行为信息主要指上网行为记录，如上网时间、上网地点、输入记录、聊天记录、网站访问痕迹、网络游戏行为等。

9.1.2 个人信息保护的一般规则

《个人信息保护法》在总则中规定了处理个人信息的原则，主要有以下几点。

1. 合法、正当、必要和诚信原则

处理个人信息应当遵循合法、正当、必要和诚信原则，不得通过误导、欺诈、胁迫等方式处理个人信息。

2. 目的明确、合理原则

处理个人信息应当具有明确、合理的目的，并应当与处理目的直接相关，采取对个人权益影响最小的方式。收集个人信息，应当限于实现处理目的的最小范围，不得过度收集个人信息。

3. 公开、透明原则

处理个人信息应当遵循公开、透明原则，公开个人信息处理规则，明示处理的目的、方式和范围。

4. 准确原则

处理个人信息应当保证个人信息的质量，避免因个人信息不准确、不完整对个人权益造成不利影响。

5. 保证安全原则

个人信息处理者应当对其个人信息处理活动负责，并采取必要措施保障所处理的个人信息的安全。

6. 个人同意原则

处理个人信息一般需要经过个人同意，有法律规定不需要经过个人同意的除外。

《个人信息保护法》第十三条规定："符合下列情形之一的，个人信息处理者方可处理个人信息：（一）取得个人的同意；（二）为订立、履行个人作为一方当事人的合同所必需，或者按照依法制定的劳动规章制度和依法签订的集体合同实施人力资源管理所必需；（三）为履行法定职责或者法定义务所必需；（四）为应对突发公共卫生事件，或者紧急情况下为保护自然人的生命健康和财产安全所必需；（五）为公共利益实施新闻报道、舆论监督等行为，在合理的范围内处理个人信息；（六）依照本法规定在合理的范围内处理个人自行公开或者其他已经合法公开的个人信息；（七）法律、行政法规规定的其他情形。依照本法其他有关规定，处理个人信息应当取得个人同意，但是有前款第二项至第七项规定情形的，不需取得个人同意。"

根据《商务部 发展改革委 财政部 海关总署 税务总局 市场监管总局关于完善跨境电

子商务零售进口监管有关工作的通知》(商财发〔2018〕486 号),跨境电子商务平台为交易双方(消费者和跨境电子商务企业)提供网页空间、虚拟经营场所、交易规则、交易撮合、信息发布等服务,设立供交易双方独立开展交易活动的信息网络系统。

《个人信息保护法》第五十八条增设了平台企业保护个人信息的"守门人义务",要求提供重要互联网平台服务、用户数量巨大、业务类型复杂的个人信息处理者,应当履行下列义务:

① 按照国家规定建立健全个人信息保护合规制度体系,成立主要由外部成员组成的独立机构对个人信息保护情况进行监督;

② 遵循公开、公平、公正的原则,制定平台规则,明确平台内产品或者服务提供者处理个人信息的规范和保护个人信息的义务;

③ 对严重违反法律、行政法规处理个人信息的平台内的产品或者服务提供者,停止提供服务;

④ 定期发布个人信息保护社会责任报告,接受社会监督。

拓展阅读　网购平台向内嵌支付机构提供用户个人信息的合法性认定
——吴某诉上海某公司等违规提供用户个人信息纠纷案

1. 案情简介

原告吴某诉称,其下载某电商购物 App 并使用个人手机号注册了账号。登录 App 后,原告发现某电商购物 App "个人中心"栏项下有"××钱包"选项,遂按照 App 界面要求,在输入本人真实姓名及身份证号码后开通了"××钱包"。在使用"××钱包"提供的"免输卡号添加银行卡"功能时,原告原本打算选择自己有卡的银行进行关联,但误触了列表中的某银行,得到了"暂无银行卡可以绑定"的反馈。原告认为,其并未授权某电商购物平台经营方告知某银行自己真实姓名及身份证号码,某银行能够得知原告本人并无银行卡在该行开具,系涉案 App 泄露原告的敏感个人信息所致,而某银行亦因此非法获得了原告的敏感个人信息。其后,原告在某电商购物 App 内查阅了相关用户协议内容后还进一步发现,App 的运营主体上海某公司与"××钱包"经营主体某付费通公司的运营主体并不一致,而在原告并未明确知情同意的情况下,其真实身份信息还由上海某公司传输给了某付费通公司,并极可能又由某付费通公司传输给了某银行。原告自觉权利受损,遂决定注销"××钱包",但竟然无法注销,故向法院提起诉讼。

经查,涉案电商购物平台(App)系由被告上海某公司运营的电商平台。某电商购物 App 在应用程序个人用户界面上线了名为"××钱包"的支付服务应用功能,用户可通过"××钱包"的支付功能在平台内购物交易时进行充值、支付及提现等。"××钱包"的实际运营主体为某付费通公司。被告某付费通公司为实现用户"××钱包"账户绑定银行卡并具备银行卡快捷支付功能,与包括某银行在内的多家银行机构开展银行卡快捷支付合作。原告吴某使用案涉账号首次进入某电商购物 App "××钱包"界面填入的个人姓名、公民身份号码等信息,先由上海某公司收集、存储，在原告不知情的情况下，再由上海某公司提供给某付费通公司。当原告进入"××钱包"添加银行卡界面选择免输卡号进行银行卡绑定操作时，某付费通公司会将其姓名、公民身份号码信息提供给选定绑卡的银行，银行获取前述信息后根据提供的信息验证该信息主体是否为该银行的持卡人，若为该银行持卡人，则留存该信息并进入后一步绑卡操作流程；若非该银行持卡人也留存该信息并向某付费通公司反馈结果。

2．判决要点

杭州互联网法院判决认为，某电商购物 App 向某付费通公司提供其收集的吴某个人信息的行为属于未明示信息处理的目的、方式、范围的行为，吴某系在未充分知情的情况下实施对其个人信息披露的同意。某电商购物 App 的上述行为既违反了其与吴某之间的合同约定，也不符合个人信息处理活动应遵循的知情同意规则。某付费通公司收集吴某个人信息时，某电商购物 App 未以任何形式告知吴某付费通公司将获取其案涉个人信息，更未以任何形式获得过吴某的同意，亦不存在通过订立、履行合同必需规则或履行法定义务规则等获得处理吴某个人信息的合法性基础。综上，某电商购物 App 经营者、某付费通公司对吴某个人信息的处理行为缺乏合法性基础，法院认定二者的信息处理行为侵害了吴某的个人信息权益。

某电商购物 App 经营者、某付费通公司违法处理吴某的个人敏感信息。吴某在未被充分告知的情况下披露了个人敏感信息，其因个人敏感信息被违法处理产生对个人信息风险的担忧，对个人生命健康、人格尊严或经济利益可能遭受严重损害或极易遭受损害产生恐惧、焦虑等情绪，可以认定为遭受到精神利益损害。且某电商购物 App 经营者、某付费通公司作为行业内具有较大影响力的公司，更应严格依照法律法规处理用户个人信息，对平台中违法处理个人信息的设置应及时发现、改进，并对相关的个人信息处理活动采取更加审慎、周密的方式，本案中某电商购物平台经营者、某付费通公司明显未尽到前述注意义务，存在明显的过错。考虑到某电商购物平台经营者、某付费通公司对吴某个人信息的处理行为存在意思联络，故判令两被告向吴某进行书面道歉并赔偿相应合理维权支出。

宣判后，被告上诉，二审法院驳回上诉，维持原判。

9.1.3 个人敏感信息处理的法律规则

1．个人信息的境内储存原则

《个人信息保护法》第四十条规定：关键信息基础设施运营者和处理个人信息达到国家网信部门规定数量的个人信息处理者，应当将在中华人民共和国境内收集和产生的个人信息存储在境内。确需向境外提供的，应当通过国家网信部门组织的安全评估；法律、行政法规和国家网信部门规定可以不进行安全评估的，从其规定。

《关键信息基础设施安全保护条例》规定，重要行业和领域的主管部门、监督管理部门是负责关键信息基础设施安全保护工作的部门，由这些部门来进行关键信息基础设施的认定。目前关于跨境电子商务行业中关键信息基础设施运营者的范围还未确定，考虑到跨境电子商务企业（平台）在日常业务中涉及体量较大的个人信息和个人敏感信息，有可能被认定为关键信息基础设施运营者，其相应地可能需要履行个人数据本地化的义务。

《个人信息保护法》在《中华人民共和国网络安全法》（以下简称《网络安全法》）第三十七条规定的基础上，增加了"处理个人信息达到国家网信部门规定数量的个人信息处理者"这一责任主体，使得个人信息境内储存原则承担的主体范围扩大。即使不构成关键信息基础设施运营者，跨境电子商务企业（平台）若所处理的个人信息达到了国家网信部门所规定的数量，仍然需要履行个人数据本地化的义务。对于具体的数量标准，可供参考的是《个人信息和重要数据出境安全评估办法（征求意见稿）》第九条的相关规定，其要求出境数据中含有或累计含有 50 万人以上的个人信息应报请行业主管或监管部门组织安全评估。

因此，涉及密集个人数据的跨境电子商务企业（平台），无论是否会被归类为关键信息基础设施运营者，由于大部分跨境电子商务企业（平台）处理的个人信息数量很容易就能跨越 50 万人以上的规模，因此都有可能需要履行个人信息跨境传输要求的义务。

2. 境内服务商处理敏感个人信息的法律规则

根据《个人信息保护法》第二十八条的规定，敏感个人信息是一旦泄露或者非法使用，容易导致自然人的人格尊严受到侵害或者人身、财产安全受到危害的个人信息，包括生物识别、宗教信仰、特定身份、医疗健康、金融账户、行踪轨迹等信息，以及不满十四周岁未成年人的个人信息。

只有在具有特定的目的和充分的必要性，并采取严格保护措施的情形下，个人信息处理者方可处理敏感个人信息。以跨境电子商务支付企业为例，其在跨境电子商务的第三方支付业务开展流程中经常会涉及敏感个人信息的处理，如消费者的金融产品使用习惯和消费习惯数据，并结合既有的平台数据对用户进行分析并形成消费者画像，基于消费者画像针对消费者开展金融营销活动，为消费者提供推荐其可能感兴趣的商品或者金融服务。对于该等金融数据的处理，可能对消费者的个人信息权益产生一定的影响。

根据《个人信息保护法》，跨境电子商务支付企业在处理敏感个人信息时需要遵守的规则主要包括以下几条。第二十九条规定："处理敏感个人信息应当取得个人的单独同意；法律、行政法规规定处理敏感个人信息应当取得书面同意的，从其规定。"第三十条规定："个人信息处理者处理敏感个人信息的，除本法第十七条第一款规定的事项外，还应当向个人告知处理敏感个人信息的必要性以及对个人权益的影响；依照本法规定可以不向个人告知的除外。"第三十一条规定："个人信息处理者处理不满十四周岁未成年人个人信息的，应当取得未成年人父母或者其他监护人的同意。个人信息处理者处理不满十四周岁未成年人个人信息的，应当制定专门的个人信息处理规则。"

拓展阅读　　　**跨境电子商务个人信息保护的 CBPR 体系**

进入数字经济时代后，个人数据在商业活动中至关重要，在未来的商业竞争中，谁能把握个人信息保护规则的制定权，谁就占有优势，并且可以以此来限制竞争对手的发展，因此美国等经济大国都热衷于个人信息保护规则的制定。

进入 21 世纪，电子商务已经成为国际贸易中的重要组成部分，跨境零售、跨国公司经营过程中都涉及个人信息的跨境流动，而不同国家间对于个人信息保护水平的差异引发了个体对跨境信息保护的担忧，由此亚太经济合作组织（APEC）电子商务指导组数据隐私分组历时十年倡议并构建了跨境隐私规则（Cross-Border Privacy Rules，CBPR）体系，希冀建立起跨境电子商务的个人信息保护规则。

所谓 CBPR 体系，是规范 APEC 成员经济体企业个人信息跨境传输活动的自愿的多边数据隐私保护计划。

其规范对象仅限于亚太地区涉及个人信息跨境传输业务的企业，而不包括政府。自愿的多边数据隐私保护计划的重点是自愿二字，该体系只规范自愿加入的成员经济体的企业，对体系外的企业则没有约束力。从定义上看，CBPR 体系类似于美国的行业自律体系，即企业自愿参加隐私保护认证，并进行自我约束。然而，CBPR 又不等同于行业自律，因为其机制设计中还加入了隐私执法机构，给自愿认证体系增加了法律保障。CBPR 体系规范各种规模的企业，从中小型企业一直到跨国公司，只要涉及个人信息收集、存储、加工、传输的企业都在范围之内，还包括指示其他企业对其所有的个人信息进行加工的企业。

在个人信息的内容选择上，CBPR 体系也并非强制，跨境传输的个人信息包括消费者信息、员工信息和健康信息等，可以由参加者自己选择。例如美国，在加入 CBPR 体系时只选择了消费者信息。该体系对企业的范围规定比较宽泛，不限于电商企业，而是只要涉及个人信息跨境传输业务的企业都属于其规范的对象。然而，电子商务与个人信息的关系最为紧密，而且广义的电子商务包括任何使用电子技术的商务活动，从这个意义上讲，CBPR 体系可以称为跨境电子商务中的个人信息保护规则体系。

CBPR 体系可以说是亚太地区各国（地区）进行隐私保护政策协调的方式，积极促进了跨境数据的流通，同时推动了亚太地区个人信息保护立法的进程，旨在建立数字时代的商业规则，是一次具有重大意义的尝试。

9.1.4　个人信息处理者的义务

《个人信息保护法》第五章专门对个人信息处理者的义务做出了规定。

1. 个人信息处理者处理个人信息时应采取的措施

该法第五十一条规定："个人信息处理者应当根据个人信息的处理目的、处理方式、个人信息的种类以及对个人权益的影响、可能存在的安全风险等，采取下列措施确保个人信息处理活动符合法律、行政法规的规定，并防止未经授权的访问以及个人信息泄露、篡改、丢失：（一）制定内部管理制度和操作规程；（二）对个人信息实行分类管理；（三）采取相应的加密、去标识化等安全技术措施；（四）合理确定个人信息处理的操作权限，并定期对从业人员进行安全教育和培训；（五）制定并组织实施个人信息安全事件应急预案；（六）法律、行政法规规定的其他措施。"

同时，为了对个人信息处理者的信息处理活动进行监督，该法第五十二条规定："处理个人信息达到国家网信部门规定数量的个人信息处理者应当指定个人信息保护负责人，负责对个人信息处理活动以及采取的保护措施等进行监督。个人信息处理者应当公开个人信息保护负责人的联系方式，并将个人信息保护负责人的姓名、联系方式等报送履行个人信息保护职责的部门。"

第五十三条规定："本法第三条第二款规定的中华人民共和国境外的个人信息处理者，应当在中华人民共和国境内设立专门机构或者指定代表，负责处理个人信息保护相关事务，并将有关机构的名称或者代表的姓名、联系方式等报送履行个人信息保护职责的部门。"

同时，该法第五十四条还要求个人信息处理者应当定期对其处理个人信息遵守法律、行政法规的情况进行合规审计。

2. 个人信息保护影响的评估和内容

《个人信息保护法》第五十五条规定："有下列情形之一的，个人信息处理者应当事前进行个人信息保护影响评估，并对处理情况进行记录：（一）处理敏感个人信息；（二）利用个人信息进行自动化决策；（三）委托处理个人信息、向其他个人信息处理者提供个人信息、公开个人信息；（四）向境外提供个人信息；（五）其他对个人权益有重大影响的个人信息处理活动。"

第五十六条规定："个人信息保护影响评估应当包括下列内容：（一）个人信息的处理目的、处理方式等是否合法、正当、必要；（二）对个人权益的影响及安全风险；（三）所采取的保护措施是否合法、有效并与风险程度相适应。个人信息保护影响评估报告和处理情况记录应当至少保存三年。"

3. 个人信息泄露、篡改或者丢失时的补救措施

个人信息发生泄露、篡改或丢失，会造成严重的后果，对此，《个人信息保护法》第五十七条做出规定："发生或者可能发生个人信息泄露、篡改、丢失的，个人信息处理者应当立即采取补救措施，并通知履行个人信息保护职责的部门和个人。通知应当包括下列事项：（一）发生或者可能发生个人信息泄露、篡改、丢失的信息种类、原因和可能造成的危害；（二）个人信息处理者采取的补救措施和个人可以采取的减轻危害的措施；（三）个人信息处理者的联系方式。个人信息处理者采取措施能够有效避免信息泄露、篡改、丢失造成危害的，个人信息处理者可以不通知个人；履行个人信息保护职责的部门认为可能造成危害的，有权要求个人信息处理者通知个人。"

4. 互联网平台处理个人信息的法律义务

跨境电子商务平台一般拥有庞大的用户数量，因此属于《个人信息保护法》第五十八条所规制的对象，该条规定："提供重要互联网平台服务、用户数量巨大、业务类型复杂的个人信息处理者，应当履行下列义务：（一）按照国家规定建立健全个人信息保护合规制度体系，成立主要由外部成员组成的独立机构对个人信息保护情况进行监督；（二）遵循公开、公平、公正的原则，制定平台规则，明确平台内产品或者服务提供者处理个人信息的规范和保护个人信息的义务；（三）对严重违反法律、行政法规处理个人信息的平台内的产品或者服务提供者，停止提供服务；（四）定期发布个人信息保护社会责任报告，接受社会监督。"

同时，对于接受委托处理个人信息的受托人，如第三方支付机构或者第三方调查机构或广告公司等，该法第五十九条也做出了规定："接受委托处理个人信息的受托人，应当依照本法和有关法律、行政法规的规定，采取必要措施保障所处理的个人信息的安全，并协助个人信息处理者履行本法规定的义务。"

9.1.5　跨境提供个人信息的法律规则

当前，个人信息的跨境流动日益频繁，但由于遥远的地理距离以及不同国家法律制度、保护水平之间的差异，个人信息跨境流动风险更加难以控制。《个人信息保护法》构建了一套清晰、系统的个人信息跨境流动规则，以满足保障个人信息权益和安全的客观要求，适应国际经贸往来的现实需要。

《网络安全法》第三十七条对个人信息出境的安全评估做出了原则性规定："关键信息基础设施的运营者在中华人民共和国境内运营中收集和产生的个人信息和重要数据应当在境内存储。因业务需要，确需向境外提供的，应当按照国家网信部门会同国务院有关部门制定的办法进行安全评估；法律、行政法规另有规定的，依照其规定。"

《个人信息保护法》对个人信息的跨境提供进行了详细的规定，主要表现在以下几个方面。

一是明确了跨境提供个人信息的条件。个人信息处理者因业务等需要，确需向中华人民共和国境外提供个人信息的，应当具备下列条件之一。

（1）依照本法第四十条（具体条款见下文）的规定通过国家网信部门组织的安全评估。

（2）按照国家网信部门的规定经专业机构进行个人信息保护认证。

（3）按照国家网信部门制定的标准合同与境外接收方订立合同，约定双方的权利和义务。

（4）法律、行政法规或者国家网信部门规定的其他条件。

中华人民共和国缔结或者参加的国际条约、协定对向中华人民共和国境外提供个人信息的条件等有规定的，可以按照其规定执行。

个人信息处理者应当采取必要措施，保障境外接收方处理个人信息的活动达到本法规定的个人信息保护标准。

以向境内自然人提供产品或者服务为目的，或者分析、评估境内自然人的行为等，在中华人民共和国境外处理境内自然人个人信息的活动适用本法。本法还要求符合上述情形的境外个人信息处理者在中华人民共和国境内设立专门机构或者指定代表，负责个人信息保护相关事务。

二是明确了向境外提供个人信息的告知义务。

《个人信息保护法》第三十九条规定：个人信息处理者向中华人民共和国境外提供个人信息的，应当向个人告知境外接收方的名称或者姓名、联系方式、处理目的、处理方式、个人信息的种类以及个人向境外接收方行使本法规定权利的方式和程序等事项，并取得个人的单独同意。

三是对关键信息基础设施运营者提供个人信息做出了规定。

《个人信息保护法》第 40 条规定：关键信息基础设施运营者和处理个人信息达到国家网信部门规定数量的个人信息处理者，应当将在中华人民共和国境内收集和产生的个人信息存储在境内。确需向境外提供的，应当通过国家网信部门组织的安全评估；法律、行政法规和国家网信部门规定可以不进行安全评估的，从其规定。

四是为维护国家主权、安全和发展利益，对跨境提供个人信息的安全评估、向境外司法或执法机构提供个人信息、限制跨境提供个人信息的措施、对外国歧视性措施的反制等做了规定。

《个人信息保护法》第四十一条规定：中华人民共和国主管机关根据有关法律和中华人民共和国缔结或者参加的国际条约、协定，或者按照平等互惠原则，处理外国司法或者执法机构关于提供存储于境内个人信息的请求。非经中华人民共和国主管机关批准，个人信息处理者不得向外国司法或者执法机构提供存储于中华人民共和国境内的个人信息。

第四十二条规定：境外的组织、个人从事侵害中华人民共和国公民的个人信息权益，或者危害中华人民共和国国家安全、公共利益的个人信息处理活动的，国家网信部门可以将其列入限制或者禁止个人信息提供清单，予以公告，并采取限制或者禁止向其提供个人信息等措施。

第四十三条规定：任何国家或者地区在个人信息保护方面对中华人民共和国采取歧视性的禁止、限制或者其他类似措施的，中华人民共和国可以根据实际情况对该国家或者地区对等采取措施。

拓展阅读　　全国首例"爬虫"技术侵入计算机系统犯罪案

在设置了反爬机制的情况下，如何认定爬虫行为？合法使用爬虫技术能够大大提高数据收集的效率，促进互联网经济的发展，但恶意网络爬虫攻击则可能带来诸多危害。对于被爬取的网站而言，恶意的网络爬虫攻击可能导致网站信息系统受损，甚至出现网站无法正常访问等情况。同时，恶意爬虫掠夺了被爬取网站运营者对网站内容的控制权。

在全国首例"爬虫"技术侵入计算机系统犯罪案中，被告破解了北京字节跳动网络技术有限公司（以下简称字节跳动）的防抓取措施，使用"tt_spider"文件实施视频数据抓取行为，"tt_spider"文件在数据抓取的过程中使用伪造的 device_id（设备 ID）绕过服务器的身份校验，使用 UA（用户代理）及 IP 绕过服务器的访问频率限制，造成被害单位字节跳动损失技术服务费人民币 2 万元。法院认为被告上海晟品网络科技有限公司违反国家规定，采用技术手段获取计算机信息系统中存储的数据，情节严重，其行为已构成非法获取计算机信息系统数据罪。被告人张某某、宋某、侯某某作为直接负责的主管人员，被告人郭某作为其他直接责任人员，应以惩处。本案中，行为人通过爬虫技术，绕开网站设置的身份校验、访问频率限制等防爬取措施，接入被爬网站的计算机信息系统，抓取被爬网站服务器中存储的非公开数据，构成非法获取计算机信息系统数据罪。

使用爬虫技术侵入网站获取并非网站公开的信息或授权的信息或者对该等网站的正常运行造成不利影响，可能构成非法侵入计算机信息系统罪，还有可能构成提供侵入、非法控制计算机信息系统的程序、工具罪，侵犯公民个人信息罪等。

9.2　跨境电子商务运营中的数据保护

近年来，跨境电子商务行业对数据安全和数据合规的忽视渐渐暴露了出来。

2017 年，跨境电子商务平台小红书出现的用户信息大面积泄露事件便是一个典型的数据安全事件。用户数据被泄露后，诈骗分子以退款为诱饵，通过 360 借条、马上金融、蚂蚁借呗等借贷平台实施诈骗，使小红书平台用户遭受了不同程度的经济损失。数据泄露几乎是当下跨境电子商务领域的通病，而在这一过程中，受害最严重的往往是广大消费者。

2021 年 5 月，网络安全公司 Safety Detectives 发现了一个开放的 AWS Elastic Search 数据库，该数据库的服务器位于中国，其中大量涉及虚假评论的店铺和买家账号，20 万至 25 万人的私密信息泄露。这一数据库也被视为 2021 年亚马逊封店潮的开端，受"刷单"等问题牵连，不少亚马逊大卖店铺被封，账户和货物被封，甚至还有的企业破产。伴随着众多亚马逊店铺被封，跨境电子商务企业布局独立站也渐成趋势。跨境电子商务运营中涉及的数据安全问题引起各方重视。跨境电子商务企业如何在合法合规的前提下，最大化利用信息和数据，成为备受瞩目的法律议题。

9.2.1 网络安全和数据安全概述

1. 网络安全和数据安全的概念

网络安全是指通过采用各种技术和管理措施，使网络系统正常运行，从而确保网络数据的可用性、完整性和保密性。网络安全的具体含义会随着"角度"的变化而变化。例如，从用户（个人、企业等）的角度来说，他们都希望涉及个人隐私或商业利益的信息在网络上传输时受到保护。而从企业的角度来说，最重要的就是企业内部信息的安全加密以及保护。

数据安全有两个方面的含义：一是数据本身的安全，主要是指采用现代密码算法对数据进行主动保护，如数据保密、数据完整性、双向强身份认证等；二是数据防护的安全，主要是采用现代信息存储手段对数据进行主动防护，如通过磁盘阵列、数据备份、异地容灾等手段保证数据的安全。数据安全是一种主动的保护措施，数据本身的安全必须基于可靠的加密算法与安全体系，主要有对称算法与公开密钥密码体系两种。

数据是国家基础战略性资源和重要生产要素，正在推动生产生活方式和治理方式的深刻变革。每一次社会经济形态变革，都伴随新的生产要素出现，并带动社会生产力跃升。随着经济活动数字化转型加快，数据对提高生产效率的作用日益凸显。

2. 国外关于数据安全的立法

2018 年 3 月 23 日，美国通过《澄清域外合法使用数据法》，要求对危害美国国家安全的犯罪、严重刑事犯罪等重大案件，无论服务提供者的通信、记录或其他信息是否存储在美国境内，服务商应根据该法案进行调取并提供相关证据。

2018 年 5 月 25 日，欧盟《通用数据保护条例》正式实施，要求无论数据控制者、处理者及其处理行为在欧盟境内还是境外，只要处理的是欧盟境内居民的数据，均适用此法案，对数据实施长臂管理。

目前全球已有近 100 个国家和地区制定了数据安全保护的法律，数据安全保护专项立法已成为国际惯例。

9.2.2　我国的数据安全制度

构建数据基础制度，将进一步推动我国数字经济治理体系和治理能力现代化，为培育壮大数据要素市场提供有力制度保障。同时，这还事关我国数字经济发展顶层设计和体制机制建设，有利于数据充分发挥要素作用，健全数据市场规则，降低交易成本，激发社会创新活力。

我国关于网络安全和数据安全的立法，从 2017 年 6 月 1 日开始实施的《网络产品和服务安全审查办法（试行）》到 2022 年 2 月 15 日开始施行的《网络安全审查办法》修订版，其间既有上位法自上而下的推动，也有网络安全审查主体基于对企业的具体审查总结经验自下而上的完善，网络安全审查制度在实践探索中不断完善。

2021 年 6 月 10 日，第十三届全国人大常委会第二十九次会议通过了《数据安全法》。这部法律是数据领域的基础性法律，也是国家安全领域的一部重要法律，于 2021 年 9 月 1 日起施行。

拓展阅读　　　　　　　　　**国家安全机关公布 3 起典型案例**

近日，国家安全机关公布 3 起危害我国重要数据安全的案件，旨在进一步提高全社会对非传统安全的重视，共同维护国家安全。

［案例 1］　利用技术漏洞窃取某航空公司数据

2020 年 1 月，某航空公司向国家安全机关报告，该公司信息系统出现异常，怀疑遭到网络攻击。国家安全机关立即进行技术检查，确认相关信息系统遭到网络武器攻击，多台重要服务器和网络设备被植入特种木马程序，部分乘客出行记录等数据被窃取。进一步排查发现，另有多家航空公司信息系统遭到同一类型的网络攻击和数据窃取。经深入调查，确认相关攻击活动由某境外间谍情报机关精心策划、秘密实施，攻击中利用了多个技术漏洞，并利用多个国家和地区的网络设备进行跳转，以隐匿踪迹。针对这一情况，国家安全机关及时协助有关航空公司全面清除被植入的特种木马程序，调整技术安全防范策略、强化防范措施，制止了危害的进一步扩大。

［案例 2］　境外咨询公司秘密搜集窃取航运数据

2021 年 5 月，国家安全机关工作发现，某境外咨询公司通过网络、电话等方式，频繁联系我国大型航运企业、代理服务公司的管理人员，以高额报酬聘请行业咨询专家之名，与我国境内数十名人员建立"合作"，指使其广泛搜集提供我国航运基础数据、特定船只载物信息等。进一步调查掌握，相关境外咨询公司与其所在国家间谍情报机关关系密切，承接了大量情报搜集和分析业务，通过我国境内人员所获的航运数据，都提供给该国间谍情报机关。为防范相关危害持续发生，国家安全机关及时对有关境内人员进行警示教育，并责令其所在公司加强内部人员管理和数据安全保护措施。同时，依法对该境外咨询公司有关活动进行了查处。

[案例3] 私自采集基地气象数据向境外传送

2021年3月，国家安全机关工作发现，我国某重要军事基地周边建有一可疑气象观测设备，具备采集精确位置信息和多类型气象数据的功能，所采集数据直接传送至境外。调查掌握，有关气象观测设备由李某网上购买并私自架设，类似设备已向全国多地售出100余套，部分被架设在我国重要区域周边，有关设备所采集数据被传送到境外某气象观测组织的网站。该境外气象观测组织实际上由某国政府部门以科研之名发起成立，而该部门的一项重要任务就是搜集分析全球气象数据信息，为其军方提供服务。国家安全机关会同有关部门联合开展执法，责令有关人员立即拆除设备，消除了风险隐患。

9.2.3 跨境电子商务经营者的数据保护义务

跨境电子商务经营者在日常经营过程中，主要在3个方面会涉及数据安全问题。

第一，跨境电子商务平台环节的数据安全问题。跨境电子商务平台企业在注册、购买和支付等环节掌握着大量的用户数据，而平台的系统漏洞和数据保护权责不清晰，是造成电子商务平台信息泄露的重要原因。对于平台企业的数据保护要求，重要的是防止平台内部管理人员出于商业利益，把大量用户数据倒卖给其他人。强化平台企业的数据保护意识，通过平台企业和网络安全企业的合作，帮助平台企业建立数据保护的防护墙，也是防范平台企业数据泄露的有效方法。

第二，跨境电子商务物流环节的数据安全问题。物流在整个跨境电子商务的交易过程中发挥着重要的作用，也会产生大量的交易双方的数据。主要风险体现在物流系统漏洞和物流单据的交易方面。物流单据的交易风险往往集中在那些管理松散的物流代理点。由于跨境电子商务的快速发展，促使物流企业的发展也异常迅猛，市场竞争比较激烈，为了节省企业的运营成本，在构建物流公司的交易系统时，企业对数据保护技术和人力的投入往往比较少，这就容易产生系统的安全漏洞。攻击者可以直接从系统上窃取海量商家和用户数据。

第三，跨境电子商务用户环节的数据安全问题。在用户环节容易出现的数据安全问题是木马病毒、钓鱼和账号被盗等。如木马病毒，主要体现在手机端，部分手机App携带木马病毒，用户一旦安装，手机则会受到远程监控。与此同时，用户在交易过程中，其交易数据被删除的风险也明显增加，主要是因为跨境电子商务的交易数据均为电子化信息，经营者可以借助技术手段修改、删除数据，销毁证据，从而给消费者依法维权造成困难。

我国《数据安全法》第二十一条规定："国家建立数据分类分级保护制度，根据数据在经济社会发展中的重要程度，以及一旦遭到篡改、破坏、泄露或者非法获取、非法利用，对国家安全、公共利益或者个人、组织合法权益造成的危害程度，对数据实行分类分级保护。国家数据安全工作协调机制统筹协调有关部门制定重要数据目录，加强对重要数据的保护。关系国家安全、国民经济命脉、重要民生、重大公共利益等数据属于国家核心数据，实行更加严格的管理制度。"

第三十一条又规定："关键信息基础设施的运营者在中华人民共和国境内运营中收集和产生的重要数据的出境安全管理，适用《中华人民共和国网络安全法》的规定；其他数据处理者在中华人民共和国境内运营中收集和产生的重要数据的出境安全管理办法，由国家网信部门会同国务院有关部门制定。"

9.2.4　违反数据安全保护的法律责任

《数据安全法》第 6 章规定了违反数据安全的法律责任，涉及跨境电子商务企业（平台）的有关条款主要有以下几点。

（1）《数据安全法》第四十四条规定：有关主管部门在履行数据安全监管职责中，发现数据处理活动存在较大安全风险的，可以按照规定的权限和程序对有关组织、个人进行约谈，并要求有关组织、个人采取措施进行整改，消除隐患。

（2）《数据安全法》第四十五条规定，开展数据处理活动的组织、个人不履行本法第二十七条、第二十九条、第三十条规定的数据安全保护义务的，由有关主管部门责令改正，给予警告，可以并处罚款，对直接负责的主管人员和其他直接责任人员可以罚款；拒不改正或者造成大量数据泄露等严重后果的，处以罚款，并可以责令暂停相关业务、停业整顿、吊销相关业务许可证或者吊销营业执照，对直接负责的主管人员和其他直接责任人员处以罚款。违反国家核心数据管理制度，危害国家主权、安全和发展利益的，由有关主管部门处二百万元以上一千万元以下罚款，并根据情况责令暂停相关业务、停业整顿、吊销相关业务许可证或者吊销营业执照；构成犯罪的，依法追究刑事责任。

（3）《数据安全法》第四十六条规定，违反本法第三十一条规定，向境外提供重要数据的，由有关主管部门责令改正，给予警告，可以并处十万元以上一百万元以下罚款，对直接负责的主管人员和其他直接责任人员可以处一万元以上十万元以下罚款；情节严重的，处一百万元以上一千万元以下罚款，并可以责令暂停相关业务、停业整顿、吊销相关业务许可证或者吊销营业执照，对直接负责的主管人员和其他直接责任人员处十万元以上一百万元以下罚款。

（4）《数据安全法》第四十七条规定，从事数据交易中介服务的机构未履行本法第三十三条规定的义务的，由有关主管部门责令改正，没收违法所得，处违法所得一倍以上十倍以下罚款，没有违法所得或者违法所得不足十万元的，处十万元以上一百万元以下罚款，并可以责令暂停相关业务、停业整顿、吊销相关业务许可证或者吊销营业执照；对直接负责的主管人员和其他直接责任人员处一万元以上十万元以下罚款。

（5）《数据安全法》第四十八条规定，违反本法第三十五条规定，拒不配合数据调取的，由有关主管部门责令改正，给予警告，并处五万元以上五十万元以下罚款，对直接负责的主管人员和其他直接责任人员处一万元以上十万元以下罚款。

从以上条款可以看出，跨境电子商务企业（平台）在经营过程中有多项与数据安全相关的义务，必须注意《数据安全法》的相关规定，并做好企业合规工作。

拓展阅读　互联网科创企业经营的数据合规——上海某公司非法获取计算机信息系统数据案

1. 案情简介

上海 Z 网络科技有限公司（以下简称 Z 公司）成立于 2016 年，系一家为本地商户提供数字化转型服务的互联网大数据公司。被起诉人陈某、汤某、王某等人分别系该公司首席技术官、核心技术人员。

2019年至2020年，在未经上海E信息科技有限公司（以下简称E公司，系国内某美食外卖平台企业）授权许可情况下，Z公司为了以提供超范围数据服务吸引更多的客户，指使多名公司技术人员，通过"外爬""内爬"等爬虫程序，非法获取E公司运营的外卖平台（以下简称E平台）数据。上述行为造成E公司存储的具有巨大商业价值的海量商户信息被非法获取，同时造成E公司流量成本增加，直接经济损失人民币4万余元。案发后，Z公司及相关人员认罪认罚，积极赔偿被害单位经济损失并取得谅解。

2. 企业合规整改情况及效果

一是介入侦查，把准案件定性。因本案罪名涉及专业领域、作案手法复杂，侦查之初，普陀区人民检察院即应公安机关邀请介入侦查，引导取证，明确鉴定方向。一方面，引导公安机关固定Z公司爬虫程序、云服务器电子数据，以查清爬虫的运行模式、被爬取的数据属性等关键事实并加以鉴定。同时，走访被害企业，深入核实被害企业数据防护措施、直接经济损失等，为认定案件事实补充完善证据链条。另一方面，引导公安机关在讯问时关注作案动机、Z公司现状及发展前景等与企业合规相关的问题，督促Z公司积极赔偿被害企业损失，消除影响。

二是认真审查，启动合规考察。案件移送审查起诉后，普陀区人民检察院经实地走访Z公司查看经营现状以及会同监管部门研商公司运营情况发现，Z公司管理层及员工存在重技术开发、轻数据合规等问题，此次爬取数据出于自身拓展业务的动机，未进行二次售卖。考虑到Z公司系成长型科创企业，14名涉案人员均认罪认罚，积极赔偿E公司经济损失并取得谅解，Z公司合规整改意愿强烈，提交了《适用刑事合规不起诉申请书》及企业经营情况、社会贡献度等书面证明材料，检察机关经审查对Z公司做出合规考察决定。

三是因案制宜，围绕数据合规专项计划精准"开方"，对涉案企业开展专业第三方监督评估。鉴于开展数据合规的专业性要求较高，本案第三方组织吸纳网信办、知名互联网安全企业、产业促进社会组织等的专家成员，通过询问谈话、走访调查等多种形式，全程监督Z公司数据合规整改工作。

四是"云听证"，确保监督评估考察公正透明。3个月考察期限届满，第三方组织评估认为，涉案企业与个人积极进行合规整改，建立合规组织、完善制度规范、提升技术能级，已完成数据合规建设的整改措施。2022年2月，评定Z公司合规整改合格。为保障涉案企业及时复工复产，同年4月28日，普陀区人民检察院开展"云听证"，邀请全国人大代表、人民监督员、侦查机关、第三方组织、被害单位等线上参加或旁听。经评议，各方一致同意对涉案人员做出不起诉决定。同年5月10日，检察机关经审查后认为，因本案犯罪情节轻微，且Z公司合规整改经第三方考察评估合格，依法对Z公司、陈某等人做出不起诉决定。

五是企业合规整改见实效、显长效。为确保企业将数据合规内化为长效机制，根据检察机关不定期回访工作了解，Z公司认真落实合规整改，与E平台达成数据交互合作，通过API（应用程序接口）直连，合法合规获取平台数据。同时，Z公司将其与E平台的合作模式进行复制、移植，与3家大型互联网企业达成数据合作。

本章小结

本章首先介绍了跨境电子商务运营中个人信息保护的一般规则、跨境提供个人信息的法律规则以及个人信息处理者的义务等；然后对跨境电子商务运营中的网络安全和数据安全做了阐述，并详细介绍了我国的数据安全制度等；最后，对我国跨境电子商务经营者的数据保护义务等做了介绍。通过对本章的学习，读者能够知晓跨境电子商务运营中个人信息保护的重要性以及数据保护的重要性，并掌握相关的规则。

练习题

一、单项选择题

1. 个人信息收集的根本目的是（   ）。
  A. 应用   B. 识别   C. 买卖   D. 交易

2. 根据我国《个人信息保护法》的规定，个人信息不包括（   ）。
  A. 已识别的自然人信息   B. 可识别的自然人信息
  C. 经过匿名化处理的信息   D. 经营信息

3. 个人信息确需向境外提供的，应当通过（   ）的安全评估。
  A. 国家公安机关   B. 国家网信部门
  C. 国际安全机关   D. 商务部

4. 个人信息处理者处理不满十四周岁未成年人个人信息的，应当取得未成年人的（   ）的同意。
  A. 本人   B. 社区
  C. 父母或者其他监护人   D. 未成年人的学校

5. 关键信息基础设施的运营者在中华人民共和国境内运营中收集和产生的重要数据的出境安全管理，适用下列哪部法律的规定？（   ）
  A.《网络安全法》   B.《外商投资法》
  C.《民法典》   D.《对外贸易法》

6. 欧盟关于数据保护的法令是（   ）。
  A.《数据保护法案》   B.《澄清域外合法使用数据法》
  C.《数据指令》   D.《通用数据保护条例》

二、多项选择题

1. 电子商务中的个人信息一般包括（　　　）。
   A．用户的姓名　　　B．身份证号码　　　C．通信地址
   D．联系电话　　　E．电子邮件地址

2.《个人信息保护法》规定，（　　　）机构应当将在中华人民共和国境内收集和产生的个人信息存储在境内。
   A．关键信息基础设施运营者
   B．海外仓经营者
   C．第三方支付平台
   D．处理个人信息达到国家网信部门规定数量的个人信息处理者

3. 在下列哪些情形下处理个人信息不需要经过自然人的同意？（　　　）
   A．为履行法定职责或者法定义务所必需
   B．为应对突发公共卫生事件，或者紧急情况下为保护自然人的生命健康和财产安全所必需
   C．为公共利益实施新闻报道、舆论监督等行为，在合理的范围内处理个人信息
   D．依照《个人信息保护法》的规定在合理的范围内处理个人自行公开或者其他已经合法公开的个人信息

4. 个人信息处理者必须满足下列哪些条件方可处理敏感个人信息？（　　　）
   A．具有特定的目的和充分的必要性　　　B．采取严格保护措施的情形下
   C．具备商业价值　　　D．有一定的合理性

5. 个人信息处理者应当根据个人信息的（　　　），采取措施确保个人信息处理活动符合法律、行政法规的规定。
   A．处理目的
   B．处理方式
   C．个人信息的种类
   D．对个人权益的影响、可能存在的安全风险

6. 根据《数据安全法》的规定，下列（　　　）数据属于国家核心数据，国家对其实行更加严格的管理制度。
   A．关系国家安全　　　B．关系国民经济命脉
   C．关系重要民生　　　D．关系重大公共利益

三、简答题

1. 根据我国法律，个人信息的定义是什么？
2.《个人信息保护法》规定的互联网平台企业保护个人信息的"守门人义务"是什么？
3. 在日常经营过程中，跨境电子商务主要在哪些方面会涉及数据安全问题？
4. 个人信息跨境提供的条件是什么？
5. 简述敏感个人信息的定义和内容。

四、案例分析

原告杜某系某电商平台（系被告某网络公司运营）用户，并在该平台多次购买商品。某日，杜某在购物过程中，被平台发布的"好友圈好友等你开拼手气红包"字样吸引，遂点击该字样，随后页面跳出"进圈并邀请好友"的跳转链接，杜某受吸引点击进入"好友圈"。随后，杜某发现其在该平台的购物记录被自动公开并被分享到"好友圈"为其自动设定的第三人视线之下。在社会交往中，朋友通过此功能看到了其购物记录的部分信息，杜某认为隐私受到了侵犯。某网络公司提交了关于行使个人信息权利的申请受理和处理机制路径的相关材料，并指出，杜某在用户注册时，已通过协议约定明确告知用户收集及使用用户个人信息的方式、范围及目的，并获得用户同意，且未收到杜某对其个人信息处理活动的查询申请或投诉信息，不存在侵犯个人信息权益的行为。杭州互联网法院受理该案后，并未对实体问题进行审理，并做出裁定驳回了杜某的诉讼请求。

请分析法院驳回杜某诉讼请求的法律依据。

操作实训

一、实训目的

学生通过模拟跨境电子商务企业日常运营中需要注意的个人信息保护义务和数据安全义务，达到掌握实务技能的目的。

二、实训主要内容

1. 教师讲解相关的法律问题，并展示相关法律条文和案例，演示个人信息保护和数据安全的网页操作流程，并提醒学生在审核网页时应该注意的法律问题。（2 学时）

2. 每个学生练习网页审核的流程。（1 学时）

3. 学生相互交换意见，提出存在的问题，并加以解决。学生将有关过程写成报告。（1 学时）

三、实训要求

1. 学生自行组成训练小组（可以跨年级、班级）、选定训练项目，并于训练前一周向训练中心申报，训练中心根据学生的申报安排训练日程。

2. 学生在模拟前要充分收集有关案例，认真熟悉案例，并邀请有关教师做指导，以正确把握有关情况。

3. 学生在正确把握案例的基础上，形成流程简介、角色分工等书面材料。

4. 学生在指导教师的指导下，按流程认真进行模拟。

5. 学生训练后要制作模拟卷宗。

6. 学生将各种资料汇总编制目录，并按顺序叠放整齐，加封皮装订成册，注明班级、参与人员和时间。

四、实训步骤

（一）模拟审核准备

1. 选择案例。

2. 制作有关公司情况和业务情况的卷宗（如公司的授权书、有关产品的商情报告、需要审核的信息列表或者数据列表等）。

3. 进行排练。通过排练来检验准备情况，如有疏漏、不足和失误，要及时调整，确保准备充分，为正式模拟打好基础。

（二）审核

1. 进入模拟实验室。

2. 沟通需要审核的数据或者个人信息。

3. 个人信息或者数据审核。

（三）整理有关的材料，并形成完整的案卷

五、实训思考

1. 在个人信息和数据审核过程中需要注意的问题有哪些？

2. 在个人信息和数据出现安全问题后应立即采取哪些措施？

六、实训成果形式

1. 各方准备的材料。

2. 审核的结果展示（可以是网页截图）。

3. 对此次实训的总结。

七、情形案例

教师可指导学生根据下面的案例进行实训，教师可灵活掌握实训需要的材料，在小组成员之间或小组之间分配材料制作任务。

某网络科技有限公司个人信息民事公益诉讼案

【案例索引】

一审：杭州互联网法院（2020）浙 0192 民初 4252 号

【案情介绍】

案涉 App 是被告某网络科技有限公司开发、运营的一款音乐视频教学类手机应用程序，主要功能为在线音乐教育，通过直播教学，提供热门乐器线上教学。该 App 在安装、使用过程中存在以下涉及用户个人信息的违法、违规现象。

1. 该 App 在下载安装及使用过程中未显示隐私政策条款，未通过弹窗等明显方式提示用户阅读隐私政策等个人信息收集使用规则，且没有具体隐私政策的内容。

2. 该 App 因用户不同意收集非必要个人信息或打开非必要权限，而拒绝提供业务功能。

3. 该 App 在申请打开可收集用户行踪轨迹等个人敏感信息时，未同步告知用户其目的、方式和范围。

在审理过程中，经法院组织调解，双方当事人达成调解协议：①被告立即停止实施侵害案涉 App 用户个人信息的违法、违规行为，按照《网络安全法》《App 违法违规收集使用个人信息行为认定方法》（国信办秘字〔2019〕191 号）、《信息安全技术 个人信息安全规范》（GB/T 35273—2017）等法律、规范性文件对 App 用户个人信息保护的要求，于 2020 年 9 月 9 日前对该 App 进行全面整改，即整改该 App 存在的未公开收集使用规则，未明示收集使用个人信息的目的、方式和范围，未经用户同意收集使用个人信息，违反必要原则收集与其提供的服务无关的个人信息，未按法律规定提供删除或更正个人信息功能等违法违规收集个人信息的行为；②被告于 2020 年 9 月 9 日完成前述第一项承诺的整改内容，并由辖区内行政监管部门认可的第三方检测机构对整改情况进行全面的 App 个人信息收集合规检测，若第三方检测机构提供的检测报告显示该 App 仍存在违法违规收集用户个人信息的行为，被告立即对该 App 做全面下架整改直至检测通过；③被告立即删除违法违规收集、储存的全部用户个人信息，包括用户精确定位信息（经纬度信息）、手机设备号信息几十万余条等，相关信息删除情况由辖区内行政监管部门认可的第三方检测机构在检测报告中予以查询、确认；④被告就侵害案涉 App 用户个人信息的行为，在《法治日报》及该 App 首页向社会公众做公开赔礼道歉（赔礼道歉的内容需经公益诉讼起诉人、人民法院审核通过，案涉 App 首页的致歉信持续置顶时间不少于 7 个工作日）；⑤被告承诺在今后的运营过程中严格遵守个人信息保护的法律、法规，不再有违法违规收集使用个人信息行为，并自觉接受辖区内行政监管部门的监督检查；⑥若被告未按前述协议约定的内容履行，存在违反本协议约定的行为，其相关违法违规收集用户个人信息行为一旦经行政监管部门或司法机关确认，将自愿向公益诉讼起诉人杭州市余杭区人民检察院支付 50 万元违约金（该违约金全部用于全国性个人信息保护公益基金的公益支出）。

第10章
跨境电子商务纠纷解决

导学视频

学习目标

1. 了解跨境电子商务经营中纠纷解决的主要方式。
2. 掌握涉外商事仲裁的基本内容。
3. 熟悉涉外商事诉讼的相关法律法规。

重点难点

1. 重点：跨境电子商务纠纷解决的主要方式；国际商事仲裁协议的内容与效力；国际商事仲裁裁决的承认与执行。
2. 难点：涉外商事诉讼的管辖权；跨境电子商务在线纠纷解决（ODR）。

【案例导入】新时代公司上海分公司与 National FZE、National Group 航空货物运输合同纠纷管辖权异议案

　　新时代公司上海分公司（以下简称新时代公司）与阿联酋 National FZE 公司签订包机合同，约定 National FZE 承运新时代公司货物，由上海运至美国芝加哥。新时代公司依约向 National FZE 支付运费后，收到 National FZE 的通知，称飞机无法依约运输货物。新时代公司因另寻其他公司运输产生经济损失 31.80 万元，诉请 National FZE 和美国 National Group 赔偿。被告两公司主张人民法院对本案无管辖权，应驳回新时代公司起诉。

　　上海市浦东新区人民法院一审认为，中国、阿联酋、美国均系《统一国际航空运输某些规则的公约》（以下简称《华沙公约》）缔约者，本案包机合同约定货物从中国运至美国，属于公约适用范围，应适用公约确定本案管辖。公约第三十三条第一款规定："损害赔偿诉讼必须在一个当事国领土内，由原告选择，向承运人住所地、主要营业地或者订立合同的营业地的法院，或者向目的地法院提起。"上述地点均不在中国境内，故人民法院对本案无管辖权，裁定驳回新时代公司起诉。新时代公司上诉后被驳回。

　　本案合同约定的运输始发地是上海，故新时代公司依照我国民事诉讼法的规定在

上海法院提起诉讼。《华沙公约》未约定运输始发地法院的管辖权，这与我国民事诉讼法有关航空运输合同纠纷管辖的规定不同。根据我国民事诉讼法的规定，我国缔结或者参加的国际条约有不同规定的，适用国际条约的规定，但我国声明保留的条款除外，故本案应优先适用《华沙公约》的规定。

思考题：涉外民事诉讼与国内民事诉讼有何区别？

10.1　跨境电子商务纠纷解决概述

10.1.1　跨境电子商务纠纷的特点与主要类型

跨境电子商务纠纷主要集中在运输、支付、退换货以及购买评价等 4 个方面，但由于跨境电子商务交易不仅跨境而且通过虚拟网络进行，所以不仅具备传统外贸的基本流程，且涉及交易平台和交易模式的选择，容易出现运输时效性以及运输质量等方面的问题。而在支付方面，由于跨境电子商务平台所采用的交易模式和交易平台不尽相同，所以消费者在无法全面熟悉平台规则的情况下，就容易对支付过程产生争议。此外，退换货也是一个比较突出的问题，由于不同的电商平台退换货规则不同且多变，这些都将直接影响消费者处理跨境电子商务纠纷的信心。所以在跨境交易过程中，双方如果没有有效的纠纷解决机制，就可能影响消费者和商家在跨境电子商务方面的参与信心，从而制约跨境电子商务发展。

1. 跨境电子商务纠纷的特点

（1）纠纷标的额小、量多。

在 B2C 模式中，一方当事人为广大的消费者，交易双方当事人往往处于不对等地位。B2C 纠纷以跨境消费者纠纷为主要类型，呈现争议数额较小、争议数量较大的特点。此类纠纷宜采用在线方式解决。

（2）纠纷内容复杂多变。

在 B2B 模式中，双方企业的交易数额较大，交易双方处于相对平等的地位。双方开展跨境电子商务与传统线下进出口贸易在形式和内容上基本相似，其产生的争议也与传统涉外商事纠纷无异。此类跨境电子商务纠纷更宜采用传统方式来处理相关争议。

2. 跨境电子商务纠纷的主要类型

跨境电子商务的纠纷类型多种多样，从其纠纷内容上进行区分，主要分为知识产权纠纷、消费者纠纷和其他纠纷。

（1）知识产权纠纷。

知识产权纠纷主要体现为图片展示过程中的盗图现象以及产品专利侵权等，此类纠纷呈日益严重的趋势。

（2）消费者纠纷。

消费者纠纷体现为运输纠纷、支付纠纷、退换货纠纷等方面。其中，运输纠纷在跨境消费者纠纷中大量存在，甚至占到纠纷总量的五成至六成。

（3）其他纠纷。

随着跨境电子商务的交易行为日益频繁，商务企业之间的竞争也不断白热化。一些电子商务企业在跨境交易过程中，还会出现不正当竞争纠纷。随着跨境电子商务的快速发展，跨境电子商务企业之间的竞争也愈演愈烈，其网络评价体系越来越重要，网络评价纠纷也呈现快速增长的趋势。

10.1.2 跨境电子商务纠纷解决的主要方式

目前，我国跨境电子商务争议的解决方式主要是线上纠纷解决和线下纠纷解决两种方式。线上纠纷解决方式主要是跨境电子商务企业对在线纠纷解决（Online Dispute Resolution，ODR）机制的转化应用，电商平台接到交易方投诉后，采取在线协商化解争议，若协商未成，双方可以授权平台进行第三方裁定。线下纠纷解决方式主要是依赖传统诉讼、仲裁等非互联网技术手段处理纠纷。

ODR 是指综合运用谈判、调解和仲裁等多种手段，以互联网为平台解决当事人纠纷的一种纠纷解决机制。它的核心是借助电子通信和其他信息与通信技术解决争议。一般而言，ODR 的主要方式有在线协商、在线调解和在线仲裁等在线非诉讼程序。近年来，在线法庭在处理小额电子商务纠纷中扮演着越来越重要的角色。

1. 在线协商

双方当事人通过在线协商解决争议是一种常见的在线纠纷解决方式，它最显著的特点是快捷高效。在线协商能够为多数交易额小、争议不大的电子商务争议提供很好的纠纷解决方式。解决争议的最终结果往往都是双方当事人协商的产物，无须第三方参与解决。这种在线协商方式被称为"自行协商"，协商的通道及过程都由双方当事人自行建立。

2. 在线调解与在线仲裁

在线调解是指交易双方当事人通过在线调解员的协助处理争议的过程。在线调解往往是通过调解员说服当事人接受各方提出的解决方案来处理纠纷，它的主要优点是快速、高效、灵活、简便。当事人可选择专门性在线调解平台解决纠纷，也可选择电商平台附设的调解平台解决纠纷。

在线仲裁是指仲裁协议的订立、仲裁程序的进行，以及仲裁裁决做出均通过互联网进行。在仲裁过程中，当事人可以选择仲裁员和准据法。在线仲裁的主要难题是仲裁协议的有效性及仲裁裁决的执行问题。与在线调解类似，当事人可以选择专门性在线仲裁平台解决纠纷，也可以选择电商平台附设的在线仲裁平台解决纠纷。一般而言，独立于电商平台的在线调解及在线仲裁等程序统称为"独立型 ODR"，如中国在线争议解决中心（China ODR）及中国国际经济贸易仲裁委员会（CIETAC）的网上争议解决平台。相反，依附于电商平台的在线调解及在线仲裁等纠纷解决程序被称为"依附型 ODR"，如天猫国际及京东国际附设纠纷解决机制。

3. 在线法庭

在线法庭也称网上法庭，是指主要在网上进行的法院诉讼程序。争议当事人可以通过电子通信技术完全实现诉讼目的。其中，在线法庭既包括在线诉讼程序也包括法院附设的在线 ADR（非诉讼纠纷解决）程序。在线法庭利用信息技术使当事人可以完全通过在线方式进行交流，无须面对面接触。在线法庭的优势在于既保留了传统法庭的权威性，又吸收了现代 ODR 的效益性。这对当事人处理数量众多但争议额较小且证据不多的电子商务纠纷具有很强的吸引力。相比其他 ODR 而言，在线法庭更容易获得公众及当事人的信赖。在线法庭中当事人可以获得一份强有力的判决书。在线法官比一般在线调解员更加具有威望，甚至在线法官进行在线诉前调解更具有专业优势，因为当事人更加信赖具有充分权威性（中立性与独立性）的法院及法官。

拓展阅读　　当前 ODR 解决跨境电子商务纠纷的局限及其原因

跨境电子商务纠纷解决用 ODR 机制并不能完全满足实际需求。因为 ODR 方式在解决跨境电子商务纠纷过程中仍面临着诸多困境，如管辖权存在不确定性、实体法律适用困难、处理结果不易执行、缺少跨境 ODR 平台等问题。缺少必要的跨境 ODR 服务平台是影响 ODR 方式有效处理跨境电子商务纠纷的重要因素。

1. 在线法庭处理跨境电子商务纠纷的局限

通过诉讼来解决跨境电子商务纠纷的局限主要体现在管辖权、实体法律适用及执行等问题上。国际民事诉讼主要根据属地性连结点来确定管辖权。跨境电子商务纠纷的虚拟性与"无国界"性导致其涉及的行为地及财产所在地很难确定。这造成跨境电子商务诉讼管辖权存在不确定性，因此，当事人很可能通过"选择法院"来规避或转嫁诉讼风险。跨境电子商务纠纷涉及卖方住所地、买方住所地、交易平台网站注册地、供应商所在地、交易平台服务器所在地等多个地点，依据哪个国家的法律审理跨境电子商务纠纷同样难以确定。也正是因为跨境电子商务诉讼的管辖权及实体法律适用存在不确定性和争议，诉讼判决通常很难在其他国家得到承认与执行。各国及各地区在线法庭建设水平参差不齐，也会影响当事人通过在线法庭方式处理跨境电子商务纠纷。

2. 在线协商处理跨境电子商务纠纷的局限

在线协商解决跨境电子商务纠纷的局限主要表现在适用范围较窄以及专业沟通渠道匮乏。在线协商在解决当事人之间争议不大、标的额较少的跨境电子商务纠纷方面具有较大的优势。跨境电子商务交易纠纷存在较大争议时，当事人通过在线协商解决纠纷的可能性较小，他们更倾向于通过第三方协助解决纠纷。此外，部分大型电子商务企业设立的纠纷处理沟通渠道因缺少必要的透明性及独立性而影响其处理纠纷的效果。

3. 在线调解与在线仲裁处理跨境电子商务纠纷的局限

在线调解与在线仲裁解决跨境电子商务纠纷同样面临管辖权、实体法律适用及执行等问题。同传统调解与仲裁程序一样，在线调解与在线仲裁的管辖权源于当事人的同意。但是，跨境电子商务纠纷的启动调解协议与仲裁协议往往表现为卖方通过"用户协议"或类似点击许可协议格式化地形成纠纷解决条款，买方必须同意上述格式化纠纷解决协议才能完成交易。与在线诉讼一样，在线仲裁在处理跨境电子商务纠纷的过程中也会面临实体法律适用及执行困难。在线仲裁程序适用的实体法同样需要根据连结点来判断，而连结点因跨境电子商务纠纷的国际性、虚拟性等客观因素变得十分难确定，这造成在线仲裁的实体法适用困难。在线仲裁的裁决结果很可能因仲裁庭的管辖权及准据法存在争议而被撤销。

在线调解处理跨境电子商务纠纷在实体法律适用问题上遇到的障碍较少，因为在线调解主要是根据当事人自主协商及合意决定来处理相关纠纷。但是，在线调解可能面临更为严峻的处理结果执行问题。当事人不服相关结果仍可寻求司法救济，调解协议及调解书不具有终局性。这对在线调解结果的执行非常不利。

10.1.3 我国跨境电子商务纠纷解决机制

与物流、支付、融资服务相同，跨境电子商务纠纷解决机制也属于跨境电子商务交易的一项重要配套服务。完善的跨境电子商务纠纷解决机制可以优化跨境电子商务企业的经营环境，充分保障消费者的合法权益，预防和减少跨境电子商务纠纷的发生。我国跨境电子商务纠纷解决机制须以 ODR 为核心，在学习欧盟跨境电子商务 ODR 平台的建设和联合国国际贸易法委员会（UNCITRAL）ODR 程序规则的同时，整合在线协商、调解、仲裁等方式为企业、平台及消费者提供即时的纠纷解决服务。其中，建立并推广独立的 ODR 平台则是我国跨境电子商务纠纷解决机制的重中之重。

1. 明确建设 ODR 平台的主体

目前，欧美等发达国家和地区都建立了高水平的 ODR 平台，并且 ODR 制度得到较好的推广和运用。欧盟跨境电子商务 ODR 平台更是直接为 B2C 电子商务纠纷提供纠纷解决服务。相比而言，我国 ODR 平台及 ADR 机构的发展仍处于起步阶段，高水平与高利用率的 ODR 平台更是匮乏。因此，我国政府应当联合跨境电子商务企业共同推动跨境 ODR 平台的建设。政府在推动 ODR 平台建设问题上应占主导地位。这既可以保障 ODR 平台建设能够得到强有力的支持，也可以保障 ODR 平台保持相对的独立性、中立性及透明性。

2. 准确定位 ODR 平台的职能

ODR 平台的职能定位决定了它的运行模式和机构设置，这可以最大限度地整合已有在线解决机构及其他非诉讼解决机构的资源。ODR 平台的首要目的是利用信息技术帮助当事人与在线纠纷解决机构之间建立起有效的桥梁。当事人可以通过 ODR 平台快速找到适合自己的在线纠纷解决方式及规则。为此，ODR 平台应当设立单一的纠纷受理窗口，促成跨境纠纷处理的"一站式化"。ODR 平台还可以通过与其他地区国际性 ODR 平台建立合作机制实现资源的共享。不仅如此，ODR 平台还应注意信息安全服务。这要求 ODR 平台对当事人及企业的隐私和商业秘密等相关信息进行严格的保护，从而提升使用者对 ODR 平台的信任度。

3. 统一制定 ODR 平台的程序规则

完善跨境电子商务纠纷解决机制需要建立健全统一的程序规则。目前，困扰跨境电子商务 ODR 功效的因素主要体现在争议前纠纷解决协议效力不明确、实体法律适用困难及处理结果执行艰难 3 个方面。欧盟 ODR 平台的经验及 UNCITRAL《程序规则》草案可以提供有益借鉴。其可以帮助我们在制定相关程序规则时做到有的放矢，又可以保证我们制定的规则能与国际规则接轨。为保证争议前纠纷解决协议的效力，ODR 平台制定的规则应当充分尊重当事人的意愿，保障当事人可以自主选择解决纠纷的方式。

4. 大力推广 ODR 平台

由于企业和消费者对 ODR 平台缺乏充分的认识，因此，在 ODR 平台建设及运行之初，政府应大力向民众推广 ODR 制度以及独立 ODR 平台。作为 ODR 建设的主导者，政府应当通过官方渠道推广 ODR 制度及平台。政府对 ODR 平台的建设与推广不应仅停留在政策层面，还应上升到立法层面，通过立法提高民众对 ODR 制度的认识度及信任度。企业也应当大力推广 ODR 平台，因为这不仅可以提升消费者对跨境电子商务的信心，而且可以有效帮助企业预防相关争议。除此之外，ODR 平台还可以通过适当的费用减免服务促进当事人采用 ODR 程序解决纠纷。

10.2　涉外商事仲裁

在跨境电子商务 B2B 模式中，因涉及的双方均为企业，交易数额相对较大，纠纷内容比较复杂，因此这类跨境电子商务纠纷更倾向于适用传统的国际商事仲裁解决方式来处理相关争议。中国国际经济贸易仲裁委员会是解决企业间（B2B）争议和因跨境销售或服务合同引起的争议的国际商事仲裁机构之一。

10.2.1　国际商事仲裁协议的概念及类型

1. 国际商事仲裁协议的概念

国际商事仲裁协议是指国际商事关系中的合同当事人通过在合同中订明仲裁条款、签订独立仲裁协议或采用其他方式达成的就有关争议提交仲裁的书面协议，表明当事人承认仲裁裁决的拘束力，将自觉履行其义务。它是仲裁得以进行的法定前提。一方面，没有仲裁协议，当事人无权提起仲裁，因而仲裁协议赋予当事人提起仲裁的程序权利；另一方面，它赋予仲裁机构仲裁管辖权，是仲裁机构受理案件并做出合法有效裁决的前提条件。

2. 国际商事仲裁协议的类型

根据不同的标准，仲裁协议被分成不同的形式。

（1）根据是否有书面形式，仲裁协议有口头和书面之分。

传统上仲裁协议必须采用书面形式，否则仲裁协议无效或不能强制执行，当事人对根据非书面形式的国际商事仲裁协议做出的仲裁裁决可以拒绝承认和执行。但是随着国际商事交往越发频繁，对国际商事仲裁协议必须采取书面形式的强行法要求出现弱化趋势。

（2）根据是否包含在原国际商事合同中，有仲裁条款和单独仲裁协议之分。

为了便于跨境电子商务纠纷的快速有效解决，多数国际商事合同都包含了愿意把未来可能发生的争议提交仲裁解决的条款，该条款即仲裁条款，包含在主合同中。

单独仲裁协议是指跨境电子商务合同的当事人在有关争议发生之前或之后，专门就该争议的仲裁问题达成一个单独的仲裁协议。

（3）其他形式的仲裁协议。

在跨境电子商务中，当事人的函电、备忘录以及其他书面文件包含了争议发生后以仲裁的方式解决的内容，并取得双方当事人的书面同意和接受，也是一份有效的仲裁协议。

10.2.2　仲裁协议的内容

仲裁协议虽文字不多，但必须具备一定的内容。在国际商事仲裁实践中，仲裁协议通常被认为具备以下内容：提交仲裁意愿、仲裁事项、仲裁地点、仲裁的形式及仲裁员的确定等。这些内容将作为争议解决的明确依据。缺乏任何一项主要内容或约定模糊不清，都可能会导致仲裁协议无法发生法律效力，从而使争议的解决更加复杂。所以，当事人应当全面、明确地规定仲裁协议的内容。

1. 仲裁意愿

仲裁意愿即当事人请求仲裁的意思表示。当事人一致同意将争议提交仲裁的意思表示，表明当事人愿意接受特定仲裁机构的审理，接受仲裁机构做出的合法有效的仲裁裁决的约束，并承诺自觉履行裁决的义务。在实践中，当事人订立的仲裁协议中经常出现或诉讼或仲裁的表述，如"凡因本协议所引起的或与本协议有关的一切争议，可以提交中国国际经济贸易仲裁委员会仲裁，也可以提交法院解决"。这种仲裁协议显然缺乏明确的仲裁意愿，一旦发生争议，仲裁协议无法执行。

2. 仲裁事项

仲裁事项是指提交仲裁的争议范围。它明确了当事人同意将具体的争议提交仲裁，直接关系到仲裁机构的管辖范围。只有在争议事项范围内，当事人才赋予仲裁机构管辖权。仲裁机构只能审理仲裁事项内的争议，并做出相应的裁决，否则属于越权审理，仲裁裁决不能发生法律效力。在当事人申请执行有关仲裁裁决，或申请有关国家的法院承认和执行仲裁裁决时，法院将考察仲裁裁决是否符合仲裁事项规定的范围。只有属于该范围的裁决，法院才予以执行；超出该范围的，因这种裁决在程序上不合法，法院将不执行。

3. 仲裁地点

仲裁地点是仲裁协议中重要的内容之一。在国际商事仲裁中，因为仲裁地点与当事人利益密切相关，程序问题一般适用仲裁地法。基于对上述因素的考虑，国际商事交易的当事人一般都力争在本国进行仲裁，因为当事人总是对本国的立法与实践有更多了解。

4. 仲裁的形式和仲裁员的确定

国际商事仲裁有两种形式：常设仲裁机构和临时仲裁庭。常设的仲裁机构往往有固定的组织机构，如秘书处（局），有确定的仲裁规则，有专业的仲裁员，仲裁员的指定、仲裁庭的组成及仲裁审理有稳定的运作体系，方便当事人进行仲裁。

临时仲裁庭根据当事人订立的临时仲裁条款或协议，在争议发生后由当事人临时指定仲裁人员组成，按照当事人约定的方式和规则进行审理并做出裁决。

当事人应在协议中指定仲裁员或规定指定仲裁员的方式，特别是要规定仲裁员的人数。

10.2.3　仲裁协议的效力

根据各国立法、司法与仲裁实践，有效的仲裁协议是仲裁的基础，它的效力主要表现在以下几个方面。

1. 限制当事人诉权

仲裁协议对当事人的法律效力体现为限制当事人的诉权。仲裁协议是当事人之间就争议解决方式所达成的契约。如果当事人之间存在着仲裁协议，双方都应当受到仲裁协议的约束，一旦发生纠纷，只能将争议交付仲裁解决，而不得向法院起诉。如果一方当事人不履行仲裁协议，将争议提交法院，另一方当事人有权请求法院驳回该请求，裁定将争议交付仲裁解决。

2. 授权仲裁庭解决争议

仲裁协议对仲裁庭的法律效力体现为授权仲裁庭解决争议。仲裁庭在受理当事人的仲裁申请时，首先审查当事人之间是否存在仲裁协议。如果申请仲裁的当事人未能提交仲裁协议，仲裁庭将不予受理。

3. 排除法院的管辖权

仲裁协议的法律效力还体现为排除法院的管辖权。如果当事人之间存在仲裁协议，就表明当事人已将争议交付仲裁庭管辖，这种管辖是专属的、排他的，意味着法院无权审理该争议。包括我国在内的很多国家都有此规定。

4. 申请执行的依据

当事人在仲裁协议中一般都会规定双方承认仲裁裁决的效力，承诺主动履行仲裁裁决。若一方当事人不履行仲裁裁决，另一方当事人可以向有关法院申请强制执行。法院在受理执行案件时，会对仲裁裁决进行形式审查，并要查明当事人之间是否存在有效的仲裁协议。

10.2.4　国际商事仲裁机构及规则

仲裁机构有常设和临时两种。临时仲裁机构可随时成立，由双方当事人直接指定仲裁员，案件处理完毕即告解散。实践证明，常设仲裁机构更具有优势，它可以帮助双方当事人处理仲裁中的行政及组织工作。如为双方传递证据、材料，安排开庭、审理，负责收取保证金和费用等，为当事人提供便利，使仲裁能顺利进行。

仲裁规则是指双方当事人和仲裁庭在整个仲裁过程中所应遵循的程序和规则。具体包括：仲裁庭的管辖权；仲裁申请、答辩、反请求；仲裁员的任命和仲裁庭的组成；仲裁审理；仲裁裁决和仲裁费用；等等。仲裁规则也是当事人提交仲裁和仲裁员进行仲裁时必须履行的手续和准则。不同的仲裁规则对仲裁程序的规定存在差异，尤其是在仲裁员的任命和仲裁庭的组成方式上，细微的差异会对当事人的利益产生实质性的影响。如果当事人选择临时仲裁，就更应当在仲裁协议中明确规定仲裁规则。当事人即使选择了该仲裁机构，也应对仲裁规则予以重视。仲裁机构一般都有自己的仲裁规则，一旦当事人选择了该仲裁机构，就视为接受该机构的仲裁规则。

各个常设的国际商事仲裁机构一般都订有仲裁程序规则，且大多规定，若选择该机构仲裁，则必须适用其仲裁程序规则。但是也有些仲裁机构允许当事人选择其他组织制定的仲裁规则，如瑞典斯德哥尔摩商会仲裁院仲裁规则规定，当事人选择该院的程序规则或《联合国国际贸易法委员会仲裁规则》都是被允许的。美国仲裁协会同样允许当事人选择《联合国国际贸易法委员会仲裁规则》或《美洲国家商事仲裁委员会仲裁规则》。中国国际经济贸易委员会 2015 年的《仲裁规则》第七条也规定，凡当事人同意将争议提交仲裁委员会仲裁的，均视为同意按照本仲裁规则进行仲裁。但当事人另有约定且仲裁委员会同意的，从其约定。

10.2.5　国际商事仲裁裁决的承认与执行

国际商事仲裁裁决的承认与执行，是指法院或其他法定主管机关承认国际商事仲裁裁决的终局约束力，并予以强制执行。如果仲裁裁决得到承认或执行，则争议通过仲裁得到了彻底解决；反之如果裁决得不到承认和执行，则仲裁过程得不到最终结果，从而使整个仲裁的努力付之东流，仲裁的目的全部落空。因此，仲裁裁决能否得到最终承认和执行，是整个仲裁的关键点。

仲裁裁决的承认和执行往往是作为同一个概念出现的，如 1958 年《纽约公约》全称就是《承认及执行外国仲裁裁决公约》。1985 年由联合国国际贸易法委员会通过的《国际商事仲裁示范法》第八章的标题就是"裁决的承认和执行"。

国际商事仲裁的国际性决定了其比一般的国内仲裁更为复杂，在仲裁裁决的承认和执行方面体现得尤为明显。国际商事仲裁的当事人来自不同国家和地区，仲裁所依据的实体法和仲裁规则也甚为复杂。承认和执行国际商事仲裁裁决牵涉法院承认仲裁庭的管辖、外国法的域内效力等一系列问题，这不仅关系到双方当事人的切身利益，还会对有关国家的利益产生影响，甚至牵涉国家的主权。因而，许多国家的法律对承认外国仲裁裁决的效力、执行外国仲裁裁决都施加了一些限制措施，如要求以互惠为基础并以外国仲裁裁决不能违反本国的公共秩序为前提。

国际商事仲裁的承认和执行原则上是按照有管辖权法院所在国的执行程序进行的。各国对待外国仲裁裁决的方式不尽相同。英美法系国家采取"转化执行"原则，外国的仲裁裁决只有首先转化成执行地法院的判决，才有强制执行的效力。而在一些大陆法系国家，仲裁裁决只有获得执行地法院的强制许可，才能得到承认和执行。

在国际商事仲裁裁决的承认和执行中存在以下几种情形：本国仲裁庭做出的裁决如何在境内执行、本国仲裁庭做出的裁决如何在境外执行、外国仲裁庭做出的裁决如何在境内执行。

10.3　涉外商事诉讼

10.3.1　涉外商事诉讼概述

1. 涉外商事诉讼的概念

涉外商事诉讼是指诉讼当事人一方或双方是外国人、无国籍人、外国企业或组织，或者当事人一方或双方的经常居所地在中华人民共和国领域外，或者诉讼当事人之间商事法律关系的设立、变更、终止的法律事实发生在外国，或者诉讼标的物在外国的商事诉讼。

2. 涉外商事诉讼的特点

涉外商事诉讼具有政策性强、专业性强、案件管辖具有特殊性、适用法律复杂、诉讼文书送达程序繁杂、案件审理周期长等特点。

3. 涉外商事诉讼的原则

（1）司法主权原则。在涉外商事诉讼程序中，司法主权主要表现为：国家的司法管辖权与司法的自主权。外国人、无国籍人或外国企业和组织在我国起诉、应诉，适用我国民事诉讼法；凡是属于我国人民法院管辖的案件，我国人民法院享有管辖权；外国法院的判决的效力只能限于该国领域，不能直接及于我国。除非基于我国参加或者缔结的国际条约的规定，外国法院或机构也不能直接向中国企业、居民送达法律文书。人民法院审理涉外案件，使用我国通用的语言、文字。外国当事人在我国起诉、应诉只能委托中国律师代理诉讼。

（2）当事人诉讼权利平等。当事人诉讼权利平等原则，是指在商事诉讼中，当事人平等地享有和行使诉讼权利。任何一方不得有高于另一方的特权存在。双方当事人都是平等的主体，平等地参与各种商事活动，平等地享有各种商事权利，而诉讼活动是商事实体活动的自然延伸，实体法律地位上的平等必然要求双方在诉讼活动中同样地拥有平等的地位，享有平等的权利。

（3）信守国际条约原则。在涉外商事诉讼中，在国内法和国际公约、条约发生冲突时，应当优先适用我国参加或缔结的国际条约。对于我国所参加或缔结的国际公约中，我国已经声明保留的条款，在我国领域内不具有效力。

（4）司法豁免原则。对享有外交特权与豁免的外国人、外国组织或者国际组织提起的民事诉讼，应当依照中华人民共和国有关法律和缔结或者参加的国际条约的规定办理。

10.3.2 涉外商事诉讼的管辖权

涉外商事诉讼管辖权是指我国人民法院对涉外商事案件的审判权限，也是各级各类人民法院受理涉外商事案件的分工和权限。涉外商事诉讼管辖权有以下 4 种类型。

1. 属人管辖权

属人管辖权是指以案件当事人的国籍与法院的关系为依据，只要诉讼当事人一方为某国国籍时，该国法院就可以主张对该案的管辖权。

2. 属地管辖权

属地管辖权是指一国对该国领土范围内的一切人、物、法律行为都具有的管辖权，但享有司法豁免权者除外。属地管辖权实际上是指根据当事人的住所、被告财产或诉讼标的所在地、合同成立地或履行地等发生地的案件，涉及该国法律，该国就可以对该案件享有管辖权。目前，属地管辖权与属人管辖权日趋统一，大部分实行属地管辖权的国家开始以属人管辖权为补充，而实行属人管辖权的国家，在承认和实行"以原告就被告"原则的同时，对于诉讼标的在本国境内的案件，也开始行使管辖权。

3. 专属管辖权

专属管辖权是指一国主张它的法院对某些国际民事案件具有独占管辖权，任何个人、组织或其他国家都不能任意剥夺该国对这类案件所享有的管辖权。

4. 协议管辖权

协议管辖权是指协议的当事人约定某一缔约国或地区的法院有解决因某种特定法律关系而产生的或可能产生的争端，被指定的法院具有该争议的管辖权。《选择法院协议公约》规定，协议管辖权是对属地管辖权和属人管辖权的补充。协议管辖权现已为各国普遍接受。

拓展阅读　　　　　　**实践中确定互联网纠纷管辖权的理论**

实践中确定互联网纠纷管辖权的理论主要有 4 种：一是以进入或使用为标准，如果在法院地能够进入被告的网页，则法院地享有司法管辖权；二是最低限度联系说，根据被告在互联网的行为与法院地的主动、被动或互动联系而取得管辖权；三是效果说，损害结果发生在法院地，则法院享有管辖权；四是目标指向说，如果被告通过互联网从事的行为明显指向法院地，且该行为对法院地造成可预见的后果，则法院享有管辖权。

对于跨境网络贸易及服务合同中包含的选择法院条款，国际社会存在两派观点：一派是以欧盟为代表的消费者严格保护说。2012 年欧盟通过的《布鲁塞尔条例Ⅰ（修订版）》（以下简称《布鲁塞尔条例》），是当前适用于欧盟成员关于民商事争议管辖权的重要立法，其发端于《布鲁塞尔公约》。《布鲁塞尔条例》第 18 条规定，在有关保险合同、消费者合同和雇佣合同中，弱方当事人应受到相对于一般规则而言对其更有利的管辖权规则的保护。第 19 条规定，保险合同、消费者合同和雇佣合同的当事人只有有限的意思自治来决定管辖法院，除此之外的其他合同的当事人的意思自治应在服从本条例所规定的专属管辖权的前提下得到尊重。

另一派则是以美国联邦法院为代表的根本公平说。美国联邦最高法院通过"根本公平原则"来审查协议管辖条款的效力，此原则也体现在美国《统一计算机信息交易法》中。审查事项主要包括：第一，格式管辖条款提供方有无阻止对方提起诉讼之意图以及是否给予对方充分通知；第二，对方当事人收到通知以后对于该条款有无选择或拒绝之权利等。由此可见，美国法院并不认可弱者保护原则在协议管辖中具有优先适用的效力。

在数据跨境流动安全日益受到重视的背景下，完善互联网管辖立法，制定一套网络空间司法管辖制度，并参照欧盟《布鲁塞尔条例》倾斜保护消费者，有助于提高我国网络主权的影响力，并取得互联网治理规则制定权的先机与高地。

10.3.3　涉外商事诉讼的法律适用

涉外商事诉讼的法律适用，是指人民法院在审理涉外商事诉讼案件中如何适用实体法审理案件。根据我国法律规定，当事人根据意思自治原则协议选择的法律或者人民法院根据最密切联系原则确定的法律应当是实体法，不包括冲突法和程序法。

当事人依照法律规定可以明示选择涉外民事关系适用的法律。明示选择是指合同当事人在缔约时或争议发生之后，以文字或者言辞明确做出选择合同准据法的意思表示。通行的做法是在合同中约定了法律适用条款。

我国法律对涉外民事关系有强制性规定的，直接适用该强制性规定。一方当事人故意制造涉外民事关系的连结点，规避我国法律、行政法规的强制性规定的，人民法院应认定不发生适用外国法律的效力。

如果当事人没有选择所适用的法律，人民法院根据最密切联系原则确定争议应适用的法律。我国缔结或者参加的国际条约同我国的民事法律有不同规定的，适用国际条约的规定，但我国声明保留的条款除外。我国法律和我国缔结或者参加的国际条约没有规定的，可以适用国际惯例。

适用外国法违反我国社会公共利益的，该外国法不予适用，而应当适用我国法。

10.3.4　涉外商事判决的承认与执行

判决的承认与执行是涉外商事案件的最后一步，也是最重要的一步。判决是否能得到承认与执行，影响着当事人选择诉讼与否和在哪一个国家提起诉讼。承认与执行外国判决不仅是为了保护当事人的私法权利，同时也是为了促进全球经济自由化。

1. 我国涉外商事判决承认与执行情况

我国对外国判决的承认与执行是以双边司法协助条约、国际条约和互惠原则为基础开展的，我国大部分承认与执行外国法院判决都是通过双边条约开展的。目前与我国达成司法协助条约的国家相对较少，所涉及的国家经济发展水平相对滞后，因此仅靠司法协助无法解决我国目前的困境。在缺乏双边条约和国际公约的情况下，我国对外国判决的承认与执行主要以互惠原则为基础展开。

2.《承认与执行外国民商事判决公约》对我国涉外商事判决承认与执行的影响

根据 1968 年欧共体成员方签订的《关于民商事案件管辖权及判决执行的公约》（即《布鲁塞尔公约》）的界定，判决指某一缔约国法院或法庭所做的决定，而无论该决定称作什么，诸如裁决、命令、决定或执行令状以及由法院书记官就诉讼费或其他费用所做的决定。目前大部分国家积极推动判决流通的模式有两种：一是宽松互惠，以推定互惠或法律互惠来积极促进互惠关系的达成；二是取消互惠限制，在不违反其国内法的情况下，通过司法审查的形式对判决能否承认与执行进行认定。我国采取保留互惠原则。

互惠原则逐渐成为司法协助的依据，涉外和解、调解协议承认与执行不便等对我国涉外司法协助制度的发展提出了要求。2019 年 7 月，海牙国际私法会议第 22 届外交大会出台了《承认与执行外国民商事判决公约》，该公约是世界上第一个专门、全面面向国际民商事法律文书流通统一规则的国际性文书。我国签署了公约。通过该公约的签订，我国对国际涉外司法协助规则发展趋势进行解读并做出回应，我国企业在海外进行投资、贸易等民商事活动将具有一定的保障。

本章小结

本章首先介绍了跨境电子商务纠纷的特点和主要类型，以及跨境电子商务纠纷解决的主要方式；然后介绍了我国跨境电子商务纠纷解决机制，在此基础上介绍了涉外商事仲裁的法律规则、涉外商事诉讼的法律规则等。通过对本章的学习，读者能够知晓跨境电子商务纠纷解决的主要方式以及相关司法实践，对我国跨境电子商务纠纷解决现状有初步把握。

练习题

一、单项选择题

1.《纽约公约》的全称为（　　）。
    A.《联合国国际贸易法委员会仲裁规则》
    B.《承认及执行外国仲裁裁决公约》
    C.《国际商会调解与仲裁规则》
    D.《联合国国际贸易法委员会调解规则》

2. 下列选项中哪项不是国际商事仲裁与涉外商事诉讼区别（　　）。
    A. 争议案件受理的机构不同　　　　B. 争议案件由第三方机构处理不同
    C. 争议案件审理的方式不同　　　　D. 争议案件裁决的效力不同

3. 当订有仲裁条款的合同被确认无效后，下列哪种说法是正确的？（　　）。
    A. 仲裁条款无效，当事人可向法院起诉
    B. 仲裁条款无效
    C. 仲裁条款仍然有效
    D. 当事人可重新订立仲裁条款

4. 山东省 A 公司与法国 B 商贸集团的一份合同仅就仲裁条款规定，"因本合同产生的议应在北京仲裁"。关于此约定说法正确的是（　　）。
    A. 当事人可以根据该规定选择位于北京的任意一家仲裁机构仲裁
    B. 当事人的此项约定不明确，因此可以在仲裁和向法院起诉中自由做出选择
    C. 当事人不能就仲裁机构做出补充规定
    D. 当事人若不能就仲裁机构达成补充协议，该仲裁协议无效

二、多项选择题

1. 下列选项中哪些是跨境电子商务纠纷的特点？（　　）
    A. 纠纷标的额较小、争议数量较大

  B．纠纷内容复杂多变

  C．跨境消费者和经营者双方法律地位的平等与事实上的不平等形成了鲜明的对比

  D．与以往的纠纷方式相同

2．我国现行的国际商事仲裁机构为（　　）。

  A．中国国际贸易促进委员会   B．中国对外贸易仲裁委员会

  C．中国国际经济贸易仲裁委员会 D．中国海事仲裁委员会

3．仲裁条款应包括（　　）。

  A．仲裁地点 B．仲裁机构 C．仲裁程序 D．裁决效力

4．较之涉外诉讼，国际商事仲裁有何特点或优点？（　　）

  A．仲裁依据当事人意思自治原则 B．仲裁具有保密性

  C．仲裁当事人有较大的选择权 D．仲裁程序相对简便、迅速

5．以下选项中哪些是涉外商事诉讼与国际商事仲裁的区别？（　　）

  A．争议案件受理的机构不同 B．争议案件受理的依据不同

  C．争议案件审理的方式不同 D．争议案件裁决的效力不同

三、简答题

1．简述跨境电子商务纠纷解决的主要方式。

2．简述仲裁协议的效力。

3．简述涉外商事诉讼的管辖权。

4．简述国际商事仲裁与涉外商事诉讼的区别。

5．简述完善我国跨境电子商务纠纷解决机制的措施。

四、案例分析

[案例 1]

中国 A 工厂与德国 B 公司签订了《中德合资 C 有限公司合同》，并约定：双方发生争议时，若协商不能解决，应提交中国国际经济贸易仲裁委员会进行仲裁。在合同履行过程中，双方发生争议，德国 B 公司遂向中国国际经济贸易仲裁委员会华南分会提请仲裁。中国 A 工厂对华南分会的管辖提出异议，称中国国际经济贸易仲裁委员会设在北京，华南分会无权审理本案。

请问：

中国国际经济贸易仲裁委员会华南分会有无管辖权？

[案例 2]

我某出口商甲与国外进口商乙订立买卖合同，并由甲提供样品，由乙开出以甲为抬头的信用证，又由甲与制造商丙订立与原买卖契约内容完全相同的合同，制造商丙订约后自行包装交货，而甲因与乙、丙的合同内注明"以制造厂检验为最后标准"，同时甲与丙的合同内也订明规格品质不符时负责调换或赔偿，因此没有另外送样检验及验货，现货物到达国外乙时，进口商发现品质规格皆不符要求而提出索赔要求。

请问：

（1）甲是否应负完全赔偿责任？或可将责任推给制造商丙？

（2）甲与乙曾多次与丙交涉，丙未同意赔偿，丙声称信用证并非直接开给丙，在此情况下，乙能否直接控告丙？或必须先告甲再告丙？

（3）如由国际仲裁机构仲裁，则会如何？即赔偿款项的责任应由谁承担？

［案例 3］

2018 年 4 月 11 日，中化国际（新加坡）有限公司（以下简称中化新加坡公司）与蒂森克虏伯冶金产品有限责任公司（以下简称德国克虏伯公司）签订了购买石油焦的采购合同，约定本合同应当根据美国纽约州当时有效的法律订立、管辖和解释。中化新加坡公司按约支付了全部货款，但德国克虏伯公司交付的石油焦 HGI（哈氏可磨性指数）仅为 32，与合同中约定的 HGI 典型值在 36～46 不符。中化新加坡公司认为德国克虏伯公司构成根本违约，请求判令解除合同，要求德国克虏伯公司返还货款并赔偿损失。

请问：中化新加坡公司的请求能否得到法院的支持？

操作实训

一、实训目的

学生分组划分角色，并根据情形案例分析跨境电子商务纠纷如何解决，并制作案例评析报告，达到掌握实务技能的目的。

二、实训主要内容

1. 教师讲解跨境电子商务纠纷解决的主要方式，主要讲解国际商事仲裁和涉外诉讼的主要法律法规，引导学生分析国际商事仲裁协议的效力、国际商事仲裁裁决的承认与执行实务案例，掌握涉外商事诉讼的程序、跨境电子商务纠纷解决方式。（2 学时）

2. 每组提交案例评析报告。（2 学时）

三、实训要求

1. 学生自行组成小组（可以跨年级、班级），根据情形案例进行训练。

2. 学生要提前阅读相关的法律法规，认真熟悉案例，并邀请有关教师做指导，以正确把握有关情况。

3. 学生在正确把握案例的基础上，形成流程简介、角色分工等书面材料。

4. 学生在指导教师的指导下，按流程认真进行实训。

5. 学生训练后要制作卷宗。

6. 学生将各种资料汇总编制目录，并按顺序叠放整齐，加封皮装订成册，注明班级、参与人员和时间。

四、实训步骤

（一）跨境电子商务纠纷典型案例的资料准备

1. 选择案例，并根据提出的问题列出相关法律法规的要求。

2. 制作跨境电子商务纠纷解决方案的卷宗。

3. 进行排练。通过排练来检验准备情况，如有疏漏、不足和失误，要及时调整，确保准备充分，为正式实训打好基础。

（二）对遇到的跨境电子商务纠纷选择线上解决方式还是传统仲裁或诉讼进行法理分析

1. 各小组对情形案例中跨境电子商务纠纷进行解决方案的讨论。

2. 讨论后，各小组写出案例评析报告。

（三）整理相关的材料，并形成完整的案卷

五、实训思考

1. ODR 的含义？

2. 分析当前 ODR 解决跨境电子商务纠纷的局限及其原因。

3. 针对跨境电子商务纠纷，中国出口跨境电子商务卖家应采取怎样的方式解决纠纷？

六、实训成果形式

1. 各小组准备的关于解决跨境电子商务纠纷的法律法规等资料。

2. 各小组讨论后形成的案例评析报告。

3. 对此次实训的总结。

七、情形案例

教师可指导学生根据下面的案例进行实训，指导学生制作案例评析报告，对案件中的法律关系进行分析，制定切实可行的操作方案。教师可灵活掌握实训需要的材料，在小组成员之间或小组之间分配材料制作任务。

德国 w 家官网退款久未到账

蒋女士于 2018 年 9 月 8 日在德国 w 家官网购买奶粉，本来除了 8 盒 2 岁+喜宝的奶粉，还要拍一盒新生儿爱他美的奶粉，结果因为没看清楚，将新生儿爱他美的奶粉拍成了 1 岁+爱他美的奶粉，所以咨询客服，并按客服要求于半个小时内申请取消订单，第二天收到德国 w 家邮件，并与客服确认已成功取消订单。客服说退款将在 1～2 周内到账，可是蒋女士到了第 16 天依然没有收到退款。蒋女士此前与客服联系，对方说要等到工作日处理，但到了工作日还是没有确切消息，对方也没有给出具体的解决问题时限。

对此，德国 w 家官网做出了以下回应。会计部门已经安排退款给蒋女士，希望能以 500 积分（能抵扣 5 欧元）弥补蒋女士受到的损失。积分可以在下单时抵扣付款金额，有效期 24 个月，没有限制最低购买金额或指定产品。如果蒋女士接受上述方案，应以邮件方式通知德国 w 家官网，对方会立即将积分添加到蒋女士的 w 家账户里。

请结合上述案例，为蒋女士制定最优的纠纷解决方案。

参考文献

［1］张楚.电子商务法［M］.4 版.北京:中国人民大学出版社,2016.

［2］温希波,邢志良,薛梅.电子商务法:法律法规与案例分析［M］.3 版.北京:人民邮电出版社,2022.

［3］童宏祥,王卓牙,崔慧华.电子商务法律实务［M］.上海:立信会计出版社,2019.

［4］吕友臣.跨境电商法律实务一本通［M］.深圳:海天出版社,2020.

［5］张宏乐,张伟.涉外法律实务［M］.北京:清华大学出版社,2014.

［6］农家庆.跨境电商:平台规则+采购物流+通关合规全案［M］.北京:清华大学出版社,2020.

［7］祝梦瑶.我国跨境电子商务法律制度的困境及完善［D］.杭州:浙江大学,2017.

［8］杨晓月.B2C 模式下跨境电子商务买卖合同的管辖权问题［D］.上海:华东政法大学,2020.

［9］于安阳.我国跨境电子商务合同的法律适用问题研究［D］.南京:南京师范大学,2021.

［10］陈美江.我国跨境电子商务在线仲裁制度研究［D］.蚌埠:安徽财经大学,2022.

［11］宏伟.跨境电子商务的法律风险研究［D］.乌鲁木齐:新疆师范大学,2022.